CAD와 함께하는

진로 발달 프로그램

초등학생, 중학생, 고등학생, 대학생

CAREER DEVELOPMENT PROGRAM WITH CAREER ASSESSMENT DEVICE(CAD)

김동일 저

학지사

2020년 대한민국 교육부와 한국연구재단의 지원을 받아 수행됨
(NRF-2020S1A3A2A02103411)

This work was supported by the Ministry of Education of the Republic of Korea and the National Research Foundation of Korea (NRF-2020S1A3A2A02103411)

머리말

Super에 의하면, 진로 발달은 생애 발달의 모든 단계에서 일어나며 각 발달 단계마다 발달과업이 존재하고, 진로성숙도는 이 발달 수준을 평가하기 위한 개념으로 각 시기에 이루어져야 할 발달과업에 대한 준비도로 보았습니다. 또한 Savickas의 구성주의 진로 발달이론에서 제시한 진로적응모형은 지속적으로 변화하는 환경에서 스스로의 선택과 행동에 의미를 만들어 가는 과정을 발달로 보고, 구체적으로 적응과 발달과업들에 있어 상황의 변화를 맞이하고 견디는 자기 조절 자원이 필요하며, 자신의 포부를 추구하기 위해 자신감과 낙관성도 중요하다고 보았습니다. CAD(Career Assessment Device) 진로종합검사는 청소년과 청년을 대상으로 자신의 진로 발달을 여러 가지 관점에서 점검하여, 진로뿐만 아니라 학업 및 적응 영역에서도 성공적으로 진로를 이끌어 나갈 수 있도록 개발되었습니다.

『CAD와 함께하는 진로 발달 프로그램: 초등학생, 중학생, 고등학생, 대학생』은 다양한 발달 단계에서의 진로 이해와 발달을 촉진하고자 기획되었습니다. 상담자와 현장 진로 전문가들이 참여자를 위한 자기이해 검토, 진로계획 및 행동 수준, 진로에 대한 정서 조절, 그리고 진로 선택을 위한 상담이나 코칭에 활용할 수 있는 개입 프로그램입니다.

지난 20여 년 동안 아동・청소년과 대학생, 일반인 및 장애인이 참여할 수 있는 진로 검사와 프로그램을 제작하였습니다. 이와 더불어 Super의 전 생애적 진로 발달이론과 Savickas의 구성주의 진로 발달이론을 토대로 변화하는 직업 세계에 적절하게 활용하기 위한 진로성숙의 핵심 개념을 정립한 후, 각 진로 발달 단계의 특징을 반영하여 진로성숙의 개념과 요인을 발달 단계에 맞추어, 이를 향상시키기 위한 진로 프로그램을 개발하고자 하였습니다. 이 프로그램을 개발하는 과정에 많은 사람이 함께하였습니다. 서울대학교 교육상담전공 아동청소년상담연구회

연구원들이 참여하였고, 학지사에서 이 책을 출간할 수 있도록 큰 도움을 주었습니다. 이 자리를 빌려 진심으로 고마움을 전합니다.

앞으로 후속 연구와 다양한 연령대별 자료 개발을 지속적으로 수행하고자 하며, CAD 진로종합검사와 프로그램을 연계하여 효과적인 중재 프로그램을 계획하고 실행하기를 기대합니다.

2025년 9월

관악산 연구실에서 오름 김동일

차례

I

프로그램 개요

1. 프로그램의 개발 배경

경제, 사회, 기술의 발전으로 지난 20~30년간 직업 세계는 극적인 변화를 겪었다. 김동일 등(2020)에 따르면, 인공지능(AI)이나 로봇, 사물인터넷, 3D 프린팅 등을 키워드로 하는 4차 산업혁명으로 직업 세계 변화가 더욱 가속화되었으며, 이러한 변화는 근로자의 일하는 방식뿐만 아니라 삶의 모습까지도 변모시켰다.

이러한 직업 세계의 변화로 인해 노동 시장에서의 경쟁, 불확실성, 고용의 불안정성은 높아졌으며 진로 경로도 깨어졌다(Baruch & Bozionelos, 2011). 개인의 특성과 환경의 특성만 고려하여 직업 선택을 하는 '짝짓기(matching)' 원칙은 급변하는 환경 속에서 한계를 보였으며(Thompson, Lindeman, Super, Jordaan, & Myers, 1984), 진로 발달 단계에 따른 성장지향적인 관점에서의 진로지도가 필요하게 되었다(Vondracek & Reitzle, 1998). 직업 세계의 변화에 유연하게 대처하기 위해, 자신의 다양한 특성과 직업 세계의 속성을 고려하여 적절한 선택을 하기 위한 개인의 능력 발달이 진로지도의 영역에서 더욱 중요하게 되었다(이혜은, 김동일, 2018).

이러한 능력을 설명하는 개념인 진로성숙도는 최종적인 직업 선택을 이루기 위한 과정에서 개인의 진로 발달 정도와 진로 발달이 진행되어 가는 다양한 행동 차원으로 볼 수 있다(김동일 외, 2015; 송인섭 외, 2011). 진로성숙도가 높은 개인은 진로성숙도가 낮은 개인에 비하여 자신에게 적합한 진로를 합리적으로 선택할 수 있는 역량을 지닌다(김동일 외, 2015; 박효희, 성태제, 2008).

Super에 의하면, 진로 발달은 생애 발달의 모든 단계에서 일어나며 각 발달 단계마다 발달과업이 존재하고, 진로성숙도는 이 발달 수준을 평가하기 위한 개념으로서 각 시기에 이루어져야 할 발달과업에 대한 준비도라고 보았다.

이후 Crites(1978)는 진로 발달과업의 준비도가 아닌 실제 수행 정도를 진로성숙도로 개념화하였으며, Savickas(1984)의 경우 자신의 발달 단계에 적합한 진로 결정을 내리는 능력과 진로 발달 관련 과업의 수행에 대한 준비 정도를 진로성숙도로, Luzzo(1995)는 현명한 진로 의사결정을 하는 데 필요한 지식과 기술을 습득한 정도를 진로성숙도로 보았다.

Super(1955)의 전 생애적 진로 발달이론은 연령별 발달 영역을 구분함으로써 진로 발달 과정에서 시기별로 주목할 요인을 보여 주고, 이를 전 생애적 관점에서 조망할 수 있는 종합적 시각을 제시한다. 그러나 평생직장의 개념이 점차 사라지며, 기간제 계약 근로 형태가 늘어나는 등 오늘날 고용 시장의 변화한 모습을 온전히 이해하고 적용하기에는 아쉬운 점이 있다. 이 한계에 대해 구성주의 진로 발달이론은 개인이 환경과 상호작용하며 스스로 삶을 어떻게 구성하는가를 토대로 진로 행동과 발달의 더 많은 부분을 설명해 낼 수 있다고 말한다.

마찬가지로 진로성숙에 대해서도 직업 환경의 변화를 고려한 관점이 반영될 때, 더욱 나은 이해가 가능할 것이다. 이러한 맥락에서 구성주의 진로 발달이론에서 제시한 Savickas의 진로적응모형은 내적 구조의 성숙이 곧 진로 발달이라고 바라보던 기존의 이론적 접근을 벗어나, 지속해서 변화하는 환경에서 스스로의 선택과 행동에 의미를 만들어 가는 과정을 적응이자, 발달로 보았다. 이 모형에서는 변화하는 상황을 다루는 행동(적응반응)을 기꺼이 수행할 의지(적응준비)와 능력(적응자원)이 있는 사람에게 더 높은 수준의 적응(결과)을 기대할 수 있다고 전제한다(Savickas & Porfeli, 2012). 요약하자면, 구성주의 진로 발달이론은 개인의 진로성숙에 대한 접근 방식에 있어서 '얼마나 성취해 냈는가'에 대한 규준적 평가의 시각을 넘어 '어떻게 구성해 내려 하는가'라는 주관적 태도에 관한 관심을 강조하며, 복잡해지는 직업 세계 환경과의 상호작용을 바라보는 유용한 관점을 제시한다.

선행연구 분석 및 문헌 연구를 통해 지금까지 이루어진 청소년 대상 진로 관련 연구를 살펴보면, 기존의 진로성숙도, 진로 발달 증진과 관련된 프로그램 개발에 관한 연구들은 다수 존재하였으나(김동일, 강혜영, 2002), 진로성숙 구성요인을 분석하여 접근하기보다 진로성숙을 종속변인으로 활용하여 독서, 음악, 미술 등의 매체 활용 진로 프로그램(김수연, 김항중, 2015; 한윤정, 김경숙, 2016), 신체 활동이나 역할극, 직업 카드 등 활동 중심의 프로그램(강영자, 조봉환, 2008; 임현정, 김난옥, 2011)의 효과성을 살펴보았다. 또한 진로성숙도 향상을 위한 프로그램의 구성요인으로 Super와 Savickas의 개념을 동시에 포함하는 연구를 찾아보기 어려웠다. 따라서 이 프로그램에서는 Super의 전 생애적 진로 발달이론과 Savickas의 구성주의 진로 발달이론을 토대로 변화하는 직업 세계에 적절하게 활용하기 위한 진로성숙의 핵심 개념을 새롭게 정립하였다. 그 후 각 진로 발달 단계의 특징을 반영하여 학급별 진로성숙의 개념과 요인을 발달 단계에 맞춰 측정하고, 이를 향상시키기 위한 진로 프로그램을 개발하고자 하였다.

2. 프로그램의 주요 대상

1) 초등학생

홍미는 오랫동안 직업 선택에서 중요한 특성으로 인식되어 왔다. 직업 선택 과정에서 다양한 직업 중 하나를 선택하는 능력이 적성보다 홍미에 의해 더욱 정확하게 예측될 수 있다는 것이다(김동일 외, 2020). 특히 초등학교 고학년의 진로 단계에서 홍미는 매우 중요한 요소이다. 능력이 다소 부족하더라도 높은 동기와 만족감을 가지고 홍미를 가진 분야에서 성공할 가능성이 높다. 아동의 홍미 영역과 수준을 파악하는 것은 교육적으로 중요한 가치가 있다. 어릴 때부터 자신의 홍미에 대해 인식하는 것은 자신의 진로 발달 방향을 결정하는 데 도움이 된다. 이에 따라 진로에 대한 홍미를 인식하여 자기를 이해하고 진로 탐색을 해 볼 수 있는 프로그램을 제안한다.

2) 중학생

중학교 시기는 진로 탐색을 목표로 다양한 직업 및 직업인을 탐색하고 자신에게 적합한 진로를 탐색하며, 희망 고교(일반고, 특성화고 등)를 살펴보는 진로 탐색의 단계에 해당한다. 이를 위해서는 학생들이 자신의 연령에 맞는 진로에 대한 인식과 계획을 사전에 설정하는 것이 바람직하다. 진로 탐색의 관점에서 중학생은 초등학교 시기의 환상적인 진로 이해의 관점을 넘어서고, 이후 고등학교 시기의 실제적인 진로계획을 수립하는 사이에 위치하고 있음을 고려하여 중학생을 위한 진로 적응 프로그램을 개발하고자 한다.

3) 고등학생

고등학교는 진로 발달 단계에서 성인기를 준비하는 시기이며, 다른 학교군에 비해 교육할 때 고려할 요소가 다양하다. 이 시기는 성인기로 넘어가기 직전의 마지막 학령기로, 학생들이 자신의 진로를 고민하고 준비하여 결정할 수 있는 기회가 필요하다. Brolin이 제안한 생활 중심 진로 교육 모형에 따르면, 고등학교에 재학하는 시기는 '진로 준비 단계'로 정의된다. 국내에서는 초등학교를 '진로 인식 단계', 중학교를 '진로 탐색 단계'로 규정하며, 고등학교는 앞선 과정의 기초 위에 '직업적인 진로를 선택하고 준비하는 단계'로 설명한다(김동일 외, 2020). 이에 따라 자기이해와 진로 탐색을 바탕으로 진로를 선택하고 계획할 수 있는 프로그램을 제안하고자 한다.

4) 대학생

Super(1955)의 진로 발달 과정에 따르면, 대학교 시기는 탐색기(15~24세)와 확립기(25~44세)에 해당하는 시기로서 이전 시기에 잠정적으로 선택한 직업을 위해 교육이나 훈련 등 현실적인 준비를 하고 자신에게 적합한지 시행해 보는 시기이다. 따라서 대학생은 대학 생활 동안 자신에 대해 정확히 알고 직업의 종류 및 직업정보에 대해 알아 가야 한다. 이에 따라 보다 구체적으로 직업 대안을 검토하고 현실적인 진로 준비행동을 해 볼 수 있는 진로 적응 프로그램을 제안하고자 한다(이제경, 김동일, 2004).

3. 이론적 배경

1) 진로성숙도 개념

진로성숙의 개념은 Super의 진로 발달이론에서부터 시작된다. Super(1955)는 진로 발달의 개념에 진로성숙의 개념이 수반된다고 보았다. Super에 의하면, 진로 발달 단계에 따라 발달과업이 있으며, 진로성숙도란 각 시기에 이루어져야 할 발달과업에 대한 준비도로 볼 수 있다. 또한 진로성숙에는 다섯 가지 주요 요소가 있으며 직업 선택 지향성, 선호 직업에 대한 정보와 계획 수립, 직업 선호의 일관성, 특성의 구체화, 현명한 직업 선호에 의해 구성된다고 보았다.

진로성숙의 주요 요소를 기반으로 Super는 청소년 집단을 대상으로 진로 발달 검사(Career Development Inventory: CDI)를 만들었다. 진로 발달검사를 구성하는 하위요인으로는 진로계획, 진로 탐색, 의사결정, 직업 세계 정보, 선호하는 직업군에 관한 지식이 있다. 진로계획은 개인이 선호하는 직업을 위해 정보 탐색 과정에서 얼마나 많이 생각해 왔는지를 말한다. 진로 탐색은 정보를 탐색하고자 하는 의지와 이를 통해 얼마나 많은 정보를 얻었는지를 다룬다. 의사결정은 진로계획을 수립하는 데 필요한 사고능력과 관련되어 있다. 직업 세계 정보는 자신의 흥미와 능력을 어떻게 탐색해야 하고 어떻게 직업에 대해 배우는가를 비롯한 진로 발달 과업과 관련된 정보, 직무와 직업 세계와 관련된 정보를 포함한다. 선호직업군에 대한 지식은 직종의 업무, 요구하는 조건, 관련 종사자들의 흥미를 말한다. 이를 통해 진로성숙의 개인차뿐만 아니라 진로성숙의 각기 다른 구성요소를 확인할 수 있게 되었다(김동일 외, 2020).

2) 진로성숙도 개념 확장: 진로적응성

진로성숙 개념은 청소년기 진로 발달 과정에서 사용되었지만, 성숙이라는 용어에는 생물학적 성장 과정이 포함되었기 때문에 성인의 진로 발달을 설명하는 데에 적합하지 않다고 판단되어 성인기에서는 진로적응성(career adaptability)이라는 개념이 대체하게 되었다(Super & Knasel, 1981). 이후 Savickas(2005)는 Super의 진로 발달이론을 구성주의적 관점에서 재해석하며 진로적응성 개념을 차용한 진로적응모형을 제시하였다.

진로적응모형은 적응준비, 적응자원, 적응반응, 적응결과라는 일련의 과정으로 세분화된다. 첫째, 적응준비(adaptivity; adaptive readiness)는 직업 전환, 진로과업, 직업적 외상 등의 이슈에 대해 적절하게 대처하는 유연성 및 의지를 의미한다

(Savickas & Porfeli, 2012). 둘째, 진로적응성 또는 적응자원(adaptability; adaptability resources)은 개인이 진로 문제에 대처하는 심리 사회적인 강점을 의미하며, 관심(concern), 통제(control), 호기심(curiosity), 자신감(confidence)의 네 가지 요인으로 구성된다. 셋째, 적응반응(adapting; adapting responses)은 상황 변화에 적응하는 데 도움이 되는 행동을 의미하며, 대표적인 변인으로 진로 탐색, 진로계획 등이 있다(김동일 외, 2020). 넷째, 적응결과(adaptation; adaptation results)는 적응행동의 결과를 의미하며, 진로결정, 고용, 진로만족, 진로몰입, 경력성공 등을 포함한다.

이처럼 Savickas의 진로적응모형은 개인의 진로 발달 과정을 개인 내적인 특질, 개인-환경 상호작용을 포괄하는 심리 사회적 능력, 상황 변화에 대한 적절한 대처 행동, 성공적인 결과를 아울러 진로 발달을 포괄적으로 정의하였다. 즉, 개인의 진로 발달을 단지 성숙 단계별 과업의 달성이 아니라 환경과 상호작용하며 적응해 나가는 주체적인 과정이라는 점을 강조했다는 점에서 의미가 있다. 또한 개인의 진로성숙을 '얼마나 성취해 냈는가' 하는 규준적 평가를 넘어 '어떻게 구성해 내려 하는가' 하는 주관적 태도에 주목한다는 점에서, 복잡해져 가는 직업 세계 환경에서 학생의 진로성숙 역량을 평가하는 데 유용한 관점을 제시한다.

3) 진로성숙도 요인

이 프로그램의 진로성숙도 요인은 Super의 전 생애적 진로 발달이론과 Savickas의 구성주의 진로 발달이론을 접목하여 구성되었다. Super(1955)의 전 생애적 진로 발달이론은 연령별 발달 영역을 구분함으로써 진로 발달 과정에서 시기별로 주목할 만한 요인들을 보여 주고, 이를 전 생애적 관점에서 조망할 수 있는 종합적 시각을 제시한다는 점에서 유용하다. '성장기-탐색기-확립기-유지기-쇠퇴기'의 구분에서 청소년 집단에 해당하는 발달 과정은 '성장기'와 '탐색기'라고 할 수 있다. 그리고 '성장기'에서는 자신의 흥미, 능력에 대한 고려를, '탐색기'에서는 자신의 흥미, 능력, 가치관 등의 여러 요인과 경험에 대한 이해를 바탕으로 진로에 대한 잠정적 선택 및 관련 교육과 훈련에 참여하는 과정을 강조한다. 이를 고려하여 이 프로그램에서는 청소년이 진로에 있어 자신에 대한 이해와 흥미, 가치관 등에 대해 얼마나 잘 이해하고 있는지(진로 자기이해), 이를 바탕으로 잠정적 선택을 한 진로 분야에서 어떤 탐색(인지적 진로 탐색)이나 능력을 향상하기 위한 행동과 계획을 세우고 있는지(구체적 진로행동)를 프로그램 구성요인으로 설정하였다.

한편, Savickas(2013)는 끊임없이 변동하는 직업 세계에서 개인이 진로계획들을 수립하는 것보다, 변화의 가능성을 위한 준비가 필요하다고 한 바 있다. 구체적으로 적응과 발달과업들에 있어 상황의 변화를 견뎌 내기 위한 수단으로서 자기 조절 자원이 필요하며, 자신의 포부를 추구하기 위해 자신감이 중요하다고 보았다. 이를 고려하여 이 프로그램에서는 청소년이 변화의 가능성에서 마주할 수 있는 불확실함과 그로부터 기인할 부정 정서를 감내할 수 있는 자기 조절 자원(긍정 진로 정서) 수준과 자신의 진로 수행에서 스스로를 어느 정도로 유능하게 파악하고 있는지(진로 자신감)를 진로성숙도 요인으로 설정하였다.

진로성숙도는 일반적으로 연령과 학년에 따라 점차 높아지는 경향이 있다(김미림 외, 2019; Hartung et al., 2005). 그러므로 진로성숙 프로그램은 각 발달 단계에 대한 이해를 바탕으로 각 단계에 걸맞게 구성될 필요가 있다. 따라서 이 프로그램에서는 앞서 제시한 '진로 자기이해' '인지적 진로 탐색' '구체적 진로행동' '진로 자신감' '긍정 진로 정서'의 5요인을 중심으로 하되 Super와 Savickas의 진로이론 및 기타 선행 연구들에 근거하여 학교급별로 요인 구성에 일부 차이를 두었다(〈표 1-1〉 참조).

<표 1-1> 학교급별 프로그램 하위요인

구성요인	학교급별 하위요인			
	초등학생용	중학생용	고등학생용	대학생용
진로 자기이해		자기이해	자기이해	자기이해
	진로흥미 인식	진로흥미	진로흥미	진로흥미
		진로가치관	진로가치관	진로가치관
인지적 진로 탐색	진로 탐색	진로 및 직업정보 탐색	진로 및 직업정보 탐색	진로 및 직업정보 탐색
		대인관계 활용 직업탐색	대인관계 활용 직업탐색	대인관계 활용 직업탐색
			구체적 정보 탐색	구체적 정보 탐색
구체적 진로행동		진로설계 및 계획 수립	진로설계 및 계획 수립	진로설계 및 계획 수립
			직업 능력 향상 행동	직업 능력 향상 행동

진로 자신감	진로 자신감	진로 능력평가	진로 능력평가	진로 능력평가
		진로 효능감	진로 효능감	진로 효능감
긍정 진로 정서	진로 낙관성	진로 낙관성	진로 낙관성	진로 낙관성
		진로 미결정 불안	진로 미결정 불안	진로 미결정 불안

특히 대학생 시기는 중학생 시기와 달리 진로결정의 문제가 현실화하는 시기로, 자기이해와 직업 세계에 대한 지식을 바탕으로 진로 선택의 폭을 점차 좁혀 나가는 등 진로의 변화가 비교적 급격하게 일어나는 시기이다. 그러므로 대학생 시기는 환경과 능동적으로 상호작용하며 자신의 특질을 활용해 상황에 실제적으로 적절하게 대처해 나가는 능력이 더욱 강조된다. 따라서 대학생용 프로그램에서는 Savickas의 진로적응모형을 더욱 중점적으로 반영하고자 하였다. Savickas 이론에서 도출된 요인인 긍정 진로 정서와 진로 자신감을 바탕으로 일부 회기를 구성하였으며, 진로 자기이해, 인지적 진로 탐색, 구체적 진로행동과 연관된 회기에도 진로 통제, 진로호기심과 같은 적응자원 요인을 고려해 활동을 구성하였다(어윤경 외, 2011).

4. 프로그램 개발 과정

이 연구에서는 ADDIE(Analysis, Design, Development, Implementation, Evaluation) 모형을 참고하여, Super의 전 생애적 발달이론과 Savickas(2005)가 설정한 관심, 통제, 호기심, 자신감이라는 네 가지 구인에 따라 진로 자기이해, 인지적 진로 탐색, 구체적 진로행동, 진로 자신감, 긍정 진로 정서 등의 향상을 위한 방식으로 프로그램을 개발하고 효과를 검증하고자 한다(〈표 1-2〉 참조). 분석(Analysis) 단계는 프로그램 개발의 첫 번째 단계로 '무엇을 교육할 것인가?'에 대한 세부 과정으로 선행연구 고찰, 계획 수립, 요구분석 순으로 진행되었다. 설계(Design) 단계는 프로그램 방법을 구체화하는 단계로 '어떻게 교육할 것인가'에 대한 세부 과정으로 프로그램 구성요소별 수행 목표를 진술하고, 프로그램의 효과를 검증하기 위한 평가도구를 선정하였다. 개발(Development) 단계는 자료의 제작 또는 개발 단계로 이전 단계에서 수립한 수행 목표와 교수전략에 따라 실제 '프로그램 활동'을 개발하였다. 향후 전문가의 검토를 거쳐 수정을 시행하고 프로그램을 확정할 것이다. 또한 실행(Implementation) 단계를 거쳐 개발된 프로그램을 시행할 것이다. 평가(Evaluation) 단계는 목표 달성 정도를 판단하기 위해 프로그램의 개발 당시 계획한 목표와 설계된 프로그램을 실행한 결과를 비교 평가할 것이다. 프로그램의 효과 검증을 위해 선정한 측정 도구를 활용하여 사전과 사후 검사 후 비교분석으로 본 프로그램이 참가자의 진로성숙도에 미치는 영향을 평가할 것이다.

<표 1-2> 진로성숙도 향상 프로그램 개발 단계

영역	단계	주요 내용
분석	선행연구 분석	• 선행연구를 통한 연구의 필요성과 이론적 근거 마련
	요구분석	• 전문가 대상(학회원) 설문조사: 76명
설계	프로그램 구성	• 프로그램 목표 및 세부요소 선정
	평가도구 선정	• CAD 진로종합검사
개발	프로그램 개발	• 프로그램 내용 및 활동 자료 개발
	프로그램 수정	• 전문가 평가를 통해 수정 실시
실행	프로그램 확정	• 검증을 거쳐 최종 수정 보완하여 확정
	프로그램 실행	• 진로 프로그램 실행
	유지 및 관리	• 매 회기 반응 점검 및 피드백
평가	프로그램 검증	• 검사 도구를 통한 결과분석 • 프로그램 효과 검증

5. 프로그램의 목적 및 목표

① 개인의 진로 발달 단계에서 다룰 과업들을 수행하고 보다 나은 진로 선택 및 준비행동으로 나아가도록 돕는다.

② 개인이 환경과 상호작용하면서 스스로 삶을 어떻게 구성하는가를 이해하도

록 돕는다.

③ 급변하는 직업 세계에서 개인과 환경의 특성을 고려하여 직업 선택을 하는 '짝짓기(matching)'의 원리를 넘어 스스로의 선택과 행동에 의미를 만들어 가면서 진로에 대한 적응성을 높인다.

6. 프로그램 전체 개요

1) 초등학생 대상 프로그램

회기	주제	목표	활동내용	진로성숙도 구성요소
1회기	오리엔테이션	• 프로그램을 소개하고 참여 동기를 갖는다. • 프로그램의 목적 및 필요성을 이해한다. • 프로그램 규칙을 이해한다. • 친밀감을 형성한다.	• 자기소개 • 사전 검사 해석 • 라포 형성(쁘띠 빠크)	OT
2회기	진로흥미	• 직업이 사라진다면 자신의 삶이 어떻게 변할지에 대해 상상해 보고 일과 직업이 필요한 이유를 말할 수 있다.	• 일과 직업은 무엇일까? • 직업이 사라진다면? • 사라진 직업은 무엇일까?	진로에 대한 기본적인 이해
3회기	진로흥미	• 현재의 직업들이 변화해 온 모습을 이해하고, 앞으로 변화해 갈 모습을 예측할 수 있다.	• 변화무쌍한 직업의 세계 이해하기 • 새로운 직업, 미래의 키워드는? • 미래 직업 관련 광고 만들기	일과 직업 세계 이해

4회기	진로홍미	• 자신이 성격 및 역량과 관련된 장점을 이해한다. • 자신의 장점을 토대로 관심 있는 직업을 파악한다.	• 직업 홍미 유형 맞히기 • 나의 관심사 파악하기	자기 장점 및 관심사 이해
5회기	진로 탐색	• 다양한 직업에 대해 알아보고, 직업의 중요성을 인식한다. • 다양한 직업 세계를 알아본다.	• 직업 맞히기 • 미래 직업탐색	진로 탐색 동기
6회기	진로 탐색	• 직업과 직업정보의 의미를 이해한다. • 직업정보를 찾는 다양한 정보원을 이해한다. • 직업정보를 직접 탐색해 본다.	• 다양한 직업정보원 이해 • 웹사이트를 활용한 직업탐색 실습	진로 탐색 방법
7회기	진로 탐색	• 진로 탐색을 계획하는 것의 중요성을 체험한다. • 자신이 결정해야 할 진로 탐색의 순간에 대해 정리해 본다.	• 진로 사다리 게임 • 뻗어 가는 진로 나무	진로 탐색 계획 및 연습
8회기	진로 낙관성	• 직업이 개인의 삶에서 갖는 의미에 대해 생각해 본다. • 직업을 통해 내가 드러내고 싶은 나의 모습에 대해 생각해 본다.	• 오늘의 명함 • 일하는 나? 일로 하는 나!	일에 대한 긍정적인 태도
9회기	진로 낙관성	• 진로 준비상황에서 우연과 실수가 가지는 가능성에 대해 생각해 본다. • 우연과 실수를 유연한 태도로 받아들이는 것의 중요성을 알고, 진로를 준비하는 과정의 강점으로 인식한다.	• 나의 진로 '세렌디피티' • 나의 우연 대처기	직업적 도전에 대한 긍정적인 태도

10회기	진로 자신감	• 자신의 강점을 토대로 직업적 자기 효능감을 증진한다.	• 장점 롤링페이퍼	직업적 자기 효능감
11회기	진로 자신감	• 마을 구성원의 직업을 만들어 가면서 직업적 자기 가치감을 증진한다.	• 우리가 마을이라면	직업적 자기 가치감
12회기	마무리	• 전체 프로그램을 통해 배웠던 내용을 정리한다. • 프로그램 종료 후에도 진로 관련 다짐과 실천을 이어 나갈 수 있는 구호를 정해 본다.	• 우리 반 그래프 • 나의 등불	

2) 중학생 대상 프로그램

회기	주제	목표	활동내용	진로성숙도 구성요소
1회기	오리엔테이션	• 프로그램 목적과 필요성을 이해한다. • 집단에서 자기를 소개하고 서로 알아 가는 시간을 갖는다. • 아이스브레이킹을 통해 친밀감을 형성한다.	• 오리엔테이션 • 자기소개 • 아이스브레이킹	OT
2회기	자기이해	• 긍정적인 자아개념을 가질 수 있다. • 자신의 장점 및 특성을 알아보고 자신감을 갖고 행동할 수 있다. • 타인을 배려하고 의사소통할 수 있다. • 다양한 진로유형에 대해 이해한다.	• 진로유형 이해하기 • 내가 몰랐던 나	진로 자기 이해

3회기	진로흥미	• 진로와 연관되는 자신의 흥미와 적성에 대해 안다. • 자신이 잘하고 좋아하는 것에 대해 탐색할 수 있다.	• 진로빙고	진로 자기 이해
4회기	진로 가치관	• 직업에 대한 긍정적인 태도를 가진다. • 직업을 가져야 하는 이유와 이를 통해 얻을 수 있는 긍정적인 가치에 대해 말할 수 있다. • 직업을 선택하기 위한 다양한 가치관이 존재하는 것을 알고, 우선순위에 대해 말할 수 있다. • 자신의 욕구와 직업적 가치가 어떻게 연결되는지 말할 수 있다.	• 진로밸런스	진로 자기 이해
5회기	진로 및 직업정보 탐색	• 직업의 개념과 의미 및 필요성에 대해 이해한다. • 다양한 직업 세계를 분야별로 알아본다. • 직업에 대한 편견 및 고정관념을 알아본다.	• 직업 맞히기 1 • 직업 맞히기 2	진로 탐색
6회기	진로 및 직업정보 탐색	• 직업과 직업정보의 의미를 이해한다. • 직업정보를 찾는 다양한 정보원을 이해한다. • 미래 사회의 유망한 직업을 알아본다.	• 다양한 직업정보원 이해 • 웹사이트를 활용한 직업탐색 실습	진로 탐색
7회기	진로 및 직업정보 탐색	• 대인관계를 활용하여 직업을 탐색하는 방법을 이해한다. • 대인관계를 활용하여 직업을 탐색하는 계획을 세운다.	• 진로-사회연결망 그리기 • 인터뷰 질문지 작성하기	진로 탐색
8회기	진로 및 직업정보 탐색	• 자신의 진로 분야 관련 강점과 약점을 파악한다. • 미래 직업에 필요한 강점을 찾고 자신의 강점과 연관 지을 수 있다.	• 진로 포켓몬 카드 만들기	진로 자신감

9회기	진로 효능감	• 긍정적 가정 상황을 활용하여, 자신의 진로 걸림돌과 욕구를 확인한다. • 목표를 향해 나아가는 과정에서 걸림돌이 되는 지점과 극복 방안을 떠올려 봄으로써 자신감을 기른다. • 진로 발달 과정에서 활용할 수 있는 자원을 확보한다.	• 나의 판타스틱 어드벤처 진로 스토리	진로 자신감
10회기	진로 미결정 불안/진로 낙관성	• 진로 준비상황에서 우연과 실수가 가지는 가능성에 대해 생각해 본다. • 우연과 실수를 유연한 태도로 받아들이는 것의 중요성을 인식하고 내 삶에 적용해 본다. • 자신이 꿈꾸는 진로를 이루어 내 성공적인 삶을 살고 있는 모습을 그려 보며 장래희망에 대한 기대감을 형성한다.	• 브라보! 멋지다, ○○○	긍정 진로 정서
11회기	진로설계 및 계획 수립	• 진로 선택에서 고려해야 할 요인들의 비중을 정리한다. • 마주하게 될 진학 상황을 가상으로 구성해 보고, 그 선택의 배경을 생각해 보면서 선택, 노력, 결정이 필요한 지점들을 정리한다. • 가상의 이력서를 작성해 봄으로써 희망 진로가 요구하는 경험, 기술, 지식, 요건을 정리한다.	• 나의 진학 연대기 • 15년 뒤 나의 이력서	구체적 진로행동

12회기	행동 변화 목표 설정 및 예상되는 어려움에 대한 탐색	• 전체 프로그램을 통해 배웠던 내용을 정리하며, 가상 면접 상황을 체험해 본다. • 새롭게 시도할 수 있는 단기 행동 계획을 세운다. • 프로그램 종료 후 기대되는 것과 예상되는 어려움에 대해 나누고, 서로에게 응원하는 마음을 전한다.	• 자기 PR • 일주일 전의 나 & 일주일 후의 나	마무리
13회기	사후 검사 실시 및 해석	• 프로그램을 마무리하며 사후 검사 실시 및 해석을 통해 진로 발달 수준의 변화를 확인한다.	• 진로유형 이해하기 • 나를 이해하기	추수 회기

3) 고등학생 대상 프로그램

회기	주제	목표	활동내용	진로성숙도 구성요소
1회기	오리엔테이션	• 프로그램에 대해 이해한다. • 집단에서 자기를 소개하고 서로 알아 가는 시간을 갖는다. • 아이스브레이킹을 통해 라포를 형성한다.	• 프로그램 소개 및 자기소개 • 아이스브레이킹	OT
2회기	자기이해	• 진로에 대해 가지고 있는 경험, 생각을 정리해 본다. • 진로와 관련하여 자기에 대한 개념을 정리해 보고, 보다 통합된 방식으로 설명할 수 있다. • 현재의 자기상을 바탕으로 성장하고 싶은 모습을 그려 볼 수 있다.	• 내가 보는 나 & 남이 보는 나 • 그게 (곧)바로 (나아갈) 나!	진로 자기 이해

3회기	진로흥미	• 긍정적인 시각으로 스스로를 바라봄으로써, 자기 스스로에 대한 지지적인 관계를 형성한다. • 자신의 관심사를 파악함으로써 앞으로의 진로에 어떻게 연결할 수 있을지 고민해 본다.	• 나의 최애를 위한 흥미 질문지	진로 자기 이해
4회기	진로 가치관	• 내가 중요하게 여기는 진로 관련 가치를 인식한다. • 나만의 진로가치관을 정립한다.	• 주요 진로가치 목록 설정 • 진로가치관 정립	진로 자기 이해
5회기	직업이해	• 직업의 개념과 의미 및 필요성에 대해 이해한다. • 다양한 직업 세계를 분야별로 알아본다. • 인공지능의 발달로 인한 직업 세계의 변화를 감지한다.	• 직업 세계 탐색 • 인공지능과 직업 세계	진로 탐색
6회기	정보 탐색	• 직업과 직업정보의 의미를 이해한다. • 직업정보를 찾는 다양한 정보원을 이해한다. • 직업정보를 직접 탐색해 본다.	• 다양한 직업정보원 이해 • 웹사이트를 활용한 직업탐색 실습	진로 탐색
7회기	미결정 불안	• 나의 진로 불안 요인을 인식한다. • 진로 불안과 관련하여 통제할 수 있는 것과 없는 것을 구분한다.	• 진로 불안 기차 만들기 • 걱정상자	긍정 진로 정서
8회기	진로 낙관성	• 자신의 미래를 긍정적으로 사고할 수 있도록 진로 선택의 낙관성을 증진시킨다.	• 긍정 진로 목표 설정	긍정 진로 정서

9회기	진로 효능감	• 자신의 진로 히스토리를 돌아보고 진로에 대한 효능감을 증진한다.	• 진로 효능감의 의미 • 진로 역사관 그려보기	진로 자신감
10회기	직업 능력 향상 행동	• 형용사 카드를 활용해 진로 캐릭터를 만들 수 있다.	• 형용사 카드 • 진로 캐릭터 만들기	구체적 진로행동
11회기	진로설계 및 계획 수립	• 자신의 진로에 대한 이야기를 만들어 보는 활동을 통해 구체적인 진로설계 및 계획을 할 수 있다.	• 나의 위인 • 나의 진로 이야기 만들기	구체적 진로행동
12회기	마무리	• 전체 프로그램을 통해 배웠던 내용을 정리한다. • 프로그램 종료 후 기대되는 것과 예상되는 어려움에 대해 나눈다. • 서로에게 응원을 해 준다.	• 나의 마음책 완성하기 • 롤링페이퍼 쓰기	마무리

4) 대학생 대상 프로그램

회기	주제	목표	활동내용	진로성숙도 구성요소
1회기	오리엔테이션	• 프로그램 소개 및 참여 동기를 갖는다. • 프로그램의 목적 및 필요성을 이해한다. • 프로그램 규칙을 이해한다. • 친밀감을 형성한다.	• 아이스브레이킹 • 사전 검사 결과 해석	OT
2회기	진로흥미	• 과거부터 현재까지 자신의 꿈이 어떻게 지속되고 변화되었는지 알아본다. • 자신의 관심사를 파악함으로써 앞으로의 진로에 어떻게 연결할 수 있을지 고민해 본다.	• 등 맞대고 그림 그리기 • 꿈 포트폴리오 만들기	진로 자기 이해

3회기	나의 진로 가치 찾기	• 자신의 삶의 방향이 되는 가치가 무엇인지 알고 있다. • 나의 진로가치가 세상과 어떻게 연결되어 있는지 알고 있다. • 나는 나의 진로가치를 나의 언어로 표현할 수 있으며 타인 앞에서 말할 수 있다.	• 진로가치카드 활동	진로 자기 이해
4회기	진로계획	• 내 삶에서 일어난 우연한 경험들을 진로 탐색에 활용할 수 있다. • 변화하는 시대에 맞게 유연한 사고를 가지고 진로를 탐색할 수 있다.	• 진로 탐색 • 직업 대안 찾기	진로 통제 (목표 설정 훈련)
5회기	NQ (Network Quotient)	• 대인관계를 통해 직업탐색을 할 수 있다. • 다양한 사람들과 네트워크를 구축하고 기회를 탐색하는 방법을 안다.	• NQ 메트리 그리기 • 인터뷰 질문 작성하기	진로 탐색
6회기	진로 호기심	• 관심 있는 진로 직업에 필요한 역량이 무엇인지 알고 이를 준비한다.	• 핵심역량 준비하기 • 진로스탯 만들기	진로호기심 정보 탐색 훈련
7회기	진로장벽	• 진로장벽의 의미와 종류를 이해한다. • 나의 진로장벽 요인을 인식하고 해결방안을 모색한다.	• 오히려 좋아 • 가지 않은 길	긍정 진로 정서
8회기	진로 불안	• 나의 진로 불안 요인을 인식한다. • 진로 불안과 관련하여 통제할 수 있는 것과 없는 것을 구분한다.	• 통제의 어려움 • 진로 기차 • 걱정상자	진로 통제
9회기	진로 자신감	• 자신이 원하는 미래를 상상할 수 있다. • 인생에 큰 변화가 와도 진로를 개척할 수 있다는 자신감을 갖는다.	• 평행우주 '나'들이	진로 자신감

10회기	직업 능력 향상	• 자신이 원하는 진로 경로를 설정할 수 있다. • 원하는 진로와 관련된 능력을 습득하기 위한 활동을 계획할 수 있다.	• 다시 하는 돌잡이 • 오늘이라는 씨앗	구체적 진로행동
11회기	진로설계 및 계획	• 원하는 진로와 관련된 자신의 현실적인 여건을 인식한다. • 원하는 진로를 실현할 수 있는 현실적인 계획을 세운다. • 스스로의 진로를 설계할 수 있는 주도성을 갖는다.	• 나만을 위한 취업 설명회	의사결정 훈련
12회기	마무리	• 전체 프로그램을 돌아보며 자신의 진로에 대한 새로운 발견과 변화를 확인한다. • 자신의 진로포부를 내면화하고 타인 앞에서 말할 수 있다.	• 내 삶의 영화 포스터 만들기	마무리

7. 프로그램 활용 방법

진로성숙도 프로그램은 CAD 진로종합검사를 활용하여 아동, 청소년, 성인의 진로성숙도 수준을 점검하고, 각각 대상을 분류하여 초등학교, 중학교, 고등학교, 대학교 시기에 기대되는 진로성숙 요인의 발달을 지원할 목적으로 개발되었다.

이에 프로그램 내용은 진로성숙의 요인으로서 진로흥미, 가치와 같은 자기이해 수준을 증진하고, 진로계획 수준을 점검하며, 이를 수행할 수 있는 진로 효능감, 긍정 정서와 같은 역량을 높여, 추후 진로 준비 행동으로 이어 갈 수 있도록 구성하였다. 또한, 학습자용 활동지와 프로그램 진행자용 매뉴얼이 각각 갖추어져 있다.

본 진로 프로그램의 활용 방법은 다음과 같다.

첫째, 진로 프로그램은 참여자가 속한 학교급에 맞춰 개발한 프로그램 유형을 실시하되, 발달 수준의 유사성을 고려하여 적용 범위를 유연하게 적용한다. 이 프로그램은 각각 참여자의 학교급에 맞추어 개발되었기 때문에, 해당하는 학교급 유형에 따라 프로그램을 적용하는 것이 바람직하다. 다만, 인접한 학교급 청소년이 보이는 진로 발달 수준의 유사성을 고려하여 초등학생은 중학생용 프로그램을, 고등학생은 대학생용 프로그램을 활용하여 도움을 받을 수도 있다. 또한 같은 고등학생이라 할지라도, 학교급의 특성과 학생의 전공 계열에 따라 필요에 맞춰 프로그램을 적절히 선택하여 참여할 수 있다.

둘째, 이 프로그램 활용 전, 우선 CAD 진로종합검사를 활용하여 자신의 진로성숙 요인별 수준 및 그에 따른 진로성숙 유형을 점검한다면 프로그램이 효율적으로 진행될 수 있다. 이에 사전에 검사를 실시한 뒤 프로그램에 참여하기를 권장한다. CAD 진로종합검사는 요인 수준에 따라 중학생의 경우 총 15개의 유형, 초등학생, 고등학생, 대학생의 경우 총 8개의 유형으로 나뉘게 된다. 이때 검사 결과는 유형에 따라 중점적으로 발달이 필요한 영역, 강점 영역에 대한 정보는 물론 이후 보탬이 될 진로 과업에 대한 정보를 제공하고 있기에, 이 프로그램의 활용도를 보다 높일 수 있다.

셋째, 이 프로그램은 진로성숙 요인에 따라 모듈 형태로 활용할 수 있다. 프로그램을 실시하는 기관, 청소년의 특성, 혹은 기타 요인으로 인해 12회기로 구성된 이 프로그램을 전부 활용하기에 지장이 따를 수 있을 것이다. 특히 기존에 다양한 프로그램에 참여해 본 청소년의 경우 자신에게 보다 특화된 도움을 필요로 할 수도 있을 것이다. 이러한 상황에서 진로성숙 요인별 모듈 형태로 프로그램을 구성한 이점을 활용하여, 프로그램 중 필요한 영역의 2~3회기만 별도로 활용해 실시할 수 있다.

마지막으로, 이 프로그램의 매뉴얼에서 제공하는 강사가 참고해야 할 유의사항과 지도방안 Tip을 적극 활용할 필요가 있으며 상황에 따라 적절한 형태의 변형과 수정도 가능하다. 지도안과 Tip은 처음 프로그램을 실시하는 강사들의 운영 부담을 줄여 줄 수 있다.

8. 프로그램 진행 시 유의사항

이 프로그램 진행 시 유의할 점은 다음과 같다.

① 참여자의 수준과 특성에 맞추어 활동의 내용이나 양을 조절한다. 특히 참여자 개인이나 소속 집단의 특성을 고려하여 프로그램을 융통적으로 적용하고 활동을 진행할 필요가 있다.

② 각 학교급별 상황과 가능한 참여 시간, 참여자의 생활양식 및 주변 환경을 고려하여 프로그램을 재구성할 수 있다.

③ 기존 회기별 40~50분의 진행시간을 참고하되, 기관 여건을 고려하여 필요에 따라 2회기씩 연달아 진행할 수 있다.

④ 비대면으로 진행할 때에는 원활한 진행이 가능하도록 활동을 재구성하고, 비대면 집단 프로그램의 일반적인 지침에 따른다.

⑤ 프로그램 교안에 따라 누구나 프로그램을 운영할 수 있도록 구성하였으나, 되도록 전문 진로상담 교육 또는 집단상담 교육을 받은 강사가 프로그램의 운영을 담당하는 것이 권장된다.

⑥ 스마트 기기 등 특정 학습 자료를 사용하는 경우, 구비 가능 여부를 확인하고 진행한다. 자료를 구비하기 어려울 때에는 체험학습 등으로 프로그램을 재구성하여 진행한다.

⑦ 프로그램 상황뿐만 아니라 생활에서 배움을 실천할 수 있는 기회를 지속적으로 제공한다.

⑧ 차시별 주제의 순기능뿐만 아니라 역기능에도 중점을 두어 지도한다.

⑨ 외부 활동 시에는 보조 인력의 지원을 요청하고, 안전사고에 유의하며 진행한다.

Ⅱ

프로그램 실제

1. 프로그램 전체 교안

2. 프로그램 가이드북

3. 워크북

1. 프로그램 전체 교안

1) 초등학생용 프로그램

1. 오리엔테이션

활동개요

<table>
<tr><td rowspan="3">활동목표</td><td rowspan="3">• 프로그램을 소개하고 참여 동기를 갖는다.
• 프로그램의 목적 및 필요성을 이해한다.
• 프로그램 규칙을 이해한다.
• 친밀감을 형성한다.</td><td colspan="2">시간</td><td>40분</td></tr>
<tr><td rowspan="2">준비물</td><td>강사</td><td>칠판(주제어 제시를 위해) 혹은 프로젝터, 종이, 펜, 풍선, 에어펌프 풍선</td></tr>
<tr><td>참여자</td><td>–</td></tr>
</table>

활동전개과정

단계	활동주제	활동내용	시간(분)
도입	인트로	• 프로그램 소개 및 규칙 설정	10′
전개	친밀감 형성	• 자기소개(10분) • 사전 검사 해석(5분) • 라포 형성–쁘띠 빠크(10분)	25′
정리	마무리	• 활동 소감 나눔	5′

2. 진로의 첫걸음

활동개요

활동목표	• 직업이 사라진다면 자신의 삶이 어떻게 변할지에 대해 상상해 보고 일과 직업이 필요한 이유를 말할 수 있다.	시간		38분
		준비물	강사	활동지, 필기도구
			참여자	-

활동전개과정

단계	활동주제	활동내용	시간(분)
도입	인트로	• 동기유발(일하기 싫은 날 상상하기)	3′
전개	일과 직업의 의미와 역할 이해하기	• 일과 직업은 무엇일까?(10분) • 직업이 사라진다면?(10분) • 사라진 직업은 무엇일까?(13분)	33′
정리	마무리	• 활동 소감 나눔	2′

3. 변화무쌍한 직업 세계

활동개요

<table>
<tr><td rowspan="3">활동목표</td><td rowspan="3">• 현재의 직업들이 변화해 온 모습을 이해하고, 앞으로 변화해 갈 모습을 예측할 수 있다.</td><td colspan="2">시간</td><td>40분</td></tr>
<tr><td rowspan="2">준비물</td><td>강사</td><td>활동지, 필기도구</td></tr>
<tr><td>참여자</td><td>–</td></tr>
</table>

활동전개과정

<table>
<tr><th>단계</th><th>활동주제</th><th>활동내용</th><th>시간(분)</th></tr>
<tr><td>도입</td><td>인트로</td><td>• 지금은 사라진 직업과 그 이유 생각해 보기</td><td>3′</td></tr>
<tr><td>전개</td><td>직업 세계 이해</td><td>• 변화무쌍한 직업의 세계 이해하기(10분)
• 새로운 직업, 미래의 키워드는?(10분)
• 미래 직업 관련 광고 만들기(15분)</td><td>35′</td></tr>
<tr><td>정리</td><td>마무리</td><td>• 활동 소감 나눔</td><td>2′</td></tr>
</table>

4. 자기 장점 및 관심사 이해

활동개요

<table>
<tr><td rowspan="3">활동목표</td><td rowspan="3">• 자신이 성격 및 역량과 관련된 장점을 이해한다.
• 자신의 장점을 토대로 관심 있는 직업을 파악한다.</td><td colspan="2">시간</td><td>40분</td></tr>
<tr><td rowspan="2">준비물</td><td>강사</td><td>활동지</td></tr>
<tr><td>참여자</td><td>필기구</td></tr>
</table>

활동전개과정

<table>
<tr><th>단계</th><th>활동주제</th><th>활동내용</th><th>시간(분)</th></tr>
<tr><td>도입</td><td>인트로</td><td>• 오늘 진행할 활동에 대해 안내한다.</td><td>5′</td></tr>
<tr><td rowspan="2">전개</td><td>직업 흥미
유형 맞히기</td><td>• 게임을 통해 직업 흥미 유형에 맞는 직업에 대해 이해한다.
• 게임의 정답을 풀이한다.</td><td>10′</td></tr>
<tr><td>나의 관심사
파악하기</td><td>• 잘하는 과목, 성격, 좋아하는 일, 가치관 등의 관심사를 파악한다.
• 관심사를 토대로 관심 있는 직업을 작성한다.</td><td>20′</td></tr>
<tr><td>정리</td><td>마무리 및
나의 다짐 공유</td><td>• 활동내용을 정리한다.</td><td>5′</td></tr>
</table>

5. 직업의 세계 탐험

활동개요

<table>
<tr><td rowspan="3">활동목표</td><td rowspan="3">• 다양한 직업에 대해 알아보고, 직업의 중요성을 인식한다.
• 다양한 직업 세계를 알아본다.</td><td colspan="2">시간</td><td>40분</td></tr>
<tr><td rowspan="2">준비물</td><td>강사</td><td>활동지, 슬라이드</td></tr>
<tr><td>참여자</td><td>필기구</td></tr>
</table>

활동전개과정

<table>
<tr><th>단계</th><th>활동주제</th><th>활동내용</th><th>시간(분)</th></tr>
<tr><td>도입</td><td>인트로</td><td>• 오늘 진행할 활동에 대해 안내하고, 활동의 목적을 설명한다.</td><td>5′</td></tr>
<tr><td rowspan="2">전개</td><td>직업 맞히기</td><td>• 슬라이드 '직업 맞히기'를 보면서 계속해서 게임을 진행한다.
• 진행 예시
– 동물원 그림을 보면서 동물원와 관련된 직업들을 생각해 본다.
– 팀별로 의논하여 활동지에 작성한다.
– 팀별로 돌아가면서 직업 이름을 하나씩 말한다.
– 가장 많은 직업을 생각해 낸 팀에게 보상을 준다.</td><td>15′</td></tr>
<tr><td>미래 직업탐색</td><td>• 미래 직업 세계 특징을 이해한다.
• 미래 유망 직종을 작성한다.
• 미래 유망 직종에 대해 논의한다.</td><td>15′</td></tr>
<tr><td>정리</td><td>마무리 및 나의 다짐 공유</td><td>• 다양한 직업 세계가 존재하고, 많은 직업이 서로 연결되어 있음에 대해 다시 한번 정리한다.
• 현재의 감정과 소감을 나눈다.</td><td>5′</td></tr>
</table>

6. 직업에 대한 정보 찾기

활동개요

<table>
<tr><td rowspan="3">활동목표</td><td rowspan="3">• 직업과 직업정보의 의미를 이해한다.
• 직업정보를 찾는 다양한 정보원을 이해한다.
• 직업정보를 직접 탐색해 본다.</td><td colspan="2">시간</td><td>40분</td></tr>
<tr><td rowspan="2">준비물</td><td>강사</td><td>활동지, 슬라이드</td></tr>
<tr><td>참여자</td><td>필기구, PC 혹은 스마트 기기</td></tr>
</table>

활동전개과정

단계	활동주제	활동내용	시간(분)
도입	직업정보 의미 소개	• 직업정보의 중요성과 관련된 영상을 시청한다. • 오늘의 활동내용에 대해 전반적으로 안내한다.	10′
전개	직업정보의 다양한 정보원 이해 및 실습	• [활동 1] 다양한 직업정보원 이해 – 직업정보를 탐색할 수 있는 다양한 정보원에 대해 설명한다. – 다양한 정보원 중 인터넷 탐색을 활용하여 직업정보를 찾는 시범을 보인다. – AI를 활용하여 직업정보를 탐색하는 방법과 주의점을 알아본다. • [활동 2] 웹사이트를 활용한 직업탐색 실습 – '주니어 커리어넷'에서 다양한 분야의 미래 직업 중 관심 있는 분야의 카드를 골라 보고 가장 원하는 분야의 직업을 조사해 본다. – 자신이 조사한 직업을 해시태그로 보여 주고 퀴즈를 진행한다.	25′
정리	마무리 및 나의 다짐 공유	• 직업을 탐색하는 다양한 정보원과 관련된 개념을 정리한다. • 현재의 감정과 소감을 나눈다.	5′

7. 뻗어 가는 진로 나무(진로 탐색 계획 및 연습)

활동개요

<table>
<tr><td rowspan="3">활동목표</td><td rowspan="3">• 진로 탐색을 계획하는 것의 중요성을 체험한다.
• 자신이 결정해야 할 진로 탐색의 순간에 대해 정리해 본다.</td><td colspan="2">시간</td><td>40분</td></tr>
<tr><td rowspan="2">준비물</td><td>강사</td><td>활동지, PC</td></tr>
<tr><td>참여자</td><td>필기구</td></tr>
</table>

활동전개과정

단계	활동주제	활동내용	시간(분)
도입	warm-up	• 진로 사다리 게임 – 사다리 게임을 통해 계획하지 않은 진로 의사결정을 체험하고 그 결과에 대해 이야기 나눈다.	10′
전개	진로 탐색 계획 및 연습	• 뻗어 가는 진로 나무 – 시간의 흐름에 따라 진로 관련 의사결정을 내려야 하는 순간을 정리한다. – 갈림길이 생기는 순간들을 나무의 가지가 갈라지는 것으로 표현하여 그림을 그려 본다. – 가지가 갈라지는 지점에서 어떤 방식으로 진로 탐색을 이어 갈 수 있는지 고민해 본다.	25′
정리	마무리 및 나의 다짐 공유	• 본 활동을 통한 소감과 경험을 나눈다.	5′

8. 일하는 나? 일로 하는 나!(일에 대한 긍정적인 태도)

활동개요

활동목표	내용	준비물		
활동목표	• 직업이 개인의 삶에서 갖는 의미에 대해 생각해 본다. • 직업을 통해 내가 드러내고 싶은 나의 모습에 대해 생각해 본다.	시간		40분
		준비물	강사	활동지
			참여자	필기구

활동전개과정

단계	활동주제	활동내용	시간(분)
도입	warm-up	• 오늘의 명함 – 자신을 가장 잘 드러내 주는 물건/단어/색상을 하나씩 정리한다. – 이를 활용해 나만의 명함을 만들어 본다.	10′
전개	일에 대한 긍정적인 태도	• 일하는 나? 일로 하는 나! – 20년 뒤 자신을 드러내 주는 명함을 만들어 본다. – 직업과 이를 통해 드러내고 싶은 자신의 모습을 반영하여 명함을 제작함으로써 직업을 통해 달성하고 싶은 자신의 욕구와 가치를 인식할 수 있다.	25′
정리	마무리 및 나의 다짐 공유	• 본 활동을 통한 소감과 경험을 나눈다.	5′

9. 우연과 실수, 다르게 보기(직업적 도전에 대한 긍정적인 태도)

활동개요

<table>
<tr><td rowspan="3">활동목표</td><td rowspan="3">• 진로 준비상황에서 우연과 실수가 가지는 가능성에 대해 생각해 본다.
• 우연과 실수를 유연한 태도로 받아들이는 것의 중요성을 알고, 진로를 준비하는 과정의 강점으로 인식한다.</td><td colspan="2">시간</td><td>40분</td></tr>
<tr><td rowspan="2">준비물</td><td>강사</td><td>활동지</td></tr>
<tr><td>참여자</td><td>필기구</td></tr>
</table>

활동전개과정

단계	활동주제	활동내용	시간(분)
도입	warm-up	• 나의 진로 '세렌디피티' – 세렌디피티(serendipity)의 의미를 설명하며 우연과 실수가 갖는 또 다른 가능성에 대해 알아본다.	10′
전개	직업적 도전에 대한 긍정적인 태도	• 나의 우연 대처기 – 활동지 양식을 채우고 발표하며 자신의 진로에 대한 우연 대처 역량을 점검하고 낙관적인 태도를 기른다.	25′
정리	마무리 및 나의 다짐 공유	• 본 활동을 통한 소감과 경험을 나눈다.	5′

10. 내가 잘하는 것(직업적 자기 효능감)

활동개요

활동목표	• 자신의 강점을 토대로 직업적 자기 효능감을 증진한다.	시간		50분
		준비물	강사	활동지
			참여자	필기구

활동전개과정

단계	활동주제	활동내용	시간(분)
도입	인물 퀴즈	• 인물 퀴즈 – 제시되는 인물의 사진을 보고 그 사람이 잘하는 것이 무엇인지 맞혀 본다.	10′
전개	직업적 자기 효능감	• 모둠별로 자기 모둠의 친구들이 잘하는 것, 장점을 찾아 롤링페이퍼를 작성한다. • 롤링페이퍼를 받아 본 뒤, 내가 잘하는 것이 무엇인지 정리해 본다. • 이러한 능력을 잘 발휘한다면 앞으로 어떤 직업을 갖게 될지 발표해 본다.	35′
정리	마무리 및 소감 공유	• 활동내용을 정리한다. • 활동 소감을 나눈다.	5′

11. 우리가 마을이라면(직업적 자기 가치감)

활동개요

<table>
<tr><td rowspan="3">활동목표</td><td rowspan="3">• 마을 구성원의 직업을 만들어 가면서 직업적 자기 가치감을 증진한다.</td><td colspan="2">시간</td><td>50분</td></tr>
<tr><td rowspan="2">준비물</td><td>강사</td><td>활동지</td></tr>
<tr><td>참여자</td><td>필기구</td></tr>
</table>

활동전개과정

단계	활동주제	활동내용	시간(분)
도입	warm-up 퀴즈	• 직업이 없다면? – 제시되는 직업이 없어졌을 때 우리 마을에 어떤 일이 생길지 이야기해 본다.	10′
전개	우리가 마을이라면	• 모둠별로 마을을 만드는 활동을 한다. • 각 마을에서는 자신의 마을에 가장 중요한 가치 세 가지를 고른다. • 이 가치가 잘 실현되는 마을을 만들기 위해 필요한 직업들을 고른다. • 고른 직업들을 가지고 각자가 어떤 직업의 역할을 할지 역할을 나눈다.	35′
정리	마무리 및 소감 공유	• 활동내용을 정리한다. • 활동 소감을 나눈다.	5′

12. 우리의 꿈을 향해

활동개요

활동목표	• 전체 프로그램을 통해 배웠던 내용을 정리한다. • 프로그램 종료 후에도 진로 관련 다짐과 실천을 이어 나갈 수 있는 구호를 정해 본다.	시간		50분
		준비물	강사	활동지
			참여자	필기구

활동전개과정

단계	활동주제	활동내용	시간(분)
도입	우리 반 그래프	• 이제까지의 활동 돌아보기 – 이제까지 했던 활동 중 가장 인상적이거나 재밌었던 활동 세 가지를 골라 우리 반 그래프에 스티커를 붙여 본다. – 우리 반 구성원들의 투표 결과가 모인 그래프를 보면서 함께 지난 프로그램들에 대한 못다 한 이야기를 나눈다.	15′
전개	나의 등불	• 본 프로그램에서 가장 크게 배웠던 점, 인상적이었던 점이 무엇인지 생각해 본다. • 진로가 막막할 때 나 스스로에게 힘이 되어 줄 수 있는 말을 생각해 본다. • 해당 어구를 등불 안에 적고 앞으로의 다짐을 적어 본다.	25′
정리	마무리 및 소감 공유	• 활동내용을 정리한다. • 활동 소감을 나눈다. • 사후 검사 및 프로그램 만족도 조사	10′

2) 중학생용 프로그램

1. 오리엔테이션

활동개요

활동목표	• 프로그램 목적과 필요성을 이해한다. • 집단에서 자기를 소개하고 서로 알아 가는 시간을 갖는다. • 아이스브레이킹을 통해 친밀감을 형성한다.	시간		50분
		준비물	강사	활동지
			참여자	필기구

활동전개과정

단계	활동주제	활동내용	시간(분)
도입	활동 안내	• 오늘 진행할 활동에 대해 안내한다.	5′
전개	오리엔테이션	• 프로그램 소개 및 구조화 • 집단 규칙 정하기	10′
	자기소개	• 자기소개	10′
	아이스 브레이킹	• 등 맞대고 그림 그리기 게임, 바뀐 모습 찾기 게임 등	20′
정리	마무리 및 나의 다짐 공유	• 앞으로의 프로그램 참여에 대한 나의 다짐을 나누어 본다.	5′

2. 나에 대한 퀴즈! 나는 몇 점?

활동개요

활동목표	내용	구분		비고
활동목표	• 긍정적인 자아개념을 가질 수 있다. • 자신의 장점 및 특성을 알아보고 자신감을 갖고 행동할 수 있다. • 타인을 배려하고 의사소통할 수 있다. • 다양한 진로유형에 대해 이해한다.	시간		50분
		준비물	강사	활동지
			참여자	필기구

활동전개과정

단계	활동주제	활동내용	시간(분)
도입	자기이해	• 오늘 진행할 활동에 대해 안내한다. • 나를 이루고 있는 장점과 특성은 어떤 것이 있는지 생각해 본다.	5′
전개	진로유형 이해하기	• 진로유형 속 자기이해, 진로 탐색, 진로행동에 대해 알아본다. • 다양한 진로유형에 대해 알아본다.	20′
	내가 몰랐던 나	• 서로 어울리는 형용사를 골라 주고, 그중 나와 어울리지 않는 것과 어울리는 것에 대해 이야기해 본다. • '내가 몰랐던 나' 활동지를 작성한다.	20′
정리	마무리 및 소감 나누기	• 활동을 통해 느낀 점과 소감을 나눈다.	5′

3. 빙고로 알아보는 나의 진로흥미

활동개요

<table>
<tr><td rowspan="3">활동목표</td><td rowspan="3">• 진로와 연관되는 자신의 흥미와 적성에 대해 안다.
• 자신이 잘하고 좋아하는 것에 대해 탐색할 수 있다.</td><td colspan="2">시간</td><td>50분</td></tr>
<tr><td rowspan="2">준비물</td><td>강사</td><td>활동지</td></tr>
<tr><td>참여자</td><td>필기구</td></tr>
</table>

활동전개과정

단계	활동주제	활동내용	시간(분)
도입	자기이해	• 오늘 진행할 활동에 대해 안내한다. • 몸으로 말해요 게임을 진행한다.	10′
전개	진로빙고	• '진로빙고' 활동지를 활용하여 진로빙고 게임을 진행한다. • 빙고판을 서로 비교해 보고 흥미가 가는 직업과 그렇지 않은 직업들에 대해 이야기를 나누어 본다.	35′
정리	마무리 및 소감 나누기	• 활동을 통해 느낀 점과 소감을 나눈다.	5′

4. 나에게 중요한 것은?

활동개요

<table>
<tr><td rowspan="3">활동목표</td><td rowspan="3">• 직업에 대한 긍정적인 태도를 가진다.
• 직업을 가져야 하는 이유와 이를 통해 얻을 수 있는 긍정적인 가치에 대해 말할 수 있다.
• 직업을 선택하기 위한 다양한 가치관이 존재하는 것을 알고, 우선순위에 대해 말할 수 있다.
• 자신의 욕구와 직업적 가치가 어떻게 연결되는지 말할 수 있다.</td><td colspan="2">시간</td><td>50분</td></tr>
<tr><td rowspan="2">준비물</td><td>강사</td><td>활동지</td></tr>
<tr><td>참여자</td><td>필기구</td></tr>
</table>

활동전개과정

단계	활동주제	활동내용	시간(분)
도입	자기이해	• 오늘 진행할 활동에 대해 안내한다. • '행복한 청개구리' 활동을 진행한다.	10′
전개	진로밸런스	• 진로밸런스 게임을 진행한다.	35′
정리	마무리 및 소감 나누기	• 활동을 통해 느낀 점과 소감을 나눈다.	5′

5. 다양한 직업 세계 알아보기

활동개요

활동목표		시간		40분
활동목표	• 직업의 개념과 의미 및 필요성에 대해 이해한다. • 다양한 직업 세계를 분야별로 알아본다. • 직업에 대한 편견 및 고정관념을 알아본다.	준비물	강사	활동지, 슬라이드
			참여자	필기구

활동전개과정

단계	활동주제	활동내용	시간(분)
도입	직업의 개념 및 의미 소개	• 직업의 개념 및 의미와 관련된 영상을 시청한다. • 오늘의 활동내용에 대해 전반적으로 안내한다.	10′
전개	직업 세계 탐색	• [활동 1] 슬라이드 '직업 맞히기 1'을 보면서 화면에 등장한 직업 이름을 적는다. 이때 가장 많은 직업 이름을 쓴 팀이 이긴다. • [활동 2] 슬라이드 '직업 맞히기 2'를 보면서 계속해서 게임을 진행한다. • 진행 예시 – 피자가게 그림을 보면서 피자가게와 관련된 직업들을 생각해 본다. – 팀별로 의논하여 활동지에 작성한다. – 팀별로 돌아가면서 직업 이름을 하나씩 말한다. – 가장 많은 직업을 생각해 낸 팀에게 보상을 준다.	25′
정리	마무리 및 나의 다짐 공유	• 다양한 직업 세계가 존재하고, 많은 직업이 서로 연결되어 있음에 대해 다시 한번 정리한다. • 현재의 감정과 소감을 나눈다.	5′

6. 직업정보는 어디서 찾지?

활동개요

<table>
<tr><td rowspan="4">활동목표</td><td rowspan="4">• 직업과 직업정보의 의미를 이해한다.
• 직업정보를 찾는 다양한 정보원을 이해한다.
• 미래 사회의 유망한 직업을 알아본다.</td><td colspan="2">시간</td><td>40분</td></tr>
<tr><td rowspan="2">준비물</td><td>강사</td><td>활동지, 슬라이드</td></tr>
<tr><td>참여자</td><td>필기구, PC 혹은 스마트 기기</td></tr>
</table>

활동전개과정

단계	활동주제	활동내용	시간(분)
도입	직업정보 의미 소개	• 직업정보의 중요성과 관련된 영상을 시청한다. • 오늘의 활동내용에 대해 전반적으로 안내한다.	10′
전개	직업정보의 다양한 정보원 이해 및 실습	• [활동 1] 다양한 직업정보원 이해 – 직업정보를 탐색할 수 있는 다양한 정보원에 대해 설명한다. – 다양한 정보원 중 인터넷 탐색을 활용하여 직업정보를 찾는 시범을 보인다. – AI를 활용하여 직업정보를 탐색하는 방법과 주의점을 알아본다. • [활동 2] 웹사이트를 활용한 직업탐색 실습 – '주니어 커리어넷'에서 다양한 분야의 미래 직업 중 관심 있는 분야의 카드를 골라 보고 가장 원하는 분야의 직업을 조사해 본다. – 자신이 조사한 직업을 해시태그로 보여 주고 퀴즈를 진행한다.	25′
정리	마무리 및 나의 다짐 공유	• 직업을 탐색하는 다양한 정보원과 관련된 개념을 정리한다. • 현재의 감정과 소감을 나눈다.	5′

7. 나의 주변 사람은 어떤 직업을 갖고 있을까?

활동개요

<table>
<tr><td rowspan="3">활동목표</td><td rowspan="3">• 대인관계를 활용하여 직업을 탐색하는 방법을 이해한다.
• 대인관계를 활용하여 직업을 탐색하는 계획을 세운다.</td><td colspan="2">시간</td><td>40분</td></tr>
<tr><td rowspan="2">준비물</td><td>강사</td><td>활동지, 슬라이드</td></tr>
<tr><td>참여자</td><td>필기구</td></tr>
</table>

활동전개과정

단계	활동주제	활동내용	시간(분)
도입	warm-up	• 풍선 살리기 게임 – 손에 손잡고	10′
전개	대인관계 활용 직업탐색	• [활동 1] 진로–사회연결망 그리기 – 진로–사회연결망 그리는 방법을 설명한다. – 진로–사회연결망을 그린다. – 완성된 진로–사회연결망을 다른 집단원들에게 소개한다. • [활동 2] 인터뷰 질문지 작성하기 – 진로–사회연결망 속 1명을 선정하여 가상의 인터뷰 계획을 세운다. – 그 사람에게 질문하고 싶은 인터뷰 질문 목록을 작성해 본다. – 작성한 인터뷰 질문 목록을 다른 집단원들에게 소개하고 피드백 받는다.	25′
정리	마무리 및 나의 다짐 공유	• 대인관계를 활용한 직업탐색과 관련된 개념을 정리한다. • 현재의 감정과 소감을 나눈다.	5′

8. 직업에 필요한 나의 강점은?

활동개요

<table>
<tr><td rowspan="3">활동목표</td><td rowspan="3">• 자신의 진로 분야 관련 강점과 약점을 파악한다.
• 미래 직업에 필요한 강점을 찾고 자신의 강점과 연관 지을 수 있다.</td><td colspan="2">시간</td><td>40분</td></tr>
<tr><td rowspan="2">준비물</td><td>강사</td><td>활동지, 슬라이드</td></tr>
<tr><td>참여자</td><td>필기구</td></tr>
</table>

활동전개과정

단계	활동주제	활동내용	시간(분)
도입	warm-up	• 몸으로 말해요 – 직업, 감정, 운동 등을 주제로	10′
전개	진로 분야 관련 강점과 약점 파악	• 진로 포켓몬 카드 만들기 – 진로 분야 관련 강점과 약점에 관해 설명한다. – 자신의 진로 분야 관련 강점과 약점을 선택한다. – 선택한 강점과 약점을 바탕으로 진로 포켓몬을 그린다. – 완성한 진로 포켓몬을 소개한다.	25′
정리	마무리 및 나의 다짐 공유	• 진로 분야 관련 강점과 약점에 관련된 개념을 정리한다. • 현재의 감정과 소감을 나눈다.	5′

9. 내 힘으로 극복하는 진로 걸림돌

활동개요

<table>
<tr><td rowspan="3">활동목표</td><td rowspan="3">• 긍정적 가정 상황을 활용하여, 자신의 진로 걸림돌과 욕구를 확인한다.
• 목표를 향해 나아가는 과정에서 걸림돌이 되는 지점과 극복 방안을 떠올려 봄으로써 자신감을 기른다.
• 진로 발달 과정에서 활용할 수 있는 자원을 확보한다.</td><td colspan="2">시간</td><td>45분</td></tr>
<tr><td rowspan="2">준비물</td><td>강사</td><td>활동지, 활동 자료 PPT</td></tr>
<tr><td>참여자</td><td>필기구</td></tr>
</table>

활동전개과정

단계	활동주제	활동내용	시간(분)
도입	진로 걸림돌과 욕구 확인하기	• 오늘 진행할 활동 및 목표에 대해 안내한다. • 긍정! 가정! 가능! 문장완성검사를 진행한다.	10′
전개	나의 판타스틱 어드벤처 진로 스토리	• '나의 판타스틱 어드벤처 진로 스토리' 활동지 양식을 채우며 진로 걸림돌과 이를 극복할 수 있는 나의 대안과 자원에 대해 알아본다.	30′
정리	마무리 및 나의 다짐 공유	• 9회기 활동내용을 정리한다. • 현재의 감정과 소감을 나눈다.	5′

10. 우연과 실수, 긍정적으로 바라본다면?

활동개요

<table>
<tr><td rowspan="3">활동목표</td><td rowspan="3">• 진로 준비상황에서 우연과 실수가 가지는 가능성에 대해 생각해 본다.
• 우연과 실수를 유연한 태도로 받아들이는 것의 중요성을 인식하고 내 삶에 적용해 본다.
• 자신이 꿈꾸는 진로를 이루어 내 성공적인 삶을 살고 있는 모습을 그려 보며 장래희망에 대한 기대감을 형성한다.</td><td colspan="2">시간</td><td>45분</td></tr>
<tr><td rowspan="2">준비물</td><td>강사</td><td>활동지,
활동 자료
PPT,
강화물</td></tr>
<tr><td>참여자</td><td>필기구</td></tr>
</table>

활동전개과정

단계	활동주제	활동내용	시간(분)
도입	나의 진로 '세렌디피티'	• 오늘 진행할 활동 및 목표에 대해 안내한다. • 세렌디피티(serendipity)의 의미를 설명하며 우연과 실수가 갖는 또 다른 가능성에 대해 알아본다.	10′
전개	브라보! 멋지다, ○○○	• '브라보! 멋지다, ○○○' 활동지 양식을 채우고 발표하며 자신의 진로에 대해 낙관적인 태도를 기른다.	30′
정리	마무리 및 나의 다짐 공유	• 10회기 활동내용을 정리한다. • 현재의 감정과 소감을 나눈다.	5′

11. 내 삶에서 준비하는 진로행동 계획

활동개요

<table>
<tr><td rowspan="3">활동목표</td><td rowspan="3">• 진로 선택에서 고려해야 할 요인들의 비중을 정리한다.
• 마주하게 될 진학 상황을 가상으로 구성해 보고, 그 선택의 배경을 생각해 보면서 선택, 노력, 결정이 필요한 지점들을 정리한다.
• 가상의 이력서를 작성해 봄으로써 희망 진로가 요구하는 경험, 기술, 지식, 요건을 정리한다.</td><td colspan="2">시간</td><td>45분</td></tr>
<tr><td rowspan="2">준비물</td><td>강사</td><td>활동지, 활동 자료 PPT, 강화물</td></tr>
<tr><td>참여자</td><td>필기구, 색연필, 사인펜, 크레파스</td></tr>
</table>

활동전개과정

<table>
<tr><th>단계</th><th>활동주제</th><th>활동내용</th><th>시간(분)</th></tr>
<tr><td>도입</td><td>나의
눈 · 손 · 심장</td><td>• 오늘 진행할 활동 및 목표에 대해 안내한다.
• 진로 선택에서 고려할 요인을 그림의 크기로 표현하며 비중을 정리한다.</td><td>10′</td></tr>
<tr><td rowspan="2">전개</td><td>나의 진학
연대기</td><td>• ‘나의 진학 연대기’ 활동지 양식을 채워 발표한다.</td><td>20′</td></tr>
<tr><td>15년 뒤
나의 이력서</td><td>• ‘15년 뒤 나의 이력서’ 활동지 양식을 작성한다.</td><td>10′</td></tr>
<tr><td>정리</td><td>마무리 및
나의 다짐 공유</td><td>• 11회기 활동내용을 정리한다.
• 현재의 감정과 소감을 나눈다.</td><td>5′</td></tr>
</table>

12. 서로의 목표, 우리가 응원해!

활동개요

<table>
<tr><td rowspan="4">활동목표</td><td rowspan="4">• 전체 프로그램을 통해 배웠던 내용을 정리하며, 가상 면접 상황을 체험해 본다.
• 새롭게 시도할 수 있는 단기 행동 계획을 세운다.
• 프로그램 종료 후 기대되는 것과 예상되는 어려움에 대해 나누고, 서로에게 응원하는 마음을 전한다.</td><td colspan="2">시간</td><td>45분</td></tr>
<tr><td rowspan="3">준비물</td><td rowspan="2">강사</td><td rowspan="2">활동지,
활동 자료
PPT</td></tr>
<tr></tr>
<tr><td>참여자</td><td>필기구</td></tr>
</table>

활동전개과정

단계	활동주제	활동내용	시간(분)
도입	Pick Me Up!	• 오늘 진행할 활동 및 목표에 대해 안내한다. • 지난 회기에 작성했던 '15년 뒤 나의 이력서'를 토대로 가상의 면접 상황 아래 스스로를 어필하는 시간을 갖는다.	15′
전개	일주일 전의 나 & 일주일 후의 나	• '일주일 전의 나 & 일주일 후의 나' 활동지 양식을 채워 발표한다.	20′
정리	프로그램 정리 및 응원	• 12회기 활동내용을 정리한다. • 자신의 각오를 다지고 서로를 응원한다.	10′

13. 추수 회기

활동개요

<table>
<tr><td rowspan="3">활동목표</td><td rowspan="3">• 프로그램을 마무리하며 사후 검사 실시 및 해석을 통해 진로 발달 수준의 변화를 확인한다.</td><td colspan="2">시간</td><td>50분</td></tr>
<tr><td rowspan="2">준비물</td><td>강사</td><td>활동지</td></tr>
<tr><td>참여자</td><td>필기구</td></tr>
</table>

활동전개과정

<table>
<tr><th>단계</th><th>활동주제</th><th>활동내용</th><th>시간(분)</th></tr>
<tr><td>도입</td><td>자기이해</td><td>• 오늘 진행할 활동에 대해 안내한다.
• 사후 검사(CAD)를 시행한다.</td><td>15′</td></tr>
<tr><td rowspan="2">전개</td><td>진로유형 이해하기</td><td>• 진로유형 속 자기이해, 진로 탐색, 진로행동에 대해 알아본다.</td><td>10′</td></tr>
<tr><td>나를 이해하기</td><td>• 프로그램을 시작하기 전과 후 나의 어떤 점이 달라지고 성장했는지 이야기해 본다.</td><td>20′</td></tr>
<tr><td>정리</td><td>마무리 및 소감 나누기</td><td>• 활동을 통해 느낀 점과 소감을 나눈다.</td><td>5′</td></tr>
</table>

3) 고등학생용 프로그램

1. 진로의 첫걸음

활동개요

<table>
<tr><td rowspan="3">활동목표</td><td rowspan="3">• 프로그램에 대해 이해한다.
• 집단에서 자기를 소개하고 서로 알아 가는 시간을 갖는다.
• 아이스브레이킹을 통해 라포를 형성한다.</td><td colspan="2">시간</td><td>50분</td></tr>
<tr><td rowspan="2">준비물</td><td>강사</td><td>활동지,
명찰지, 명찰
목걸이, 풍선</td></tr>
<tr><td>참여자</td><td>필기구</td></tr>
</table>

활동전개과정

<table>
<tr><th>단계</th><th>활동주제</th><th>활동내용</th><th>시간(분)</th></tr>
<tr><td>도입</td><td>인트로</td><td>• 오늘 진행할 활동에 대해 안내한다.</td><td>5′</td></tr>
<tr><td rowspan="2">전개</td><td>프로그램 소개
및 자기소개</td><td>• 프로그램의 활동내용, 목표를 이해하고 규칙을 정한다.
• 자기소개를 진행한다.
• 사전 검사를 해석한다.</td><td>25′</td></tr>
<tr><td>아이스
브레이킹</td><td>• 서로 친해지기 위한 게임을 진행한다(이름 엮기, 풍선 살리기).</td><td>15′</td></tr>
<tr><td>정리</td><td>마무리 및
나의 다짐 공유</td><td>• 활동내용을 정리한다.
• 프로그램에 참여하기 위한 나의 다짐을 나눈다.</td><td>5′</td></tr>
</table>

2. 그게 (곧)바로 (나아갈) 나!(진로 자기이해)

활동개요

<table>
<tr><td rowspan="3">활동목표</td><td rowspan="3">• 진로에 대해 가지고 있는 경험, 생각을 정리해 본다.
• 진로와 관련하여 자기에 대한 개념을 정리해 보고, 보다 통합된 방식으로 설명할 수 있다.
• 현재의 자기상을 바탕으로 성장하고 싶은 모습을 그려 볼 수 있다.</td><td colspan="2">시간</td><td>50분</td></tr>
<tr><td rowspan="2">준비물</td><td>강사</td><td>활동지,
필기구,
색채도구 등</td></tr>
<tr><td>참여자</td><td>–</td></tr>
</table>

활동전개과정

<table>
<tr><th>단계</th><th>활동주제</th><th>활동내용</th><th>시간(분)</th></tr>
<tr><td>도입</td><td>warm-up</td><td>• 병 주고 약 주는 '진로'
– '진로'라는 주제어를 주고 떠오르는 긍정/부정 경험에 대해 자유롭게 논의해 볼 수 있다.</td><td>10′</td></tr>
<tr><td rowspan="2">전개</td><td>자기이해 통합</td><td>• 내가 보는 나 & 남이 보는 나=그게 바로 나
– 빈 종이의 앞면, 뒷면을 나눠 내가 인식하는 나의 모습과 다른 사람이 보는 나의 모습에 대해 표현해 보고, 결과물을 나누며 자신에 대한 보다 통합된 자기개념을 형성한다.
– 이 활동을 통해 내가 바라보는 나의 모습과 다른 사람이 나에 대해 인식하는 모습에 대해 통합적으로 점검해 볼 수 있다.</td><td>25′</td></tr>
<tr><td>자기이해 성장</td><td>• 그게 (곧)바로 (나아갈) 나!
• 진로 관련 자기 개념을 정리하고, 그 안에서 변모하고 싶은 부분에 대해 생각해 볼 수 있다.</td><td>10′</td></tr>
<tr><td>정리</td><td>마무리 및
나의 다짐 공유</td><td>• 본 활동을 통한 소감과 경험을 나눈다.</td><td>5′</td></tr>
</table>

3. 내가 보는, 내가 좋은 나(진로흥미)

활동개요

<table>
<tr><td rowspan="3">활동목표</td><td rowspan="3">• 긍정적인 시각으로 스스로를 바라봄으로써, 자기 스스로에 대한 지지적인 관계를 형성한다.
• 자신의 관심사를 파악함으로써 앞으로의 진로에 어떻게 연결할 수 있을지 고민해 본다.</td><td colspan="2">시간</td><td>50분</td></tr>
<tr><td rowspan="2">준비물</td><td>강사</td><td>활동지, 필기구</td></tr>
<tr><td>참여자</td><td>–</td></tr>
</table>

활동전개과정

단계	활동주제	활동내용	시간(분)
도입	warm-up	• ○○○의 성덕 기록지 – 본인이 스스로를 사랑하는 마음으로 관찰하며 가장 행복해하는 순간을 포착하고, 이를 통해 흥미를 도출해 낸다.	10′
전개	진로흥미 탐색	• 나의 최애를 위한 흥미 질문지 – 본인의 흥미를 파악하기 위해 필요한 질문이 무엇일지 스스로 생각해 봄으로써, 흥미 파악을 위한 질문지를 제작해 보고 제작한 질문지에 대해 스스로 답을 적는다. – 이 활동을 통해 스스로가 생각하는 흥미가 무엇인지를 보다 주도적인 관점을 통해 점검해 볼 수 있다.	35′
정리	마무리 및 나의 다짐 공유	• 본 활동을 통한 소감과 경험을 나눈다.	5′

4. 내가 포기할 수 없는 것(진로가치관)

활동개요

<table>
<tr><td rowspan="3">활동목표</td><td rowspan="3">• 내가 중요하게 여기는 진로 관련 가치를 인식한다.
• 나만의 진로가치관을 정립한다.</td><td colspan="2">시간</td><td>45분</td></tr>
<tr><td rowspan="2">준비물</td><td>강사</td><td>활동지, 필기구</td></tr>
<tr><td>참여자</td><td>–</td></tr>
</table>

활동전개과정

<table>
<tr><th>단계</th><th>활동주제</th><th>활동내용</th><th>시간(분)</th></tr>
<tr><td>도입</td><td>warm-up</td><td>• 진로 밸런스 게임</td><td>5′</td></tr>
<tr><td rowspan="2">전개</td><td>주요 진로가치 목록 설정</td><td>• 진로 방주 승선 리스트
– 다양한 진로 관련 가치 가운데 본인이 중요하게 여기는 가치를 정한다.
– 이 활동을 통해 스스로가 중시하는 가치 영역을 점검해 볼 수 있다.</td><td>25′</td></tr>
<tr><td>진로가치관 정립</td><td>• 딜레마에서 피어난 진로가치 좌우명
– 나의 주요 진로가치를 반영하여, 진로 탐색 및 설계 과정에서 활용할 수 있는 좌우명을 작성한다.
– 이 활동을 통해 확고한 진로가치관을 적립해 볼 수 있다.</td><td>10′</td></tr>
<tr><td>정리</td><td>마무리 및 나의 다짐 공유</td><td>• 본 활동을 통한 소감과 경험을 나눈다.</td><td>5′</td></tr>
</table>

5. 진로 탐색(진로 및 직업정보 탐색)

활동개요

<table>
<tr><td rowspan="3">활동목표</td><td rowspan="3">• 직업의 개념과 의미 및 필요성에 대해 이해한다.
• 다양한 직업 세계를 분야별로 알아본다.
• 인공지능의 발달로 인한 직업 세계의 변화를 감지한다.</td><td colspan="2">시간</td><td>45분</td></tr>
<tr><td rowspan="2">준비물</td><td>강사</td><td>활동지, 슬라이드</td></tr>
<tr><td>참여자</td><td>필기구</td></tr>
</table>

활동전개과정

단계	활동주제	활동내용	시간(분)
도입	직업의 개념 및 의미 소개	• 직업의 개념 및 의미와 관련된 영상을 시청한다. • 오늘의 활동내용에 대해 전반적으로 안내한다.	10′
전개	직업 세계 탐색	• [활동 1] 직업 세계 탐색 – 슬라이드 '직업 맞히기 1'을 보면서 화면에 등장한 직업 이름을 적는다. 이때 가장 많은 직업 이름을 쓴 팀이 이긴다. • [활동 2] 인공지능과 직업 세계 – 인공지능의 발달이 직업 세계에 미친 영향을 생각한다. – 인공지능으로 인해 새롭게 등장하는 직업과 사라질 가능성이 높은 직업에는 어떠한 것들이 있는지 생각해 본다.	30′
정리	마무리 및 나의 다짐 공유	• 다양한 직업 세계가 존재하고, 많은 직업이 서로 연결되어 있음에 대해 다시 한번 정리한다. • 현재의 감정과 소감을 나눈다.	5′

6. 직업정보는 어디서 찾지?

활동개요

<table>
<tr><td rowspan="3">활동목표</td><td rowspan="3">• 직업과 직업정보의 의미를 이해한다.
• 직업정보를 찾는 다양한 정보원을 이해한다.
• 직업정보를 직접 탐색해 본다.</td><td colspan="2">시간</td><td>45분</td></tr>
<tr><td rowspan="2">준비물</td><td>강사</td><td>활동지, 슬라이드</td></tr>
<tr><td>참여자</td><td>필기구, PC 혹은 스마트 기기</td></tr>
</table>

활동전개과정

단계	활동주제	활동내용	시간(분)
도입	직업정보 의미 소개	• 직업정보의 중요성과 관련된 영상을 시청한다. • 오늘의 활동내용에 대해 전반적으로 안내한다.	10′
전개	직업정보의 다양한 정보원 이해 및 실습	• [활동 1] 다양한 직업정보원 이해 – 직업정보를 탐색할 수 있는 다양한 정보원에 대해 설명한다. – 다양한 정보원 중 인터넷 탐색을 활용하여 직업정보를 찾는 시범을 보인다. – AI를 활용하여 직업정보를 탐색하는 방법과 주의점을 알아본다. • [활동 2] 웹사이트를 활용한 직업탐색 실습 – '커리어넷'에서 다양한 분야의 미래 직업 중 관심 있는 분야의 카드를 골라 보고 가장 원하는 분야의 직업을 조사해 본다. – 자신이 작성한 관심 직업탐색 활동지에 대해 서로 발표한다.	30′
정리	마무리 및 소감 공유	• 직업을 탐색하는 다양한 정보원과 관련된 개념을 정리한다. • 현재의 감정과 소감을 나눈다.	5′

7. 진로 불안

활동개요

활동목표	• 나의 진로 불안 요인을 인식한다. • 진로 불안과 관련하여 통제할 수 있는 것과 없는 것을 구분한다.	시간		45분
		준비물	강사	활동지
			참여자	필기구

활동전개과정

단계	활동주제	활동내용	시간(분)
도입	warm-up	• '흰 곰에 대하여 생각하지 마세요' – 통제의 어려움	10′
전개	진로 불안 수용하기	• 진로 기차 만들기 • 진로 기차 활동 경험 나누기	15′
	진로 불안 이해하기	• 걱정상자–진로 불안 내용 탐색하기 • 진로 불안 재개념화하기	15′
정리	마무리 및 소감 공유	• 활동내용을 정리한다. • 참여 소감을 나눈다.	5′

8. 긍정의 힘, 미래의 나

활동개요

활동목표	• 자신의 미래를 긍정적으로 사고할 수 있도록 진로 선택의 낙관성을 증진시킨다.	시간		50분
		준비물	강사	활동지
			참여자	필기구

활동전개과정

단계	활동주제	활동내용	시간(분)
도입	오늘의 활동 안내	• 오늘 진행할 활동에 대해 안내한다.	5′
전개	긍정 진로 목표 설정	• 자신이 희망하는 진로 준비에 도움이 되는 부분과 도움이 되지 않는 부분에 대해 생각하고 작성해 본다. • 진로 준비 및 선택에 어려움을 주는 요인을 긍정적인 요인으로 바꿔 보고 어떠한 차이가 있는지 비교해 본다.	40′
정리	마무리 및 나의 다짐 공유	• 활동내용을 정리한다. • 프로그램에 참여하기 위한 나의 다짐을 나눈다.	5′

9. 나의 진로 역사관(진로 효능감)

활동개요

활동목표	• 자신의 진로 히스토리를 돌아보고 진로에 대한 효능감을 증진한다.	시간		50분
		준비물	강사	활동지
			참여자	필기구

활동전개과정

단계	활동주제	활동내용	시간(분)
도입	warm-up	• 가치 목록 – 삶에서 절대 포기할 수 없는 가치 세 가지를 고른다면? – 세 가지 가치의 우선순위(1, 2, 3순위) 매겨 보고 이유 공유하기	10′
전개	진로 효능감	• 진로 효능감 의미와 개념 소개하기	10′
	진로 역사관	• 나의 현재까지의 진로 발자취 그려 보기 • 진로가 바뀌는 시점마다 어떤 계기가 있었는지, 이유가 무엇이었는지, 어떤 점을 고려했는지 살펴보기 • 이에 대해 상호 나누고 피드백 받기	25′
정리	마무리 및 소감 공유	• 활동내용을 정리한다. • 활동 소감을 나눈다.	5′

10. 진로 캐릭터 만들기(직업 능력 향상)

활동개요

활동목표	• 형용사 카드를 활용해 진로 캐릭터를 만들 수 있다.	시간		50분
		준비물	강사	활동지
			참여자	필기구

활동전개과정

단계	활동주제	활동내용	시간(분)
도입	warm-up	• 형용사 카드 – 나를 잘 설명한다고 생각하는 형용사 3개 골라 보기 – 짝꿍(2인 1조)을 잘 설명한다고 생각하는 형용사 3개 골라 보기 – 서로 고른 결과를 나누고 이유 설명하기	15′
전개	진로 캐릭터 만들기	• 각 캐릭터별로 배정된 형용사를 확인한다. • 해당 형용사를 가진 캐릭터에게 적합한 직업을 찾아본다. • 해당 직업+형용사 조합하여 캐릭터 꾸며 본다.	30′
정리	마무리 및 소감 공유	• 활동내용을 정리한다. • 활동 소감을 나눈다.	5′

11. '나'라는 이야기(진로설계 및 계획)

활동개요

<table>
<tr><td rowspan="3">활동목표</td><td rowspan="3">• 자신의 진로에 대한 이야기를 만들어 보는 활동을 통해 구체적인 진로설계 및 계획을 할 수 있다.</td><td colspan="2">시간</td><td>50분</td></tr>
<tr><td rowspan="2">준비물</td><td>강사</td><td>활동지</td></tr>
<tr><td>참여자</td><td>필기구</td></tr>
</table>

활동전개과정

단계	활동주제	활동내용	시간(분)
도입	warm-up	• 나의 위인, 나의 꿈 – 어린 시절부터 지금까지 읽었던 위인전이나 다른 매체를 통해 접했던 훌륭한 사람들 중 나에게 가장 인상적이었던 사람을 1명 골라 소개한다.	15′
전개	'나'라는 이야기	• 50년 뒤, 자신의 진로에 대한 이야기를 쓴다고 생각해 본다. • 나의 생애를 진로의 관점에서 '발단–전개–위기–절정–결말'의 구조 안에서 한 문장씩 정리해 본다. • 이를 짧은 소설로 써 보거나 8컷 이내의 만화로 표현해 본다. 소설, 만화 중 편안한 것을 하나만 고른다.	30′
정리	마무리 및 소감 공유	• 활동내용을 정리한다. • 활동 소감을 나눈다.	5′

12. 미래로의 발걸음

활동개요

<table>
<tr><td rowspan="3">활동목표</td><td rowspan="3">• 전체 프로그램을 통해 배웠던 내용을 정리한다.
• 프로그램 종료 후 기대되는 것과 예상되는 어려움에 대해 나눈다.
• 서로에게 응원을 해 준다.</td><td colspan="2">시간</td><td>50분</td></tr>
<tr><td rowspan="2">준비물</td><td>강사</td><td>활동지</td></tr>
<tr><td>참여자</td><td>필기구</td></tr>
</table>

활동전개과정

단계	활동주제	활동내용	시간(분)
도입	내 마음의 비타민	• 프로그램에 참여하면서 스스로 잘했다고 생각하는 것, 내가 힘들 때 나에게 힘이 되는 것 각각 세 가지씩 작성하고 나눈다.	10′
전개	나의 마음책 완성하기	• 전체 프로그램에서 진행한 내용을 요약한다. • 매 회기 작성하였던 나의 다짐들을 파일로 묶는다. • 가장 기억에 남는 활동과 그 이유, 프로그램 종료 후 기대되는 것과 예상되는 어려움을 탐색한다. • 구제척인 나의 다짐 실행계획을 세운다.	15′
	롤링페이퍼 쓰기	• 같이 프로그램에 참여했던 집단원들에게 돌아가며 롤링페이퍼를 쓴다.	15′
정리	마무리 및 소감 나누기	• 전체 프로그램 소감을 나눈다. • 사후 검사 및 프로그램 만족도를 조사한다.	10′

4) 대학생용 프로그램

1. 오리엔테이션

활동개요

<table>
<tr><td rowspan="3">활동목표</td><td rowspan="3">• 프로그램 소개 및 참여 동기를 갖는다.
• 프로그램의 목적 및 필요성을 이해한다.
• 프로그램 규칙을 이해한다.
• 친밀감을 형성한다.</td><td colspan="2">시간</td><td>50분</td></tr>
<tr><td rowspan="2">준비물</td><td>강사</td><td>포스트잇, 서약서, 색칠도구, A4 종이, 필기구, 명찰</td></tr>
<tr><td>참여자</td><td>–</td></tr>
</table>

활동전개과정

단계	활동주제	활동내용	시간(분)
도입	인트로	• 프로그램 규칙 설명 및 서약서 작성	10′
전개	친밀감 형성	• 프로그램의 목적 설명(5분) • 자기소개 및 별칭 정하기(15분) • 사전 검사 해석(15분)	35′
정리	마무리	• 다음 회기 활동을 소개하면서 마무리	5′

2. 진로 자기이해(진로흥미)

활동개요

<table>
<tr><td rowspan="3">활동목표</td><td rowspan="3">• 과거부터 현재까지 자신의 꿈이 어떻게 지속되고 변화되었는지 알아본다.
• 자신의 관심사를 파악함으로써 앞으로의 진로에 어떻게 연결할 수 있을지 고민해 본다.</td><td colspan="2">시간</td><td>50분</td></tr>
<tr><td rowspan="2">준비물</td><td>강사</td><td>활동지, 필기구</td></tr>
<tr><td>참여자</td><td>–</td></tr>
</table>

활동전개과정

단계	활동주제	활동내용	시간(분)
도입	warm-up	• 등을 맞대고 그림 그리기	10′
전개	나만의 꿈 포트폴리오 만들기	• 꿈 포트폴리오 만들기(25분) – 지금까지 내가 살아온 생애를 미취학 아동, 초등시절, 중등시절, 고등시절, 현재로 나누어 나의 꿈이 무엇이었고, 무엇 때문에 그 꿈을 꾸게 되었고, 그것을 위해 내가 했던 것은 무엇이었는지 적어 본다. – 이 활동을 통해 지금까지 나의 관심사가 어떻게 변화되었는지 점검해 볼 수 있다. • 내가 관심 있는 것은?(10분) – 꿈 포트폴리오를 통해 나의 관심사(흥미), 내가 되고 싶은 것(역할, 직업), 내 삶에서 중요한 것은 무엇인지에 답해 보도록 한다. – 일관된 것은 무엇인지, 과거와 바뀐 것이 있으면 무엇인지 나누어 본다.	35′
정리	마무리	• 다음 회기 활동 소개 • 과제: 내가 시간이나 돈을 쓴 것 중에 가장 만족스럽거나 기억에 남은 적은?	5′

3. 나의 진로가치 찾기

활동개요

<table>
<tr><td rowspan="3">활동목표</td><td rowspan="3">• 자신의 삶의 방향이 되는 가치가 무엇인지 알고 있다.
• 나의 진로가치가 세상과 어떻게 연결되어 있는지 알고 있다.
• 나는 나의 진로가치를 나의 언어로 표현할 수 있으며 타인 앞에서 말할 수 있다.</td><td colspan="2">시간</td><td>50분</td></tr>
<tr><td rowspan="2">준비물</td><td>강사</td><td>활동지, 가치목록</td></tr>
<tr><td>참여자</td><td>필기구</td></tr>
</table>

활동전개과정

<table>
<tr><th>단계</th><th>활동주제</th><th>활동내용</th><th>시간(분)</th></tr>
<tr><td>도입</td><td>warm-up</td><td>• 과제 확인: 내가 시간이나 돈을 쓴 것 중에 가장 만족스럽거나 기억이 남는 적은?</td><td>5′</td></tr>
<tr><td rowspan="2">전개</td><td>나의 진로가치 찾기</td><td>• 가장 의미 있었던(보람찼던, 행복했던) 순간 두 가지 찾기
• 이 순간을 의미 있다고 생각하게 만든 가치는 무엇이었는지 〈진로가치 목록〉을 참고해서 7개 적기</td><td>15′</td></tr>
<tr><td>나는 어떤 가치를 추구하는 사람인가?</td><td>• 7개의 진로가치 중 목적이 되는 가치 1개를 선택하기
• 목적을 이루기 위한 도구가 되는 가치 두 가지를 선택하기
• 진로가치로 나를 표현하는 짧은 글 지어 보기</td><td>25′</td></tr>
<tr><td>정리</td><td>소감 공유 및 과제 부여</td><td>• 활동 소감을 나누기
• 과제: 내 주변에 롤모델이 있다면 누구인가?(가족, 친구, 위인, SNS 친구 모두 가능)</td><td>5′</td></tr>
</table>

4. 진로계획, 어디까지 가 봤니

활동개요

<table>
<tr><td rowspan="3">활동목표</td><td rowspan="3">• 내 삶에서 일어난 우연한 경험들을 진로 탐색에 활용할 수 있다.
• 변화하는 시대에 맞게 유연한 사고를 가지고 진로를 탐색할 수 있다.</td><td colspan="2">시간</td><td>50분</td></tr>
<tr><td rowspan="2">준비물</td><td>강사</td><td>활동지, 필기구</td></tr>
<tr><td>참여자</td><td>스마트폰</td></tr>
</table>

활동전개과정

단계	활동주제	활동내용	시간(분)
도입	warm-up	• 한 주간 예상치 못했던 일이 있었다면 나누어 보기	5′
전개	진로 탐색 및 직업 대안 확장하기	• 나와 어울릴 것 같은 진로 찾아보기(15분) – 내가 관심이 생긴 직업 두 가지를 작성한다. – 커리어넷 사이트에서 검색해 본다. • 새로운 직업 대안 찾아보기(25분) – 커리어넷: 학과정보에 접속하여 자신이 가장 관심 있는 전공을 선택하도록 한다. – 7개의 전공계열 중에 한 가지를 무작위로 뽑고 선택된 전공계열카드에 적힌 전공 한 가지를 정한다. – 관심 있는 전공과 무작위로 선정된 전공을 조합해 새로운 직업이나 직무를 생각해 본다.	40′
정리	마무리	• 프로그램 참여 소감 나누기 • 다음 회기 프로그램 안내	5′

5. NQ(Network Quotient) 높이기

활동개요

활동목표	• 대인관계를 통해 직업탐색을 할 수 있다. • 다양한 사람들과 네트워크를 구축하고 기회를 탐색하는 방법을 안다.	시간		50분
		준비물	강사	활동지
			참여자	필기구

활동전개과정

단계	활동주제	활동내용	시간(분)
도입	warm-up	• 밸런스 게임 – 좀 더 친구 하고 싶은 사람은?	10′
전개	NQ 메트리(NQ-metry) 그리기	• NQ 메트리 그리기 • 각자 NQ 메트리 검토하고 상호 소개하기	20′
	인터뷰 질문 작성하기	• NQ 메트리 속 인물 중 1명에 대한 가상 인터뷰 계획 세우기 • 인터뷰 질문지 작성하기	15′
정리	마무리 및 소감 공유	• 활동내용 정리 • 활동 소감 나누기	5′

6. 나의 진로 스탯 분석하기(진로 역량 분석)

활동개요

활동목표	• 관심 있는 진로 직업에 필요한 역량이 무엇인지 알고 이를 준비한다.	시간		50분
		준비물	강사	활동지
			참여자	필기구

활동전개과정

단계	활동주제	활동내용	시간(분)
도입	warm-up	• 무인도에 가져갈 것? – 무인도에 가져갈 세 가지 물건? – 무인도에 3명의 사람을 데려갈 수 있다면? 어떤 능력이 있는 사람을 데려갈지?	10′
전개	핵심역량 이해하기	• 핵심역량 의미와 뜻 소개하기	10′
	핵심역량 평가하기, 핵심역량 준비하기	• 나의 현재 역량 셀프 평가해 보기(게임 캐릭터의 스탯 활용) • 내가 진로에 있어 롤모델이라고 생각하는 사람을 1명 떠올려 보기 • 이 사람의 핵심역량을 평가해 보기(게임 캐릭터의 스탯 활용) • 롤모델의 핵심역량과 나의 핵심역량을 오버랩해서 비교하기 • 앞으로 좀 더 발달시켜야 하는 역량 이해하기 • 이에 대해 상호 나누고 피드백 받기	25′
정리	마무리 및 소감 공유	• 활동내용 정리 • 활동 소감 나누기	5′

7. 진로장벽

활동개요

<table>
<tr><td rowspan="3">활동목표</td><td rowspan="3">• 진로장벽의 의미와 종류를 이해한다.
• 나의 진로장벽 요인을 인식하고 해결방안을 모색한다.</td><td colspan="2">시간</td><td>50분</td></tr>
<tr><td rowspan="2">준비물</td><td>강사</td><td>활동지</td></tr>
<tr><td>참여자</td><td>필기구</td></tr>
</table>

활동전개과정

<table>
<tr><th>단계</th><th>활동주제</th><th>활동내용</th><th>시간(분)</th></tr>
<tr><td>도입</td><td>warm-up</td><td>• 오히려 좋아
– 뜻 소개: 최근 유행하는 밈 중 하나로 '예상하지 못한 안 좋은 일이 발생했을 때 오히려 큰 그림을 그리며 이를 긍정적으로 본다'는 말
– 최근 일주일/한 달간 나에게 있었던 일들 중 '오히려 좋아'가 적용될 수 있는 에피소드 소개하기</td><td>10′</td></tr>
<tr><td rowspan="2">전개</td><td>진로장벽 이해하기</td><td>• 진로장벽 의미와 종류 소개하기
• 내적 장벽/외적 장벽 소개하기</td><td>10′</td></tr>
<tr><td>나의 진로장벽 인식하기/ 가지 않은 길</td><td>• 내적 장벽/외적 장벽으로 구분하여 나의 진로장벽 리스트 만들어 보기
• 가지 않은 길: 진로장벽을 해결했을 때와 그렇지 않았을 때의 미래 모습 그려 보기</td><td>25′</td></tr>
<tr><td>정리</td><td>마무리 및 소감 공유</td><td>• 활동내용 정리
• 활동 소감 나누기</td><td>5′</td></tr>
</table>

8. 진로 불안

활동개요

<table>
<tr><td rowspan="3">활동목표</td><td rowspan="3">• 나의 진로 불안 요인을 인식한다.
• 진로 불안과 관련하여 통제할 수 있는 것과 없는 것을 구분한다.</td><td colspan="2">시간</td><td>50분</td></tr>
<tr><td rowspan="2">준비물</td><td>강사</td><td>활동지</td></tr>
<tr><td>참여자</td><td>필기구</td></tr>
</table>

활동전개과정

<table>
<tr><th>단계</th><th>활동주제</th><th>활동내용</th><th>시간(분)</th></tr>
<tr><td>도입</td><td>warm-up</td><td>• '흰 곰에 대하여 생각하지 마세요'
– 통제의 어려움</td><td>10′</td></tr>
<tr><td rowspan="2">전개</td><td>진로 불안 수용하기</td><td>• 진로 기차 만들기
• 진로 기차 활동 경험 나누기</td><td>15′</td></tr>
<tr><td>진로 불안 이해하기</td><td>• 걱정상자: 진로 불안 내용 탐색하기
• 진로 불안 재개념화하기</td><td>20′</td></tr>
<tr><td>정리</td><td>마무리 및 소감 공유</td><td>• 활동내용 정리
• 활동 소감 나누기
• 바꿀 수 없는 것을 수용하기와 관련하여 마음챙김 명상 소개 및 과제 제시</td><td>5′</td></tr>
</table>

9. 진로 자신감(진로 효능감)

활동개요

<table>
<tr><td rowspan="3">활동목표</td><td rowspan="3">• 자신이 원하는 미래를 상상할 수 있다.
• 인생에 큰 변화가 와도 진로를 개척할 수 있다는 자신감을 갖는다.</td><td colspan="2">시간</td><td>50분</td></tr>
<tr><td rowspan="2">준비물</td><td>강사</td><td>도화지, 색연필</td></tr>
<tr><td>참여자</td><td>필기구</td></tr>
</table>

활동전개과정

단계	활동주제	활동내용	시간(분)
도입	warm-up	• 거짓말 게임 – 2명씩 짝지어서, 각자 1개의 거짓말을 섞어서 제시어에 대해 대화 – 어떤 게 거짓말이었을지 맞춰 보기	10′
전개	평행우주 '나'들이	• 내가 바라는 40년 후 나의 모습을 상상해 그려 본다. • 삶에서 마주칠 수 있는 우연하고 큰 변화들(구직 성/패, 이사/이민, 가족과 이별, 사랑/결혼, 출산/육아, 경제적 성/패 등)을 함께 떠올려 본다. • 40년 후 여러 평행우주 속 나의 모습들을 상상하여 그려 본다. • 마음의 드는 것을 골라 소개하고 피드백을 나눈다.	35′
정리	마무리 및 소감 공유	• 활동내용을 정리하며 인생에서 일어나는 우연한 일들이 진로에 영향을 미칠 수 있고, 우리에게 그 변화를 거름으로 삼아 다시 인생을 그려 나갈 수 있는 힘이 있음을 짚어 준다. • 현재의 감정과 소감을 나눈다.	5′

10. 직업 능력 향상 행동

활동개요

<table>
<tr><td rowspan="4">활동목표</td><td rowspan="4">• 자신이 원하는 진로 경로를 설정할 수 있다.
• 원하는 진로와 관련된 능력을 습득하기 위한 활동을 계획할 수 있다.</td><td colspan="2">시간</td><td>50분</td></tr>
<tr><td rowspan="2">준비물</td><td>강사</td><td>돌잡이 용품 세트, 10회기 활동지, 9회기 활동지</td></tr>
<tr><td>참여자</td><td>필기구</td></tr>
</table>

활동전개과정

단계	활동주제	활동내용	시간(분)
도입	warm-up	• 다시 하는 돌잡이 – 주어진 돌잡이 물건들 중에 지금의 내가 집고 싶은 물건을 골라 본다.	10′
전개	오늘이라는 씨앗	• 내가 원하는 모습이 된 미래에 내가 갖고 있을 것들 상상해 보기 • 내가 바라는 모습이 되어 가는 과정에서 10년 안에 이룰 수 있는 것들 떠올려 보기 • 오늘의 내가 당장 실천할 수 있는 일들 떠올려 보기 • 이에 대해 서로 공유하고 피드백 받기	35′
정리	마무리 및 소감 공유	• 작은 씨앗이 커다란 나무로 자라듯, 우리가 꿈꾸는 거창한 미래도 오늘 실천할 수 있는 작고 사소한 일에서 시작될 수 있음을 짚어 주기 • 현재의 감정과 소감을 나누기	5′

11. 진로설계 및 계획 수립

활동개요

<table>
<tr><td rowspan="3">활동목표</td><td rowspan="3">• 원하는 진로와 관련된 자신의 현실적인 여건을 인식한다.
• 원하는 진로를 실현할 수 있는 현실적인 계획을 세운다.
• 스스로의 진로를 설계할 수 있는 주도성을 갖는다.</td><td colspan="2">시간</td><td>50분</td></tr>
<tr><td rowspan="2">준비물</td><td>강사</td><td>10회기 활동지,
11회기 활동지</td></tr>
<tr><td>참여자</td><td>필기구, 휴대용 전자기기
(핸드폰, 태블릿 PC, 노트북 등)</td></tr>
</table>

활동전개과정

단계	활동주제	활동내용	시간(분)
도입	warm-up	• 내 자랑 이웃 자랑 – 인터뷰를 통해 짝꿍의 장점 형용사 3개를 찾고 모두에게 소개한다.	10′
전개	나만을 위한 취업설명회	• 원하는 진로로 나아가는 것과 관련해 현재 자신의 상황과 여건 점검하기 • 원하는 진로와 관련한 정보 검색하기 • 자신에게 시급한 영역을 중심으로 자신이 수행할 과업 계획하기 • 정리한 내용을 공유하고 피드백 나누기	35′
정리	마무리 및 소감 공유	• 활동내용 정리 • 활동 소감 나누기	5′

12. 마무리

활동개요

<table>
<tr><td rowspan="4">활동목표</td><td rowspan="4">• 전체 프로그램을 돌아보며 자신의 진로에 대한 새로운 발견과 변화를 확인한다.
• 자신의 진로포부를 내면화하고 타인 앞에서 말할 수 있다.</td><td colspan="2">시간</td><td>50분</td></tr>
<tr><td rowspan="2">준비물</td><td>강사</td><td>12회기 활동지, 지난 활동지 모음</td></tr>
<tr><td>참여자</td><td>필기구, 휴대용 전자기기 (핸드폰, 태블릿 PC, 노트북 등), 영화 포스터에 넣고 싶은 이미지(선택)</td></tr>
</table>

활동전개과정

단계	활동주제	활동내용	시간(분)
도입	warm-up	• 장르영화의 주인공 – 집단을 경험하며 생긴 나의 진로에 대한 느낌을 영화 장르에 비유해 말해 본다.	5′
전개	내 삶의 영화 포스터 만들기	• 내 진로와 삶에 대해 한 편의 영화를 만든다면? – 지금까지 집단 활동에서 가장 기억하고 싶은 순간 떠올리기 – 앞으로의 진로 여정을 표현하는 영화 제목과 문구 만들기 – 예시 양식을 참고하여 나만의 영화 포스터 만들기 – 완성된 포스터를 공유하고 피드백 나누기	35′
정리	마무리 및 소감 공유	• 활동내용 정리 • 집단 참여 소감과 앞으로의 포부 나누기	10′

2. 프로그램 가이드북

1) 초등학생

1. 오리엔테이션

도입 인트로

1. 앞으로 진행할 프로그램을 소개하고 규칙을 함께 설정한다.

<진행 예시> 도입

"친구들이랑 선생님이랑 앞으로, 스스로 무엇을 더 좋아하고, 관심이 가는지 알아보고, 나중에는 어떤 일을 하고 싶은지 함께 찾아갈 거예요. 또 이번 시간에는 앞으로 우리 프로그램 시간에 지켜야 할 규칙들을 함께 정해 봤으면 좋겠어요." (아이디어가 나오지 않으면 '서로에게 비난하지 않고 예쁜 말 쓰기'나 '발표나 질문을 할 때는 조용히 손만 들고 있기'를 사용해도 좋다.)

활동 1 자기소개

1. 학생들은 자신에 대해서 소개한다(이름, 취미, 요즘 제일 관심 있는 것).

<진행 예시> 활동 1

"이제 우리 프로그램에 참여하는 여러분의 소개를 들어 보는 시간을 가지려고 합니다. 간단하게 이름, 취미, 요즘 제일 관심 있는 것은 무엇인지 돌아가면서 말해 볼까요?"

활동 2 사전 검사 해석

1. 진로종합검사 유형 다섯 가지(진로 자기이해, 진로 자신감, 긍정 진로 정서, 인지적 진로 탐색, 구체적 진로행동)은 무엇인지, 유형의 점수가 높고 낮은 것이 무엇을 의미하는 것인지 설명한다.
2. 자기이해, 진로 탐색, 진로행동 수준에 따라 유형화했을 때 자신은 어떤 유형에 속하는지 알아본다. 구체적인 해석의 내용은 검사 결과지를 참고한다.

활동 3 라포 형성: 쁘띠 빠끄(Petic bac)

1. 각 라운드마다 선생님이 자음 중 하나를 선택한다.
2. 선택된 자음으로 시작하는 단어를 주제에 맞게 하나씩 적는다(주제는 라운드마다 변경 가능).

3. 7개 단어를 가장 먼저 적은 사람이 정답을 외치면 다른 학생들은 더 이상 단어를 적을 수 없다.
4. 각 단어당 1점씩 획득 가능하다.
5. 이때 중복된 단어를 적은 사람이 있을 경우 그 사람이 1점씩 획득하고, 정답을 말하던 사람은 0점을 획득하게 된다(따라서 빙고처럼 자기만 점수를 받을 수 있는 독특한 단어를 쓰는 것이 유리하다).
6. 틀린 단어를 말할 경우 이전까지 불렀던 단어는 모두 무효처리 후 다시 시작한다.
7. 각 라운드별로 점수를 합산 후 가장 높은 점수를 받은 사람이 우승한다.

<진행 예시> 활동 3

"이번 라운드의 주제는 식물, 동물, 운동, 도서, 사자성어, 국가, 역사적 인물입니다. 선생님이 말하는 자음이 들어간 단어를 이 주제에 맞게 쓰는 거예요. 제일 빨리 쓰는 사람은 정답을 외쳐 주고 정답을 외치면 모두 펜에서 손을 떼어야 해요. 정답을 외치는 사람의 단어가 자신에게도 있으면 1점씩 얻어 갈 수 있어요. 최대한 안 겹치게 쓰는 것이 좋겠죠?"

TIP 가능한 다른 주제

전자제품, 과일, 직업, 가수, 영화, 만화, 음식재료 등

정리 마무리

1. 오늘 활동 소감을 나눠 본다.

2. 진로의 첫걸음

도입 인트로: 동기유발

1. 학교에 대한 다양한 경험을 떠올려 본다.
   - 학교 가는 길이 설렜던 경험을 이야기해 본다.
   - 평소에 학교에 가는 이유를 이야기해 본다.
   - 학교 가기 싫었던 경험에 관해 이야기해 본다.
2. 어른들이 일하기 싫은 날을 상상해 본다.
   - 어른들은 어떨 때 일하기 싫을지 상상하여 발표해 본다.
3. 모든 사람이 일하지 않는 상황을 상상해 본다.
   - 어른들이 모두 일을 하지 않는다면 어떤 일이 벌어질지 상상하여 발표해 본다.

활동 1 일과 직업은 무엇일까?

1. 일과 직업은 같은 의미인지, 다른 의미인지 생각해 본다.
2. 내가 생각하는 일과 직업의 의미를 말해 본다.

<진행 예시> 활동 1

- "여러분, 일과 직업은 같은 의미일까요? 말해 볼 수 있는 사람 있나요?"
- "누군가 선생님에게 어떤 일을 하냐고 묻는다면, '학생들을 가르치고 있어요.' 혹은 '교사입니다.'라고 말하겠죠. 어떤 것이 일이고 어떤 것이 직업이죠?"
- (대답을 듣고) "맞아요. 일은 나와 남에게 도움이 되는 것을 통해 수행하는 여러 활동을 말하고요. 직업이란 일 중에서 경제적 보상을 받기 위해 일정 기간 동안 계속하는 활동을 말해요. 그렇다면 사람을 살리는 일을 하는 사람들은 어떤 직업을 가질까요?"
- (대답을 듣고) "그렇죠. 의사, 간호사라는 직업이 있겠죠. 그러면 반대로 운동코치, 감독 같은 직업은 무슨 일을 하죠? 선수들을 관리하고 지도하고 가르치는 일을 하는 거죠."

활동 2 직업이 사라진다면?

1. 학생들이 각자가 알고 있는 직업을 최대 5개를 적어 본다.
2. 1명을 지정해 왜 그 직업을 선택했는지 발표하게 한다.
3. 가장 많이 나온 직업이 무엇인지 확인해 본다.

4. 여러분이 선택한 직업이 사라진다면 어떤 불편함을 겪을지 상상해 보고 발표해 본다.
5. 만약 모든 사람이 일을 하지 않거나 직업을 갖지 않는다면 어떤 일이 벌어질지 활동지에 다양한 사례를 중심으로 적고 발표해 본다.

TIP

직업이 다른 기술이나 기계로 대체될 수는 있다는 의견이 나올 경우, 버스 안내원, 전화교환원 등 사라진 직업의 예를 들어, 시대가 변하면서 직업이 사라질 수 있음을 안내하도록 한다. 단, 이유 없이 직업이 사리질 것이라고 생각하지 않도록 지도한다.

활동 3 사라진 직업은 무엇일까?

1. '사라진 직업은 무엇일까요?' 퀴즈를 만들어 함께 퀴즈 놀이를 해 본다.

TIP 놀이 방법

1. 활동지에 있는 네 칸의 종이를 자른다.
2. 네 칸 중 첫 칸에 직업을 적고, 나머지 세 칸에 그 직업이 없으면 겪게 되는 어려움을 적는다.
3. 퀴즈를 내는 학생이 어려움 세 가지를 말하면, 퀴즈 정답 판에 직업을 적고 동시에 보여 준다.
4. 퀴즈를 낸 학생이 정답을 발표한 후, 또 다른 어려움에는 무엇이 있을지 이야기를 나눈다.

정리 마무리

1. 수업을 통해 알게 된 점이나 느낀 점을 이야기해 본다.
2. 다음 시간에 대해 예고한다(일과 직업의 다양한 역할과 기능에 대해 알아볼 예정).

<활동지 2-1>

직업이 사라진다면?

만약 모든 사람이 일을 하지 않거나 직업을 갖지 않는다면 어떤 일이 벌어질지 다양한 예를 들어 적어 봅시다. 벌어질 일과 그렇게 쓴 이유를 함께 적어 주세요.

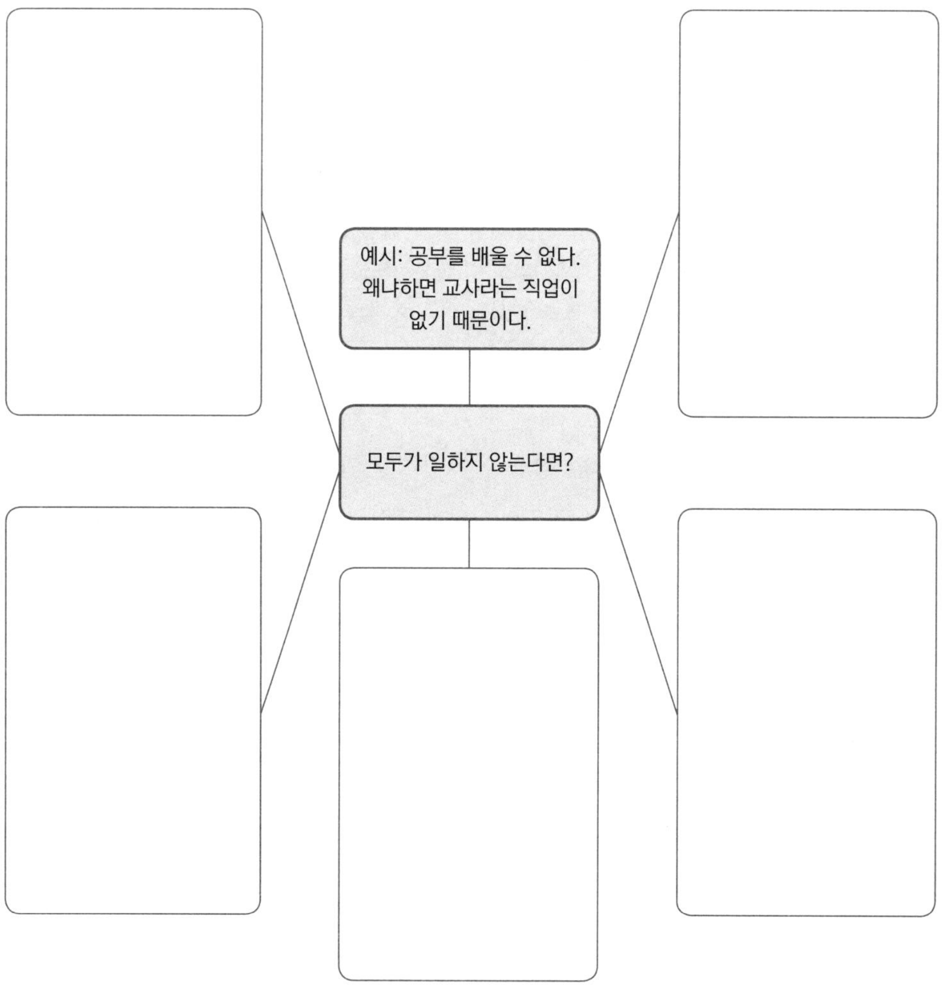

<활동지 2-2>

사라진 직업은 무엇일까요?

1. 활동지에 있는 네 칸의 종이를 자릅니다.
2. 네 칸 중 첫 칸에 직업을 적고, 나머지 세 칸에 그 직업이 없으면 겪게 되는 어려움을 적습니다.
3. 퀴즈를 내는 학생이 어려움 세 가지를 말하면, 퀴즈 정답 판에 직업을 적고 동시에 보여 줍니다.
4. 퀴즈를 낸 학생이 정답을 발표한 후, 또 다른 어려움에는 무엇이 있을지 이야기를 나눕니다.

어떤 직업인가요?	제가 선택한 직업은 ( )입니다.
이 직업이 사라진다면 생길 첫 번째 어려움은 무엇인가요?	
이 직업이 사라진다면 생길 두 번째 어려움은 무엇인가요?	
이 직업이 사라진다면 생길 세 번째 어려움은 무엇인가요?	

3. 변화무쌍한 직업 세계

도입 인트로

1. 지금은 사라진 직업과 그 이유 생각해 보기
   - 영상(https://www.youtube.com/watch?v=56KSQOMPvGo)을 시청한다.
   - 영상에 나타난 주인공은 무슨 역할을 하였을까요?
   - 지금 우리 주변에서도 저런 모습을 볼 수 있나요?

활동 1 변화무쌍한 직업의 세계 이해하기

1. 우리나라의 직업이 변화해 온 모습을 함께 탐색해 본다('주니어 커리어넷 → 진로정보를 찾아봐요 → 미래 사회의 직업 → 미래 사회의 직업 알아보러 가기' 사이트에 있는 내용들을 설명).

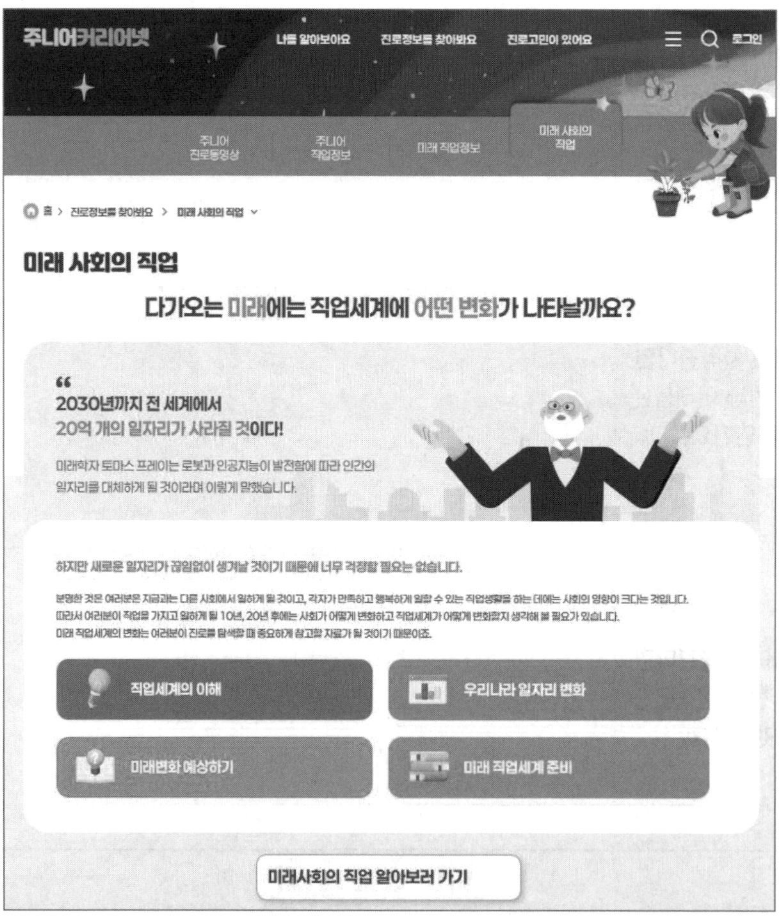

2. 직업을 구분하는 기준은 무엇인지 알아본다.
3. 우리나라 직업 개수의 변화 그래프, 미국과의 직업 개수 비교에서 알 수 있는 것을 말해 본다.
4. 산업별, 시대별 변화에 따른 인기 직업의 변화를 알아보며 궁금증을 해결해 본다.
5. 지금 사라지거나 그 수가 줄어든 직업, 중간에 새로 생겨난 직업, 내가 잘 알거나 모르는 직업 등으로 나누어 보며 직업의 변화와 산업 발달의 관련성을 알아본다.

활동 2 새로운 직업, 미래의 키워드는?

1. 키워드를 보면서 미래에 생겨날 직업과 그 특징들을 알아본다.

활동 3 미래 직업 관련 광고 만들기

1. 모둠에서 만든 광고를 앞에 나와서 발표해 본다.
2. 다른 모둠의 발표를 보고, 칭찬하고 싶은 점을 말해 본다.

TIP 광고에 포함되어야 하는 내용

- 회사 또는 제품의 이름 정하기
- 홍보해야 할 내용 생각하기
- 우리 회사 또는 제품의 장점 생각하기
- 간단한 로고송 또는 홍보 문구 넣기

<진행 예시> 활동 3

"나는 미래의 직업인이 되었습니다. 우리 모둠은 같은 일을 하며, 우리 회사 또는 회사의 제품을 광고하는 역할을 맡았습니다. 모둠원들과 역할을 나누어 재미있는 광고를 만들어 봅시다."

정리 마무리

1. 수업을 통해 알게 된 점이나 느낀 점을 이야기해 본다.
2. 다음 시간에 대해 예고한다(일과 직업의 다양한 역할과 기능에 대해 알아볼 예정).

<활동지 3-1>

미래의 직업들

No	키워드	특징 또는 사례	관련 직업
1	빅데이터	스포츠 경기결과 예측, 맞춤형 쇼핑 추천, 개인 맞춤형 마케팅, 유튜브 영상 추천, 실시간 교통정보 제공	• 빅데이터 전문가 • 데이터보안 전문가 • 광고 및 홍보 전문가
2	사물인터넷 (IoT)	생산 설비가 서로 연결된 스마트 팩토리, 체중관리 해피포크, 스마트 냉장고, 다른 차나 교통시설과 연결된 커텍티드 카	• 사물인터넷 전문가 • 정보보호 전문가 • 네트워크 전문가
3	인공지능 (AI)	인공지능인 구글 알파고와 IBM 왓슨, 인공지능 스피커인 네이버클로바, 11번가 꾹, 인공지능 변호사와 기자	• 인공지능 전문가 • 감성인식기술 전문가
4	로봇	인천공항 안내로봇 에어스타, 도미노피자 배달로봇, 아마존 물류 로봇 키바	• 로봇공학자 • 생체로봇 개발자 • 로봇윤리학자
5	3D 프린터	3D 도면을 바탕으로 물품을 만들고 의료 및 제조 분야 등 널리 활용	• 3D 프린팅 소재 개발자 • 3D 프린팅 운영 전문가
6	자율주행 자동차	IT기업과 자동차 제조기업이 기술을 결합해 만든 자동차	• 무인자동차 엔지니어 • 무인자동차 실내 디자이너
7	드론	공연, 방송, 건설, 농업, 지도 제작 등에 활용	• 드론 전문가 • 드론 조종사 • 드론 정비사
8	클라우드 서비스	스마트폰 사진 자동 백업 공유 등의 네이버 클라우드나 구글 클라우드	• 클라우드 시스템 엔지니어 • 클라우드 보안 전문가
9	모바일	지갑처럼 접을 수 있는 폴더블 스마트폰, 태블릿 PC 등	• 모바일 애플리케이션 개발자
10	가상 · 증강 현실	HMD(머리 착용 디스플레이)를 이용한 VR 게임기	• 가상현실 전문가 • 홀로그램 전문가

11	핀테크	삼성페이, LG페이, 인터넷은행	• 핀테크 전문가 • 블록체인 전문가
12	바이오	체내 이식형 스마트바이오센서, 스마트폰 이용 진단기술 측정, 지능형 환자 맞춤약	• 지능형 환자 맞춤형 프로그래머 • 수술용 나노로봇 조종사 • 생명공학자 • 유전체분석가
13	스마트 헬스	삼성, 애플, 구글의 헬스앱 또는 스마트워치 및 스마트밴드	• 스마트 헬스케어 기기 개발자 • 스마트 헬스케어 서비스 기획자
14	초연결사회	환자들의 쓰러짐을 방지하는 스마트 슬리퍼, 기저귀에 센서를 달아 기저귀 상태를 알려 주는 하기스 트윗피	• 사물인터넷 전문가 • 빅데이터 전문가
15	초지능화	알파고가 스스로 바둑을 두면서 실력을 향상시키는 것, 환자들의 의료 데이터를 분석해 의료진단을 하는 IBM 왓슨	• 빅데이터 전문가 • 인공지능 전문가 • 로봇 개발자
16	고령화	웰빙(잘 사는 것), 웰다잉(잘 죽는 것), 웰에이징(잘 늙는 것)에 관심 증가	• 노인복지 매니저 • 치매전문가 • 빈집 코디네이터 • 노년플래너
17	저출산	우리나라 출산율은 OECD 국가 중 최하위, 산부인과 의사 감소, 학생과 교사 수 감소	• 결혼상담원 • 임신출산육아 전문가
18	일과 여가의 균형	유연근무제도 확대, 업무시간 단축, 육아휴직 증가	• 개인미디어콘텐츠 제작자 • 웰니스코치 • 라이프코치 • 상담심리전문가 • 여행기획자
19	웰빙과 웰다잉	슬로우푸드, 디톡스, 친환경 및 유기농 식품 선호	• 헬스케어 컨설턴트 • 노년플래너 • 호스피스

20	가족구성 변화	결혼을 하지 않거나 1인 가구가 증가하고 있음	• 쉐어하우스 코디네이터 • 반려동물 행동교정 전문가
21	문화의 다양화	국제결혼과 이민자가 증가하고 있음	• 다문화 코디네이터 • 다문화 산후조리사 • 할랄푸드 전문가
22	글로벌화	K-POP의 확산, 국내 기업의 해외진출	• 관세사 • 국제회의 기획자 • 콘텐츠 글로벌 마케터
23	공유경제	Airbnb(숙박공유), 카쉐어링(차량공유), 사무공간 공유	• 응용 소프트웨어 개발자 • 유휴공간활용 컨설턴트
24	자동화 · 디지털화	키오스크, 외과수술 로봇, 가상현실 글라스	• 소프트웨어 개발자 • 감성공학 전문가
25	직무 융 · 복합화	전화 상담업무 및 은행업무	• UX 디자인 컨설턴트 • 핀테크 전문가
26	로봇과의 협업	인간과 함께 일을 하는 협업로봇인 코봇의 도움을 받음	• 로봇윤리학자 • 협업로봇 개발자
27	창업 · 창직	메이커스 운동 확산, 1인 기업 증가, 1인 브랜드화	• 창업기획자 • 신사업 아이디어 컨설턴트
28	O2O 서비스	소셜커머스(쿠팡, 티몬, 위메프 등), 모바일 배달 주문, 오프라인 매장의 온라인 예약	• 소프트웨어 개발자 • 모바일 앱 개발자
29	유연근무	재택 및 원격 근무, 시간제 근무	• 소프트웨어 개발자 • SNS 마케터
30	기후 변화	사하라 사막에 내린 눈, 폭염의 장기화, 이상 한파	• 기후 변화 컨설턴트 • 기상전문가 • 스마트 재난 관리자
31	신재생 에너지	화석연료 대신 신재생 에너지 활용	• 신재생 에너지 전문가 • 탄소배출권 거래 컨설턴트
32	환경오염	녹지 감소, 미세먼지, 동식물 멸종위기	• 가정환경 컨설턴트 • 공기정화식물 관리자

33	물 부족	물 부족 문제로 생수 소비 증가	• 수질환경 연구원 • 환경오염 분석가

출처: 주니어 커리어넷(https://www.career.go.kr/cloud/j/card/aldal).

다양한 미래 직업 키워드 중, 내가 고른 키워드는 무엇인가요?

키워드 예시

<활동지 3-2>

미래 직업 관련 광고 만들기

나는 미래 ○○회사의 직원입니다. 우리 회사 또는 회사의 제품을 홍보하는 광고를 만들어 친구들에게 홍보해 봅시다.

1. 어떤 내용을 넣어야 할까요?
   - 회사 또는 제품의 이름 정하기
   - 홍보해야 할 내용 생각하기
   - 우리 회사 또는 제품의 장점 생각하기
   - 간단한 로고송 또는 홍보 문구 넣기

   예: 자율주행 자동차 회사 광고
   (철수) 안녕하세요? 스스로 달리는 자동차 회사, '나 혼자 간다'입니다.
   (영희) '나 혼자 간다'는 세계 최초 자율주행 자동차를 개발하여, 고객님을 목적지까지 편하게 모시는 것이 목표입니다.
   (민호) '나 혼자 간다'는 친환경, 무소음, 초고속 운행을 자신합니다.
   (서영) '나 혼자 간다'에서 여러분의 미래를 준비하세요.
   (다 같이) 간다~ 간다~ 나 혼자 간다~ 행복이 함께 가는 자동차, 나 혼자 간다!

2. 모둠 친구들과 의논하여 미래 직업 관련 광고를 만들어 봅시다.

No	맡은 대사(홍보 문구)

4. 자기 장점 및 관심사 이해

도입 인트로

1. 오늘 진행할 활동에 대해 안내한다.

활동 1 직업 흥미 유형 맞히기

1. 활동지 〈보기〉에 빈칸을 채운다.
2. 각 유형별로 'ㄴ'으로 시작하는 직업을 적는다.
3. 유형에 맞게 먼저 끝낸 조는 승리한다.
4. 정답을 풀이하며 직업 흥미 유형을 설명한다.

<진행 예시> 활동 1

"먼저, 활동지에 나열된 직업들이 어떤 유형에 속하는지 적어 보기 바랍니다. 'ㄴ'으로 시작하는 직업들을 찾아 다음의 빈칸들을 채우세요. 가장 먼저 모든 빈칸을 채운 팀이 승리하게 됩니다."

활동 2 나의 관심사 파악하기

1. 내가 잘하는 과목, 성격, 선호하는 활동, 그리고 개인의 가치관 등의 관심사를 짚어 보며 적어 본다.
2. 이러한 요소들을 종합적으로 고려하여, 자신에게 관심이 갈 만한 몇 가지 직업을 선정해 본다.

<진행 예시> 활동 2

"오늘 우리가 할 활동은 '나의 관심사 파악하기'입니다. 이 활동은 여러분이 원하는 것을 말하고, 다른 참여자들이 무엇을 바라는지 알아 가는 과정입니다. 우리는 자신의 목표, 좋아하는 것들을 함께 공유하고, 이를 통해 자신에게 맞는 직업을 찾아보는 시간을 갖겠습니다."

정리 마무리 및 나의 다짐 공유

1. 활동내용을 정리한다.

<활동지 4-1>

직업 흥미 유형 맞히기

예술형	사회형	관습형	실재형	탐구형	진취형
음악가	사회복지사	회계사	기계공	생물학자	영업 관리자
화가	상담심리사	은행원	전기기사	화학자	마케팅 전문가
작가	영양사	감사원	농부	물리학자	부동산 중개인
배우	유치원 교사	파일 클럭	조경사	공학자	주식 중개인
소설가	간호사	데이터 입력 직원	운송기사	프로그래머	기업가
무용가	인권 활동가	재고 관리자	목수	의사	호텔 관리자
ㄴ	ㄴ	ㄴ	ㄴ	ㄴ	ㄴ

보기
• 실재형(Realistic): 자동차 수리전문가 • 탐구형(Investigative): 생물학자 • 예술형(Artistic): 화가 • 사회형(Social): 교사 • 진취형(Enterprising): 마케팅 전문가 • 관습형(Conventional): 회계사

<활동지 4-2>

나의 관심사 파악하기

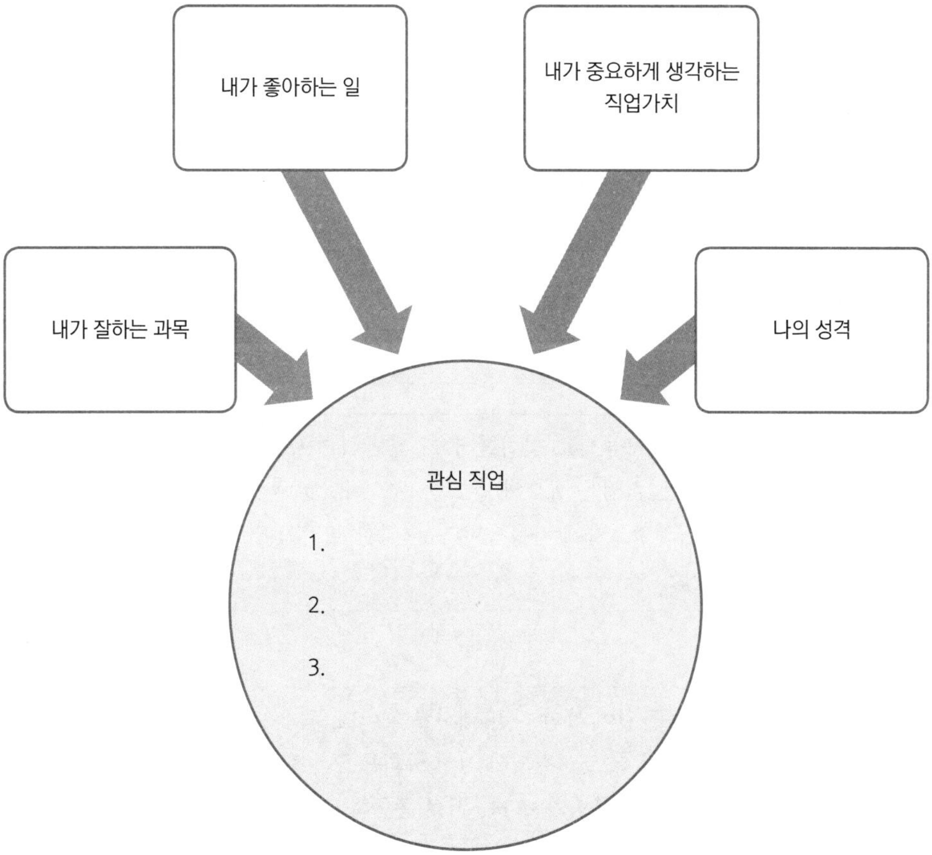

5. 직업의 세계 탐험

유의사항

- 직업에는 다양한 종류가 있으며, 각 직업이 사회에 중요한 역할을 한다는 것을 인식하도록 돕는다. 모든 직업을 동등하게 존중해야 함을 설명하는 것이 중요하다.
- 빠르게 변화하는 현대 사회에서 기술 발전과 산업의 변화로 인해 직업의 성격이 빠르게 변화하고 있다. 이러한 상황을 고려하여 직업에 대한 논의를 유연하게 가져가야 함을 설명한다.

도입 인트로

1. 오늘 진행할 활동에 대해 안내하고, 활동의 목적을 설명한다.

활동 1 직업 맞히기(<활동지 5-1> 참조)

1. 동물원 그림을 보면서 동물원과 관련된 직업들을 생각해 본다.
2. 모둠별로 의논하여 활동지에 작성한다.
3. 모둠별로 돌아가면서 직업 이름을 하나씩 말한다.
4. 가장 많은 직업을 생각해 낸 모둠에게 스티커를 준다.

<진행 예시> 활동 1

- "동물원과 관련된 직업을 모둠별로 찾아볼까요? 간단히 힌트를 주자면, 동물, 시설, 안내 등이 있습니다. 가장 많은 직업을 생각해 낸 모둠은 스티커를 받을 수 있어요."
- "동물원와 관련이 있는 직업들을 찾아봤습니다. 다양한 직업이 서로 연결되어 함께 일한다는 것을 알 수 있었지요?"

TIP

- 참여원의 흥미에 따라 동물원이 아닌 다른 예시를 들어도 좋다.
- 서로 다른 다양한 직업들이 서로 연결되어 있어 사회를 구성하는 데 중요한 역할을 하고 있다. 따라서 각 직업의 귀천을 따지기보다는 서로 존중하고 협력하는 것의 필요성을 강조할 수 있다. 이렇게 함으로써 사회 전체가 발전하며, 개개인의 삶의 질이 향상될 수 있음을 설명한다.

활동 2 미래 직업탐색(<활동지 5-2> 참조)

1. 미래 사회 상황과 특성이 담긴 활동지를 읽어 보며 이해한다.
2. 미래 사회 상황과 특성을 기반으로 미래 사회에 각광받을 유망 직종을 작성한다.
3. 작성한 내용을 바탕으로 미래 유망 직종을 논의해 본다.

정리 마무리 및 나의 다짐 공유

1. 오늘 배운 내용을 정리한다.
2. 오늘 참여하면서 느꼈던 감정을 나누어 본다.

<활동지 5-1>

슬라이드 '직업 맞히기' 정답

1. 동물 관리 및 보호
   - 동물원 관리자: 동물원 전반의 관리와 운영을 담당
   - 동물 간호사: 동물들의 건강 관리 및 치료를 돕는 역할
   - 동물 훈련사: 동물들을 훈련시키고, 관람객에게 교육적인 쇼를 제공
   - 동물 영양사: 동물들의 식단을 관리하고, 영양 상태를 점검
2. 시설 관리 및 운영
   - 조경사: 동물원의 식물과 정원 관리, 동물들의 자연스러운 서식지 조성
   - 시설 관리인: 동물원의 시설 유지 및 관리를 담당
   - 청소부: 동물원의 청결을 유지하는 역할
3. 교육 및 서비스
   - 교육 프로그램 개발자: 동물원 방문객을 위한 교육 프로그램 개발
   - 가이드: 방문객들에게 동물원과 동물에 대한 정보를 제공
   - 매표소 직원: 입장권 판매 및 방문객 안내
4. 기타 전문 직업
   - 연구원: 동물들의 행동과 서식지에 대한 연구
   - 마케팅 담당자: 동물원의 프로모션과 마케팅 전략 수립
   - 보안요원: 동물원의 안전 관리 및 방문객 안전 보장

<활동지 5-2>

미래 직업탐색

□ 미래 사회의 상황과 특징이 다음과 같다면, 유망 직업에는 어떤 것들이 있는지 예상하여 봅시다.

- 환경의 중요성과 관심이 높아진다.
- 직장 내 경쟁이 심해지면서 직장인들의 스트레스가 심화된다.
- 바다에서 식량을 얻는다.
- 비만 인구의 수가 급증한다.
- 로봇이 집안일을 돕는다.
- 노인인구가 많아진다.
- 학교에 가지 않고도 컴퓨터를 통한 온라인 학습이 급증한다.
- 우주에 대한 탐험과 연구가 더 활발해진다.
- 태양, 바람, 물 등 자연에서 얻는 에너지를 사용하여 지구를 깨끗하게 유지한다.
- 컴퓨터나 가상현실을 이용한 새로운 형태의 예술과 오락이 인기를 끈다. 예를 들어, 가상현실에서 경험하는 콘서트나 전시회가 있을 수 있다.

□ 위의 내용을 보고 미래 사회에 각광받을 수 있는 유망 직종에 대해 써 봅시다.

6. 직업에 대한 정보 찾기

유의사항

- 직업을 탐색하는 다양한 정보원을 아는 것의 중요성을 설명하고, 정확하고 신뢰성 있는 정보를 탐색하는 방법을 살펴본다.
- 관심 있는 진로 분야를 선택하기 어려워하는 경우 싫어하는 것을 제외하는 방법으로 안내한다.

도입 직업정보 의미 소개

1. 오늘 진행할 활동에 대해 안내하고, 활동의 목적을 설명한다.
2. 영상(https://www.youtube.com/watch?v=SDTZ2F6Wn5o)을 시청(38초까지 시청)한 뒤 직업정보 의미와 필요성에 대해 간단히 이야기를 나눈다.
3. 이번 회기에서는 직업정보를 찾는 다양한 정보원을 알아볼 것이라고 안내한다.

<진행 예시> 도입

- "반갑습니다. 오늘은 직업정보의 의미와 필요성에 대해 알아볼 거예요. 그 후 다양한 정보원을 소개하고 직접 활용해 보는 시간을 가질 거예요."
- "먼저 직업정보의 의미와 필요성에 관한 영상을 볼게요."
- (영상 시청 후) "직업정보의 의미와 필요성에 대해 살펴봤어요. 영상을 보고 여러분이 생각하는 직업정보의 의미가 달라졌나요? 자유롭게 이야기해 보아요."

활동 1 직업정보의 다양한 정보원 이해(<활동지 6-1> 참조)

1. 직업정보를 탐색할 수 있는 다양한 정보원에 대해 설명한다.
2. 다양한 정보원 중 인터넷 탐색을 활용하여 직업정보를 찾는 시범을 보인다.
3. AI를 활용하여 직업정보를 탐색하는 방법과 주의점을 알아본다.

<진행 예시> 활동 1

- "직업정보 내용이 다양한 만큼 직업정보의 출처도 다양해요. 그만큼 정확하고 적절한 정보를 찾는 것이 중요하답니다. 직업정보를 탐색하는 방법에는 어떤 것들이 있을까요? 인쇄매체, 인터넷, 유튜브, 영화, 면담 등 다양한 방법이 존재하지요. 가장 간편하게 탐색할 수 있는 것이 인터넷이죠. 그중에서도 정부가 운영하고 신뢰성이 확보된 '고용24'와 '주니어 커리어넷'이 가장 많이 활용됩니다. 그럼 간단하게 두 웹사이트에서 어떻게 직업에 대한 정보를 어떻게 탐색할 수 있는지 간단히 살펴볼까요?"

- "요즘에는 AI 기술이 급격하게 발달하면서, AI를 활용해서 직업정보를 찾을 수 있어요. 특히 OPEN AI의 Chat GPT는 고도의 언어 처리 능력을 가진 AI예요. Chat GPT에서 직업에 대한 기본적인 정보와 교육 및 자격 요건 등을 물어볼 수 있어요. 예를 들어, '소프트웨어 엔지니어가 무슨 일을 하는지 알려 줘.' 혹은 '데이터 과학자가 되기 위해 요구하는 학력 사항 혹은 자격증이 있어?'라고 물으면, 그에 맞는 정보를 제공해 주죠. 하지만 2021년 9월 이후에 정보는 업데이트되지 않았기 때문에 최신 정보를 제공해 줄 수 없고, 지금까지는 정보의 오류가 종종 발견되기 때문에 신뢰할 수 있는 전문가 혹은 웹사이트를 통해 정보를 다시 한번 확인할 필요가 있어요."

TIP

- '고용24'와 '주니어 커리어넷'을 활용하는 방법을 보여 줄 때, 참여원이 가장 많이 관심을 보이는 직업을 예시로 활용해 볼 수 있다.
- 참여원의 홍미에 따라 'Chat GPT'를 활용하여 직업정보를 탐색하는 모습을 보여 줄 수 있다.

활동 2 웹사이트를 활용한 직업탐색 실습(<활동지 6-2> 참조)

1. 주니어 커리어넷(https://www.career.go.kr/jr/juniorjob/list)에서 다양한 분야의 미래 직업 중 관심이 있는 분야의 카드를 골라 보고 가장 원하는 분야의 직업을 조사해 본다.

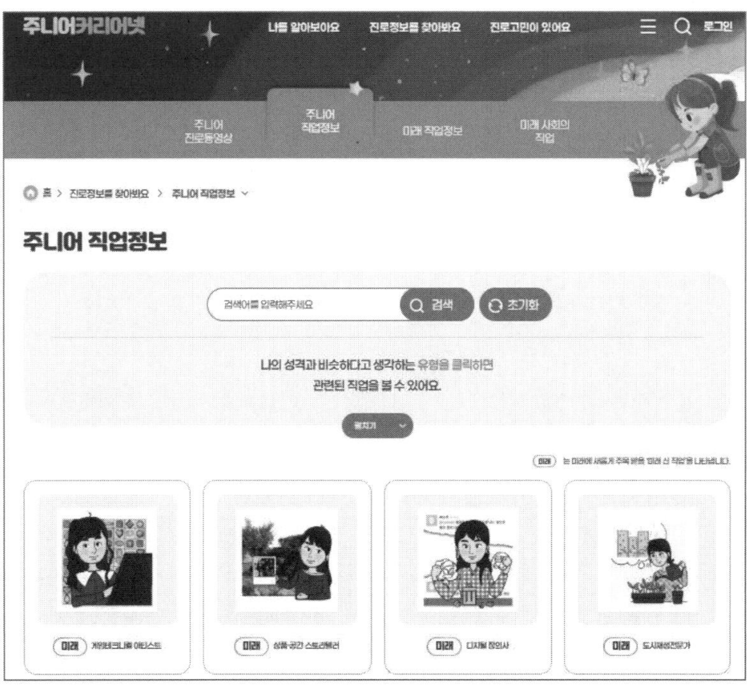

2. 자신이 조사한 직업을 해시태그로 보여 주고 퀴즈를 진행한다.
3. 퀴즈를 가장 많이 맞힌 개인 혹은 팀에게 보상을 부여한다.

<진행 예시> 활동 2

- "이제 '주니어 커리어넷'이라는 웹사이트에서 다양한 분야의 미래 직업을 살펴보고 관심이 있는 분야의 카드 2개를 골라 보고 조사하는 시간을 갖도록 해 보아요. 조사한 직업을 표에 맞게 작성해 볼게요. 특히 주제나 내용을 쉽게 찾을 수 있도록 해시태그를 작성해 주세요."
- "여러분이 조사한 직업의 해시태그를 보여 주고 퀴즈를 맞혀 보는 시간을 가질게요."

TIP

- 참여원이 이해하지 못하는 어려운 용어가 있을 수 있으므로 필요에 따라 충분히 설명하는 시간을 제공한다.
- 해시태그만으로 답을 맞히지 못할 경우, 다른 내용이나 특징을 보여 줄 수 있다.

정리 마무리 및 나의 다짐 공유

1. 오늘 배운 내용을 정리한다.
2. 오늘 참여하면서 느꼈던 감정을 나누어 본다.

<활동지 6-1>

웹사이트를 통한 직업 및 진로정보 탐색(고용24, 커리어넷)

• 고용24(https://www.work.go.kr/consltJobCarpa/srch/jobRecommend/jobRecommend.do)

• 커리어넷(https://www.career.go.kr/cnet/front/type/typeService.do?seq=100206)

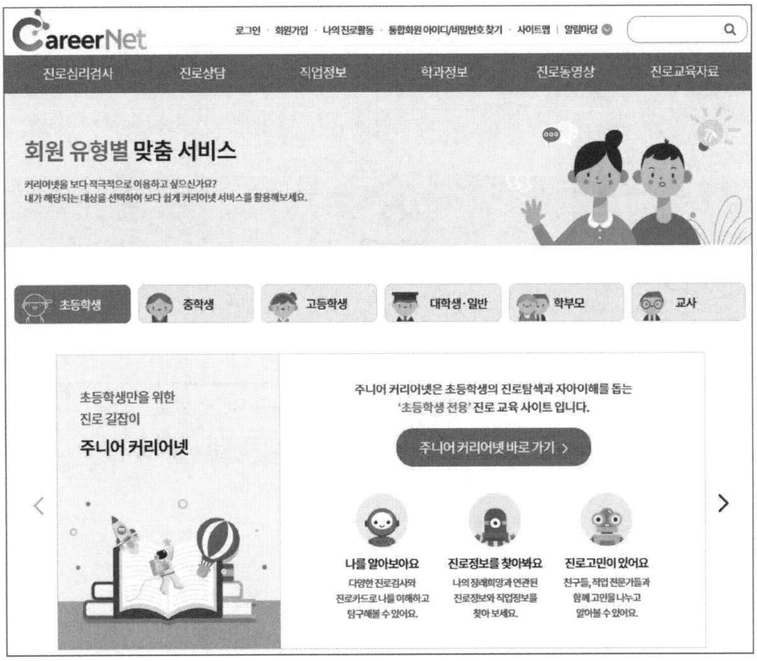

<활동지 6-2>

직업탐색

내가 가장 관심 있는 미래 직업은 무엇인가요?

미래에는 어떤 직업이 주목을 받을까요?

직업테마를 클릭하면 직업에 대한 자세한 정보를 확인할 수 있어요.

	어떤 일을 하나요?	어느 분야에서 활동하나요?	어떤 적성과 흥미가 필요한가요?	해시태그
1순위				
2순위				

7. 뻗어 가는 진로 나무(진로 탐색 계획 및 연습)

도입 warm-up: 진로 사다리 게임

1. PC에서 네이버, 구글과 같은 포털을 통해 사다리 게임을 검색하여 화면에 띄운다.
2. 상단 선택지에는 A~F, 하단에는 홀랜드 유형 검사에 따른 직업 여섯 가지를 하단에 적는다(R-운동선수, I-연구자, A-연예인, S-교사, E-기업가, C-사서).
3. 학생들에게 여섯 가지 직업 선택지 가운데 가장 바라는 직업이 무엇인지 고르게 한다.
4. 각자 바라는 직업과 별개로 A~F 가운데 한 가지 선택지를 고르게 한다.
5. 사다리 게임을 진행하며 그 결과가 각자 미래에 얻을 직업이라고 상상해 보자고 한다.
6. 결과에 대해 만족스러운 정도와 그 이유에 대해 짝꿍과 이야기를 나누게 한다.
7. 전체 집단에서 만족스러운 친구의 의견과 그 이유, 불만족스러운 친구의 의견과 그 이유를 들어 본다.
8. 내 의지와 상관없이 결과가 나올 수 있는 사다리 게임처럼, 준비되지 않은 상태에서 임의로 직업을 얻게 된다고 할 때 우리는 불편을 겪을 수 있음을 설명한다.

TIP

사다리 게임

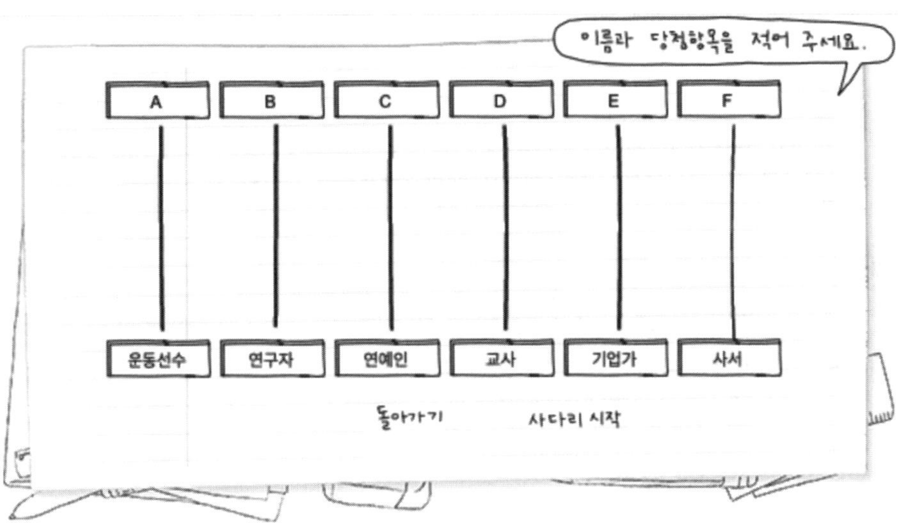

TIP

학생에 따라서는 이 활동에서 주어진 직업 선택지 가운데 어떤 직업도 원하지 않을 수 있다. 이 활동의 의의는 진로 탐색의 계획과 연습이라는 주체적인 노력이 없다면 본인이 원하는 직업을 얻을 수 없음을 체험하는 데 있다. 운에 맡겨 진로 의사결정을 미루는 것은 내 삶에서 원치 않은 결과를 마주할 수도 있고, 애초에 원하는 선택지를 고려할 수도 없다는 점을 설명해 주는 것이 필요하다.

활동 1 뻗어 가는 진로 나무

1. 앞서 진행한 활동에 이어 '진로'와 관련한 중요한 의사결정의 순간에 대해 알아본다고 설명하고, 4~6명으로 한 모둠을 구성한다.
2. 연습 차원에서 진로 관련 중요했던 의사결정 순간과 탐색의 방법, 내용을 함께 나눈다.
3. 대학 진학에 이르기까지 내가 마주할 수 있는 진로 관련 주요한 의사결정의 순간들을 나무의 가지가 갈라지는 것으로 표현해 보도록 안내한다.
4. 지난 회기까지 학습했던 내용을 바탕으로, 가지가 갈라지는 기점에서 어떤 식으로 진로 탐색을 진행하면 좋을지 계획을 세워 본다.
5. 작성한 내용을 바탕으로 모둠별로 나눌 수 있도록 한다.

TIP

새로운 학원을 다니게 되거나, 새로운 동아리에 가입하게 되는 것, 오랜 기간 다른 지역에서 지내 보는 것과 같이 색다른 경험을 지속적으로 하게 되는 과정이 특히 이후 진로에 영향을 미칠 수 있다. 이와 유사한 경험이 있었는지, 그 경험을 하게 되는 과정에서 어떻게 정보를 구하고 결정했는지 나눠 본다. 만약 주변 어른들의 결정에 따랐다면, 그에 대해 만족하는지, 혹시 내가 참여할 수 있는 부분은 없는지 고민하게 한다.

TIP

초등학교 졸업 후 진학하게 될 중학교, 고등학교, 대학교의 특성(계열, 학과, 공학 여부 등)이 가지가 갈라지는 기점이 될 수 있음을 설명해 주면 좋다.

정리 마무리 및 나의 다짐 공유

1. 오늘 배운 내용을 정리한다.
2. 오늘 참여하면서 느꼈던 감정을 나누어 본다.

<활동지 7-1>

뻗어 가는 진로 나무

[활동] 튼튼하게 뿌리내린 나의 진로 나무의 앞날을 그려 보겠습니다. 기둥 위의 모습은 여러분의 선택에 따라 매번 다른 가지를 만들어 낼 것입니다. 상급 학교에 진학할 때, 특정 전공이나 동아리 활동을 시작할 때 등 여러분의 선택의 순간을 정리해 보세요. 그리고 그럴 때 어떤 탐색을 해 보면 좋을지도 함께 기록해 주세요.

8. 일하는 나? 일로 하는 나!(일에 대한 긍정적인 태도)

도입 warm-up: 오늘의 명함

1. 4~6명이 한 모둠을 구성하도록 조를 편성하고, 〈활동지 8-1〉과 색채도구를 준비한다.
2. 나를 가장 잘 드러내 주는 물건, 단어, 색상에 대해 떠올려 보도록 하고 활동지에 정리하도록 한다.
3. 이상의 내용을 바탕으로 자유로운 형식으로 본인을 소개할 때 활용할 수 있는 명함을 만들어 보도록 한다.
4. 완성된 명함을 모둠 내에서 소개하는 시간을 가져 본다.
5. 활동을 마무리하며 직업 세계에서 명함이 갖는 기능에 대해 설명하고, 이후 개인의 직업이 한 사람을 나타내는 데 어떠한 역할을 하는지 설명한다.

<진행 예시> 도입의 마무리

- "지금 여러분이 만들어 본 이 명함은 사실 직업 세계에서 자신을 소개할 때 활용하는 도구입니다. 여러분이 나를 가장 잘 드러내 주는 물건, 단어, 색상으로 명함을 만들었지만, 직업을 가진 사람들은 자신의 직업으로 스스로를 소개하고 관계를 만들어 갑니다."
- "결국 직업이라는 것이 여러분이 어떤 사람인지를 가장 잘 드러내 주는 특성 중 하나가 될 것이라는 점을 기억하세요. 그리고 나는 향후 어떤 사람으로 다른 이들에게 소개되면 좋을 것 같은지 고민을 이어 가 보면 좋겠어요."

활동 1 일하는 나? 일로 하는 나!

1. 4~6명이 한 모둠을 구성하도록 조를 편성하고, 〈활동지 8-2〉와 색채도구를 준비한다.
2. warm-up 활동에 이어, 20년 후 나의 모습을 담은 명함을 만들어 본다고 설명한다.
3. 20년 후의 모습이기 때문에, 지금 내가 원하는 직업을 얻어 행복하게 지내는 가상의 모습을 상상하여 명함을 제작하도록 한다.
4. 명함 속 내용은 자유롭게 구성하되 상단에 직업이 드러나도록 해야 하며, 단순히 직업만 적는 것이 아닌, 자신이 그 일을 통해 실현하고 싶은 부분을 담은 수식어를 붙이도록 한다.

5. 완성된 명함을 모둠 내에서 소개하는 시간을 가져 본다. 이때 그러한 수식어를 담은 이유를 중심으로 소개할 수 있도록 한다.
6. 인상 깊은 내용으로 모두와 나누고 싶은 사례는 집단 전체 앞에서 발표 기회를 부여한다.
7. 활동을 마무리하며 직업이 나를 드러내 주는 기능을 하면서도, 내가 원하는 삶을 실현하는 건강한 수단이 된다는 점을 설명한다.

TIP

- 명함에서 직업을 '고등학교 선생님'이라고만 적는 게 아닌, 고등학교 선생님이 되어 이루고 싶은 부분을 다음과 같이 수식어로 표현한다.
  예: 학생들을 웃게 하는 '선생님', 모두에게 공정한 '선생님', 외로운 학생의 쉼터가 되어 주는 '선생님'

<진행 예시> 활동 1의 마무리

- "미래의 내 모습을 상상하며 명함을 만들어 봤는데요. 이 직업이 여러분이 무슨 일을 하는 사람이라는 걸 가장 먼저 보여 줄 겁니다."
- "그리고 여러분은 나의 직업만으로는 보여 주지 못하는 것, 즉 직업을 통해서 내가 어떻게 살아가고 싶은지도 고민해 봤어요. 어떤 직업을 가지는 것만큼이나, 그 직업을 통해 어떻게 살아가고 싶은지 고민하는 것도 중요합니다. 결국 우리는 직업을 통해 나를 소개할 수도 있지만, 이를 넘어 내가 살아가고 싶은 삶을 실현할 수도 있다는 것을 기억하세요. 이걸 보면 일이 얼마나 소중하고 중요한 역할을 할 수 있는지 알 거예요."

정리 마무리 및 나의 다짐 공유

1. 오늘 배운 내용을 정리한다.
2. 오늘 참여하면서 느꼈던 감정을 나누어 본다.

<활동지 8-1>

오늘의 명함

오늘의 명함을 만들어 볼 거예요! 이때 필요한 재료는 다음과 같습니다.

- 지금 나를 가장 잘 드러내는 물건? ______________________
- 지금 나를 가장 잘 드러내는 단어? ______________________
- 지금 나를 가장 잘 드러내는 색상? ______________________

이상의 재료를 잘 활용해서 이제부터 오늘의 명함을 자유롭게 만들어 봅시다.

<활동지 8-2>

일하는 나? 일로 하는 나!

이번에는 20년 후 내 명함을 만들어 볼 거예요! 지금 내가 원하는 직업을 얻어 행복하게 지내는 20년 후 나의 모습을 상상해 보세요. 그리고 아래 내용을 고려하여 명함을 만들어 보세요.

- 명함 속 내용은 자유롭게 구성하되, 반드시 직업이 드러나도록 해야 합니다.
- 이때 그 직업을 통해 실현하고 싶은 부분을 수식어(예: 학생들을 웃게 하는 '선생님', 모두에게 공정한 '선생님', 외로운 학생의 쉼터가 되어 주는 '선생님')로 표현해 보세요.

수식어 선정 이유는 무엇인가요?

9. 우연과 실수, 다르게 보기(직업적 도전에 대한 긍정적인 태도)

유의사항

- 새롭고 익숙하지 않은 활동을 어려워하는 학생을 위해 진행자가 적절한 예시를 들어 주며 활동에 대한 이해를 도울 필요가 있다.

도입 warm-up: 나의 진로 '세렌디피티'

1. 오늘 진행할 활동 및 목표에 대해 안내한다.
2. 세렌디피티(serendipity)를 설명하며 우연과 실수가 갖는 또 다른 가능성에 대해 알아본다.

<진행 예시> 도입 1. 오늘 진행할 활동 및 목표 안내

- "반갑습니다. 오늘은 우리의 진로에 대해 긍정적인 관점을 하나, 둘 쌓아 가는 활동들을 진행할 거예요."
- "특히 진로를 준비하는 과정에서 마주할 우연, 그리고 실수의 가능성을 돌아보고, 내가 마주칠 우연과 실수에 대해 유연한 태도를 갖는 것이 어떤 힘을 가지는지 살펴보겠습니다. 나아가 내가 원하던 진로를 얻게 된 미래 모습을 떠올려 보고, 그 꿈을 이뤄 낼 수 있다는 믿음을 키워 볼 거예요."

<진행 예시> 도입 2. 세렌디피티 의미 설명 및 우연과 실수의 가능성 살펴보기

- 세렌디피티 단어의 뜻을 아는지 퀴즈를 내고 설명한다. 맞히는 학생에게는 강화물을 제공한다.
- "여러분, 혹시 세렌디피티라는 말을 들어 본 적이 있나요? (손 든 친구가 있는 경우) 이 단어의 뜻에 대해 누가 말해 볼까요? 정답을 맞힌 학생을 위해 상품이 준비되어 있습니다. (진행 후) 네, 세렌디피티란 '뜻밖의 발견, 기쁨, 행운/의외의 발견/기대하지 않았던 행운'을 뜻합니다."
- "세렌디피티라는 말이 어떻게 등장하게 되었는지 다음 영상을 함께 살펴보고 이야기 나눠 볼게요."
  - 유튜브 영상 〈세렌디피티 우연이 기회를 만드는 순간_삶의 지혜 5분 The 인문학〉 (https://www.youtube.com/watch?v=tKPkZ_qNm10)
- "영상에서처럼 우리 삶에는 우연한 발견과 행운이 찾아오기도 합니다. 막막한 여정을 떠났던 세 왕자가 큰 선물을 얻었던 영상 속 상황을, 우리의 진로 준비과정에 대입해 보면 어떤 교훈을 얻을 수 있을까요?"

- "막막하고 불안한 상황에 있더라도 우리에게 우연이 찾아올 수 있다는 것, 실수로 가득한 선택처럼 보일지라도 그 이면에 새로운 행운과 발견의 가능성이 있다고 인식하는 것이 중요합니다. 이는 결국 진로를 준비하는 과정에서 불안과 두려움을 덜어 줄 수 있는 유연한 태도이자 강점이 되어 줍니다."

활동 1 나의 우연 대처기

1. 4~6명으로 모둠을 구성하고, '나의 우연 대처기' 활동지 양식을 채우고 발표하며 자신의 진로에 대해 낙관적인 태도를 기른다.
2. 모둠별로 돌아가며 발표를 진행한다.

<진행 예시> 활동 1

- "여러분, 앞서 영상에서 마주했던 우연의 상황들을 우리도 일상에서 마주하곤 합니다. 갑자기 휴교를 해서 우연히 집에서 하루를 머물게 되기도 하고, 갑자기 친척들이 놀러 와서 예정에도 없던 워터파크를 가는 일들도 있지요. 이런 우연의 상황들은 때로는 즐겁지만은 않기도 해요. 갑자기 나 또는 우리 가족이 아파서 기대하던 가족 여행이 취소되기도 하고, 좋아하는 학원 선생님이 이사를 가게 되어 학원을 갑작스레 옮겨야 하는 일도 생깁니다."
- "지금까지는 일상에서 마주할 수 있는 우연의 순간들을 이야기했지만, 지금부터는 눈을 감고 올해 나에게 일어났던 진로와 관련된 우연한 상황들을 떠올려 볼 거예요. 올해 내게 일어났던 우연의 순간은 무엇이었나요? 곰곰이 생각해 봅니다."
- (10초 정도 여유를 가진 후) "그 우연의 상황에서 나는 어떤 일을 했었나요? 자신이 마주했던 우연을 어떠한 태도로 바라보고 활용했었는지, 만약 대처가 만족스럽지 않았더라면 지금의 나는 어떻게 대처해 볼 수 있을 것 같은지 자유롭게 상상해 보겠습니다."
- "자, 이제 눈을 뜨세요. 여러분 앞에 놓인 활동지 양식에 해당 내용을 정리해 보도록 할 거예요. 지금부터 작성할 시간을 5분 정도 드리겠습니다. 어떤 우연의 순간들을 어떻게 대처했는지, 지금의 나라면 어떻게 대처할 것 같은지 잘 적어 보기 바랍니다."

정리 마무리 및 나의 다짐 공유

1. 오늘 배운 내용을 정리한다.
2. 오늘 참여하면서 느꼈던 감정을 나누어 본다.

<진행 예시> 9회기 활동내용 정리

"여러분, 오늘 활동은 진로 준비상황에서 우연과 실수가 가지는 가능성에 대해 생각해 봤고, 이를 유연하게 받아들일 때 우리에게 큰 강점으로 다가온다는 것을 살펴보았습니다. 정말 우리 삶에서는 계산하기 어려운 순간, 의도치 않은 순간들이 찾아올 수 있다는 점을 알 수 있었고, 그럴 때 우리가 낙관적인 태도를 가지고 준비되어 있으면 우연히 찾아올 기쁨을 충분히 만끽할 수 있을 겁니다."

<활동지 9-1>

나의 우연 대처기

우리는 삶에서 다양한 우연을 마주합니다. 그리고 그 우연의 상황에서 다양하게 대처하곤 합니다. 누군가는 호기심을 지니고, 누군가는 낙관적인 태도로, 누군가는 유연한 태도로, 또 누군가는 인내심을 가지고, 누군가는 위험을 감수하겠다는 마음으로 임합니다. 여러분은 어떤 우연한 상황을 마주했고, 어떻게 대처했었나요? 혹시 나의 대처 방식이 마음에 들지 않았다면, 지금의 나는 어떻게 대처해 볼 것 같은지 자유롭게 적어 봅시다.

내가 마주한 우연	나의 대처 방식

10. 내가 잘하는 것(직업적 자기 효능감)

도입 인물 퀴즈

1. 오늘 진행할 활동에 대해 안내한다.
2. 인물 사진을 제시하고 그 사람이 잘하는 것이 무엇인지 맞혀 본다.

TIP 인물 퀴즈

학생들의 발달 수준을 고려하여 적절한 인물 사진을 선정한다. 손흥민, 김연아와 같은 유명 스포츠인의 사진도 좋고, 요리사나 선생님 같은 인물 사진도 좋다. 다만 '축구선수'처럼 직업을 맞히기보다는 그 사람이 잘하는 것(달리기, 슈팅 등), 능력이나 역량을 말할 수 있도록 돕는다.

활동 1 내가 잘하는 것

1. 모둠별로 나누어 앉는다.
2. 각 모둠원들의 이름이 써진 롤링페이퍼에 그 친구가 잘하는 것을 적는다.
3. 그것을 잘한다고 생각하는 이유나 경험했던 사례들도 같이 적어 준다.
4. 롤링페이퍼 작성이 끝나면 자기의 롤링페이퍼를 받고 살펴본다.
5. 친구들이 적어 준 내용 중 가장 마음에 드는 것과 궁금한 것을 골라 상호 질문하고 이야기를 나누도록 한다.
6. 친구들이 적어 준 내용을 바탕으로 내가 잘하는 것이 무엇인지 정리해 본다.
7. 이것을 잘 발전시키면 향후 어떤 직업을 가질 수 있는지 생각해 본다.

TIP 내가 잘하는 것

실제 경험이나 사례를 같이 적어 줄 수 있도록 촉진한다. 예를 들어, '발표를 잘한다.'의 경우, 이 문장에 더해 실제 언제 그렇게 느꼈는지를 같이 적을 수 있도록 돕는다. 예를 들면, '지난 주에 교통기관에 대해 발표할 때 분명한 목소리로 조리 있게 이야기했다.' 등으로 표현할 수 있도록 촉진한다.

정리 마무리 및 나의 다짐 공유

1. 오늘 배운 내용을 정리한다.
2. 활동 소감을 나눈다.

<활동지 10-1>

내가 잘하는 것

이름 (　　　　)

1. 공통적으로 많이 나온 내용은 무엇인가요?

2. 내가 잘하는 것은 무엇인가요?

3. 이 능력을 계속 발휘해서 선택할 수 있는 직업은 무엇인가요?

11. 우리가 마을이라면(직업적 자기 가치감)

도입 warm-up 퀴즈: 직업이 없다면?

1. 오늘 진행할 활동에 대해 안내한다.
2. 직업을 제시하고 그 직업이 없는 마을에는 어떠한 일들이 생길지 자유롭게 이야기한다.

TIP 직업이 없다면?

- 학생들의 발달 수준을 고려하여 적절한 직업 이미지를 제시한다.
  예: 청소부, 선생님, 건축가, 농부, 패션 디자이너 등
- 모든 직업이 우리가 삶을 살아가는 데 꼭 필요한 중요한 역할들을 가지고 있음을 알 수 있도록 촉진한다.

활동 1 우리가 마을이라면

1. 모둠별로 나누어 앉는다.
2. 각 모둠원들은 어떤 마을을 만들지 서로 상의한다.
3. 이때 우리 마을에서 중요하다고 생각하는 가치를 세 가지 고른다.
4. 이 세 가지 가치가 잘 실현되는 마을을 위해 필요한 직업을 하나씩 고른다.
5. 고른 직업을 가지고 서로 어떤 역할을 맡을지 역할을 나누어 본다.
6. 우리 마을을 대표하는 마을 이름을 정해 본다.

TIP 가치와 직업을 연결하기

학생들이 고른 가치와 직업을 연결하기 어려워할 경우, 강사가 적절한 예시를 제공함으로써 가치와 직업을 연결하는 작업을 도울 필요가 있다.

정리 마무리 및 소감 공유

1. 오늘 배운 내용을 정리한다.
2. 활동 소감을 나눈다.

<활동지 11-1>

가치 목록

공감 개성 권위

경쟁 관계 기여

나눔 도전 독립 능력 배움

만족

변화 성공 성취

사랑 성장

소속감 소통 봉사 배려

신뢰 따뜻함

이해 성공

수용 연결 성실 아름다움

의미 안정

유대 예측가능성 재미

일관성 자유

즐거움

영성 영향력 전문성

정의 질서

정서적 안정 조화

지혜 진정성 창조성 친밀감 존재감

확신 힘

혁신 희생

체계 지혜 탐구

주관을 가짐

<활동지 11-2>

우리가 마을이라면

ㅁ ○○ 마을에 오신 것을 환영합니다.

1. 우리 마을에서 가장 중요한 가치 세 가지는 무엇인가요?

2. 이러한 마을을 구현하기 위해 필요한 직업들은 무엇이 있을까요?

3. 모둠원별 담당한 직업은 무엇인가요?

4. 우리 마을의 이름을 정해 봅시다.

12. 우리의 꿈을 향해

도입 우리 반 그래프

1. 오늘 진행할 활동에 대해 안내한다.
2. 이제까지 했던 활동 중 가장 인상적이거나 재밌었던 활동 세 가지를 골라 우리 반 그래프에 스티커를 붙여 본다.
3. 우리 반 구성원들의 투표 결과가 모인 그래프를 보면서 함께 지난 프로그램들에 대한 못다 한 이야기를 나눈다.

TIP 우리 반 그래프

가장 높은 득표를 기록한 활동, 가장 낮은 득표를 기록한 활동 등을 리뷰하면서 전체적으로 학생들이 활동을 돌아볼 수 있도록 촉진한다. 소수의 의견을 받은 활동의 경우에도 학생들의 의견을 충분히 들어서 이제까지 진행한 프로그램 내 모든 활동을 골고루 리뷰할 수 있도록 돕는다.

활동 1 나의 등불

1. 본 프로그램에서 가장 크게 배웠던 점, 인상적이었던 점이 무엇인지 생각해 본다.
2. 프로그램 전후로 가장 달라진 부분이 무엇인지(생각, 행동 등) 적어 본다.
3. 진로가 막막할 때 나 스스로에게 힘이 되어 줄 수 있는 말을 생각해 본다.
4. 해당 어구를 등불 안에 적고 앞으로의 다짐을 적어 본다.

TIP 나의 등불

학생들이 적절한 어구를 생각하기 어려워할 수도 있으므로 몇 가지 예시를 들어 자신들만의 어구를 만들 수 있도록 촉진한다.

예: 헤매도 괜찮아/하루하루 차근히 하나씩/언젠가 반짝반짝 빛날 나

정리 마무리 및 소감 공유

1. 오늘 배운 내용을 정리한다.
2. 활동 소감을 나눈다.

<활동지 12-1>

우리 반 그래프

▣ 인상 깊었던 활동 세 가지를 골라 스티커를 붙여 봅시다.

11							
10							
9							
8							
7							
6							
5							
4							
3							
2							
1							
활동명	1)	2)	3)	4)	5)	6)	7)

1. 가장 많은 투표를 받은 활동은 무엇인가요?

2. 가장 적은 투표를 받은 활동은 무엇인가요?

3. 전체 활동을 돌아보며 느낀 점은 무엇인가요?

<활동지 12-2>

나의 등불

2) 중학생

1. 오리엔테이션

도입 활동 안내

1. 오늘 진행할 활동에 대해 안내한다.

활동 1 오리엔테이션 및 자기소개

1. 프로그램의 목적과 필요성 등에 대해 설명한다.
2. 참여자들은 같이 규칙을 설정한다.
3. 자기소개를 진행한다(게임이나 인터뷰 형식으로 진행해도 좋다).

TIP 하얀 거짓말

1. 세 가지 나에 대한 문장을 만든다(예: 나는 사과를 좋아한다). 이때 문장 중 2개는 진실, 1개는 거짓말로 만든다.
2. 세 가지 문장으로 자기소개를 해 본 뒤, 서로 어떤 문장이 거짓말일지 맞혀 본다.

TIP 3단계 인터뷰

1. 2명씩 짝을 지어 자기소개를 한다.
2. 좋아하는 건 무엇인지, 장래희망은 있는지 궁금한 점을 서로에게 물어본다.
3. 짝과의 자기소개가 끝나면, 다른 참여자들 앞에서 짝을 대신하여 자기소개를 한다.

활동 2 아이스브레이킹 게임

1. 등 맞대고 그림 그리기 게임, 바뀐 모습 찾기 게임을 시행한다(참여자의 흥미에 맞는 게임으로 진행한다).

TIP 등 맞대고 그림 그리기 게임

1. 2명씩 짝을 짓는다.
2. 한 사람에게 물체 사진을 보여 주고, 다른 사람에게 사물의 이름을 말하지 않고 설명한다.
3. 짝인 사람은 설명만 듣고 물체를 그려 본다.
4. 그림을 다 그린 뒤 얼마나 비슷하게 그려졌는지 확인해 본다.

TIP 바뀐 모습 찾기

1. 참여자를 A, B 두 그룹으로 나눈다.
2. A 그룹은 B 그룹을 관찰해서 최대한 많이 기억한다.
3. 잠시 쉬는 시간 동안 B 그룹은 서 있는 순서를 바꾸거나, 신발을 바꿔 신거나, 옷을 다르게 입는 등 모습을 바꾼다.
4. A 그룹은 B 그룹이 어떤 점이 달라졌는지 맞춰 본다.

정리 마무리 및 나의 다짐 공유

1. 오늘 활동 소감을 나눠 본다.
2. 앞으로의 프로그램 참여에서 나의 다짐에 대해 이야기한다.

2. 나에 대한 퀴즈! 나는 몇 점?

도입 자기이해

1. 오늘 진행할 활동에 대해 안내한다.
2. 나를 이루고 있는 장점과 특성은 어떤 것이 있는지 생각해 본다.

활동 1 진로유형 이해하기

1. 진로유형 속 자기이해, 진로 탐색, 진로행동에 대해 알아본다.
2. 다양한 진로유형에 대해 알아본다.

TIP 진로유형 이해하기

- 다양한 진로유형에 대한 이해를 통해 자신의 진로 약점과 강점이 무엇인지 이해하고, 프로그램 활동 참여 동기를 높일 수 있다.

1. 진로유형을 구성하는 세 가지에 대해 알아본다.
   1) 자기이해: 나의 태도, 능력, 흥미를 이해하고 있다.
   2) 진로 탐색: 관심 있는 직업에 대해 검색하거나 주변 사람들에게 물어보고, 정보를 정리할 수 있다.
   3) 진로행동: 내 꿈을 실현할 수 있도록 현실적인 계획을 세우고 실천할 수 있다.
2. 세 요인이 어떻게 변하는지에 따라(진로유형에 따라) 진로 고민에서 어려운 점이 무엇일지 생각해 보고 나누어 본다.
3. 약점과 강점을 어떻게 활용하고 발전시킬 수 있을지 이야기해 본다.

활동 2 내가 몰랐던 나(<활동지 2-1> 참조)

1. 활동지를 나누어 준 후 짝을 지어 활동을 진행한다.
2. 짝 활동이 끝나면 다른 참여자들과 모여 앉아 소감을 공유한다.

TIP 내가 몰랐던 나

- 다른 사람이 보는 모습을 통해 나의 장점을 알아 갈 수 있다.
- 성격 특성 단어를 통해 자신을 표현하고 이해할 수 있다.
- 이번에 만나게 된 친구라면 첫인상에서 느껴지는 형용사를 골라 준다.

정리 마무리 및 소감 나누기

1. 활동을 통해 느낀 점과 소감을 나눈다.

<활동지 2-1>

내가 몰랐던 나

이름 (   )

답 다음은 성격을 나타내는 단어들입니다. 다음의 물음에 답하세요.

정확한, 조용한, 거친, 검소한, 뻔뻔한, 게으른, 성격이 급한, 까다로운, 경쟁적인, 반항적인, 즐거운, 고집 센, 여유 있는, 부끄러운, 영리한, 진지한, 부드러운, 쾌활한, 덜렁대는, 엉뚱한, 행복한, 창의적인, 용기 있는, 걱정이 없는, 긍정적인, 끈기 있는, 내성적인, 단순한, 도움을 주는, 따듯한, 친구가 많은, 잘 삐치는, 생각이 깊은, 자신감 있는, 자상한, 재빠른, 정직한, 책임감 있는, 친절한, 호기심 많은, 적극적인, 활동적인, 리더십 있는

• 친구가 나에게

1. 이 친구에게 어울리는 단어를 찾아 ○표 해 주세요.

2. 친구에게 어울리는 단어를 더 써 주세요.

• 내가 나에게

1. 친구가 표시한 단어 중 나와 어울린다고 생각되는 것은 무엇인가요?

2. 친구가 표시한 단어 중 나와 어울리지 않는다고 생각되는 것은 무엇인가요?

3. 빙고로 알아보는 나의 진로흥미

도입 자기이해

1. 오늘 진행할 활동에 대해 안내한다.
2. 몸으로 말해요 게임을 진행한다.

TIP 몸으로 말해요 게임

1. 두 팀으로 나눈 뒤, 각 팀에서 문제를 맞힐 사람을 1명 뽑는다.
2. 팀의 대표를 제외한 나머지는 돌아가면서 제시어를 보고 제한시간 동안 몸으로 표현한다.
3. 제시된 직업을 더 많이 맞춘 팀이 이긴다.

활동 1 진로빙고

1. 진로유형 속 자기이해, 진로 탐색, 진로행동에 대해 알아본다.
2. 다양한 진로유형에 대해 알아본다.

TIP 진로빙고

- 빙고 게임을 통해 다양한 직업에 대한 내 생각을 정리할 수 있다.
- 다른 사람들의 빙고판과 이야기를 들으며, 모두의 직업에 대한 생각과 흥미가 다름을 이해할 수 있다.

1. 흥미가 있거나, 내가 잘할 수 있을 것 같은 직업을 8개 생각해서 적는다.
2. 흥미가 끌리지 않거나, 자신이 없는 직업을 8개 생각해서 적는다.
3. 빙고 게임을 진행한다(이때 직업 이름만 말하기보다 직업이 하는 일이나 특징을 설명하는 방식으로 진행해도 된다).
4. 빙고 게임이 끝나면, 서로 활동지를 비교해 보며 각자 어떤 직업에 흥미와 관심을 가지는지 그 이유는 무엇인지, 또는 흥미와 소질과 관계없이 관심이 가는 직업은 무엇인지 이야기를 나누어 본다.

정리 마무리 및 소감 나누기

1. 활동을 통해 느낀 점과 소감을 나눈다.

<활동지 3-1>

진로빙고!

이름 (   )

1. 내가 잘할 수 있을 것 같다고 생각되는 직업 또는 내가 관심이 가는 직업 8개를 빈칸에 자유롭게 채워 주세요.
2. 나머지 8칸에는 반대로 내가 흥미를 느끼지 못하는 직업, 자신이 없는 직업을 8개 채워 주세요.
3. 16칸을 모두 채웠으면 돌아가면서 서로 자신의 빙고 칸에 있는 직업에 대해 설명합니다. 그 직업이 내 빙고 판에 있으면 ○를 그리세요.

<table>
<tr><td> </td><td> </td><td> </td><td> </td></tr>
<tr><td> </td><td> </td><td> </td><td> </td></tr>
<tr><td> </td><td> </td><td> </td><td> </td></tr>
<tr><td> </td><td> </td><td> </td><td> </td></tr>
</table>

4. 나에게 중요한 것은?

도입 자기이해

1. 오늘 진행할 활동에 대해 안내한다.
2. '행복한 청개구리' 활동을 진행한다.

TIP 행복한 청개구리

• 자신이 행동을 선택할 때 어떤 것을 중요하게 생각하고 느끼는지 생각해 볼 수 있다.

1. 원으로 둘러앉는다.
2. 돌아가면서 '부모님이나 선생님이 말리는 일인데 내가 좋아하는 일'에 대해서 말해 본다.
3. 다음에는 '친구들은 좋아하지 않지만 내가 좋아하는 일'을 이야기해 본다.
4. 그것을 좋아하는 이유와 계속 하게 되는 이유에 대해서 이야기해 본다.

활동 1 진로밸런스 게임

1. 진로밸런스 게임을 진행한다.

TIP 진로밸런스 게임

• 게임의 방식을 통해 즐겁게 자신이 관심 있는 직업 특징에 대해 알아 갈 수 있다.

1. 질문자는 2개의 선택지를 제시한다.
   예: 돈 적게 받지만 워라밸 챙길 수 있는 직장 vs 엄청 바쁘지만 돈을 많이 버는 직장, 평생 같은 일만 해야 하는 직장 vs 매일매일 새로운 일이 생겨 배울 수 있는 직장, 내가 좋아하는 일이지만 바쁘고 힘든 직업 vs 편하고 쉽지만 내가 좋아하지 않는 일을 하는 직업 등
2. 참여자는 최대한 빠른 시간 안에 하나의 선택지를 고른다.

정리 마무리 및 소감 나누기

1. 활동을 통해 느낀 점과 소감을 나눈다.

5. 다양한 직업 세계 알아보기

유의사항

- 직업에는 다양한 종류가 있으며, 각 직업이 사회에 중요한 역할을 한다는 것을 인식하도록 돕는다. 모든 직업을 동등하게 존중해야 함을 설명하는 것이 중요하다.
- 빠르게 변화하는 현대 사회에서는 기술 발전과 산업의 변화로 인해 직업의 성격도 빠르게 변화하고 있다. 이러한 상황을 고려하여 직업에 대한 논의를 유연하게 가져가야 함을 설명한다.

도입 직업의 개념 및 의미 소개

1. 오늘 진행할 활동에 대해 안내하고, 활동의 목적을 설명한다.
2. 직업의 의미에 대한 영상(https://www.youtube.com/watch?v=nnUIz_TbznA)을 시청한 뒤 직업의 의미와 필요성에 대해 간단히 이야기를 나눈다.
3. 이번 회기에서는 직업의 개념과 의미를 알아보고 다양한 직업 세계를 분야별로 알아볼 것이라고 안내한다.

<진행 예시> 도입

- "반갑습니다. 오늘은 직업의 개념과 의미에 대해 알아보고 다양한 직업 세계를 분야별로 알아볼 거예요."
- "직업의 개념과 의미에 관한 영상을 먼저 볼게요."
- (영상 시청 후) "직업의 개념과 의미에 대해 살펴봤어요. 영상을 보고 여러분이 생각하는 직업의 개념과 의미가 달라졌나요? 자유롭게 이야기해 보아요."

활동 1 직업 세계 탐색(<활동지 5-1> 참조)

1. 슬라이드 '직업 맞히기 1'을 보면서 화면에 등장한 직업 이름을 모둠별로 적는다.
2. 직업 이름을 가장 많이 맞힌 모둠에게 스티커를 준다.
3. 슬라이드에서 나온 직업 중 생소한 직업들을 위주로 이야기를 나눈다.

<진행 예시> 활동 1

- "미국에서는 약 50,000개, 일본은 약 30,000개의 직업이 있다고 합니다. 우리나라에는 약 20,000개의 직업이 직업사전에 수록되어 있지만, 직업사전에 나와 있지 않은 직업도 많습니다. 이렇게 많은 직업들 중에 우리가 알고 있는 직업은 얼마나 될까요? 직업 맞히기 게임을 하면서 다양한 직업들을 만나 보겠습니다."

- (팀별 진행 시) “모둠원들과 함께 슬라이드 화면에 등장했던 직업들을 적어 보세요. 직업 이름을 가장 많이 쓴 모둠이 이깁니다. 참고로 직업의 초성과 그림 그리고 간단한 설명을 제시할 거예요. 그럼 시작해 볼까요?”
- “여러분이 가장 많이 적지 못한 직업이 ‘웹마스터’군요. 웹마스터는 인터넷사이트의 게시판 관리나 사이트상에서 발생한 문제들을 해결하는 일을 담당합니다. 인터넷사이트상에서의 게시판 등을 관리하고, 인터넷사이트에서 제공하는 서비스의 기능을 향상시키며 인터넷사이트를 정기적으로 점검하고 유지하는 역할을 해요. 웹마스터가 되기 위해서는 전문대학이나 대학교의 컴퓨터 공학 관련 학과를 졸업하는 것이 유리합니다.”

활동 2 직업 세계 탐색(<활동지 5-2> 참조)

1. 피자가게 그림을 보면서 피자가게와 관련된 직업들을 생각해 본다.
2. 모둠별로 의논하여 활동지에 작성한다.
3. 모둠별로 돌아가면서 직업 이름을 하나씩 말한다.
4. 가장 많은 직업을 생각해 낸 모둠에게 스티커를 준다.

<진행 예시> 활동 2

- “피자가게와 관련된 직업을 모둠별로 찾아볼까요? 간단히 힌트를 주자면, 건물 관련, 주방, 광고 등이 있습니다. 가장 많은 직업을 생각해 낸 모둠은 스티커를 받을 수 있어요.”
- “피자가게와 관련이 있는 직업들을 찾아봤습니다. 다양한 직업들이 서로 연결되어 함께 일한다는 것을 알 수 있었지요?”

TIP

- 참여원의 흥미에 따라 피자가게가 아닌 다른 예시를 들어도 좋다.
- 서로 다른 다양한 직업들이 연결되어 있어 사회를 구성하는 데 중요한 역할을 하고 있다. 따라서 각 직업의 귀천을 따지기보다는 서로 존중하고 협력하는 것의 필요성을 강조할 수 있다. 이렇게 함으로써 사회 전체가 발전하며, 개개인의 삶의 질이 향상될 수 있음을 설명한다.

정리 마무리 및 나의 다짐 공유

1. 오늘 배운 내용을 정리한다.
2. 오늘 참여하면서 느꼈던 감정을 나누어 본다.

<활동지 5-1>

슬라이드 '직업 맞히기 1' 정답

중등교사, 경리사원, 만화가, 그래픽 디자이너, 약사, 천문학자, 세무사, 정보검색사, 웹마스터, 상담심리사, 패션디자이너, 신문기자, 간호사, 은행원, 통역사, 아나운서, 관세사, 신용분석가

- 생소한 직업 설명
  - 정보검색사: 정보검색사는 인터넷 최신 기술에 대한 이해와 정보수집 및 정보활용능력을 바탕으로 필요한 정보를 자료를 수집한다.
  - 웹마스터: 웹마스터는 인터넷사이트의 게시판 관리나 사이트상에서 발생한 문제들을 해결하는 일을 담당한다. 인터넷사이트상에서의 게시판 등을 관리하고, 인터넷사이트에서 제공하는 서비스의 기능을 향상시키며 인터넷사이트를 정기적으로 점검하고 유지한다.
  - 관세사: 관세사는 화물의 주인인 화주로부터 위탁을 받아 수출입 통관 업무를 대행한다. 주로 무역 관련 업무절차를 대행하거나 물류 관련 연계서비스를 제공한다.
  - 신용분석가: 신용분석가는 고객의 신용을 연장하거나 대출 거래와 관련된 위험 정도를 판단하기 위하여 신용자료 및 관련 금융자료 등을 분석하는 작업을 담당한다.

<활동지 5-2>

슬라이드 '직업 맞히기 2' 정답

1. 건물 관련: 건축설계사, 목수, 전기배관공, 인테리어 디자이너, 관리인, 간판제작자, 도장공

2. 주방: 요리사, 농부, 판매원, 그릇제작자

3. 홀: 서버, 매니저

4. 기타: 경영자, 연구원, 공인회계사, 광고기획자, 나레이터모델, 텔레마케터, 배달원, 모니터요원

6. 직업정보는 어디서 찾지?

유의사항

- 직업을 탐색하는 다양한 정보원을 아는 것의 중요성을 설명하고, 정확하고 신뢰성 있는 정보를 탐색하는 방법을 살펴본다.
- 관심 있는 진로 분야를 선택하기 어려워하는 경우 싫어하는 것을 제외하는 방법으로 안내한다.

도입 직업정보 의미 소개

1. 오늘 진행할 활동에 대해 안내하고, 활동의 목적을 설명한다.
2. 영상(https://www.youtube.com/watch?v=SDTZ2F6Wn5o)을 시청(38초까지 시청)한 뒤 직업정보 의미와 필요성에 대해 간단히 이야기를 나눈다.
3. 이번 회기에서는 직업정보를 찾는 다양한 정보원을 알아볼 것이라고 안내한다.

<진행 예시> 도입

- "반갑습니다. 오늘은 직업정보의 의미와 필요성에 대해 알아볼 거예요. 그 후 다양한 정보원을 소개하고 직접 활용해 보는 시간을 가질 거예요."
- "먼저 직업정보의 의미와 필요성에 관한 영상을 볼게요."
- (영상 시청 후) "직업정보의 의미와 필요성에 대해 살펴봤어요. 영상을 보고 여러분이 생각하는 직업정보의 의미가 달라졌나요? 자유롭게 이야기해 보아요."

활동 1 다양한 직업정보원 이해(<활동지 6-1> 참조)

1. 직업정보를 탐색할 수 있는 다양한 정보원에 대해 설명한다.
2. 다양한 정보원 중 인터넷 탐색을 활용하여 직업정보를 찾는 시범을 보인다.
3. AI를 활용하여 직업정보를 탐색하는 방법과 주의점을 알아본다.

<진행 예시> 활동 1

- "직업정보 내용이 다양한 만큼 직업정보의 출처도 다양해요. 그만큼 정확하고 적절한 정보를 찾는 것이 중요하답니다. 직업정보를 탐색하는 방법에는 어떤 것들이 있을까요? 인쇄매체, 인터넷, 유튜브, 영화, 면담 등 다양한 방법이 존재하지요. 가장 간편하게 탐색할 수 있는 것이 인터넷이죠. 그중에서도 정부가 운영하고 신뢰성이 확보된 '고용24'와 '주니어 커리어넷'이 가장 많이 활용됩니다. 그럼 간단하게 두 웹사이트에서 직업에 대한 정보를 어떻게 탐색할 수 있는지 간단히 살펴볼까요?"

- "요즘에는 AI 기술이 급격하게 발달하면서, AI를 활용해서 직업정보를 찾을 수 있어요. 특히 OPEN AI의 Chat GPT는 고도의 언어 처리 능력을 가진 AI예요. Chat GPT에서 직업에 대한 기본적인 정보와 교육 및 자격 요건 등을 물어볼 수 있어요. 예를 들어, '소프트웨어 엔지니어가 무슨 일을 하는지 알려 줘.' 혹은 '데이터 과학자가 되기 위해 요구하는 학력 사항 혹은 자격증이 있어?'라고 물으면, 그에 맞는 정보를 제공해 주죠. 하지만 2021년 9월 이후에 정보는 업데이트되지 않았기 때문에 최신정보를 제공해 줄 수 없고, 지금까지는 정보의 오류가 종종 발견되기 때문에 신뢰할 수 있는 전문가 혹은 웹사이트를 통해 정보를 다시 한번 확인할 필요가 있어요."

TIP

- '고용24'와 '주니어 커리어넷'을 활용하는 방법을 보여 줄 때, 참여원이 가장 많이 관심을 보이는 직업을 예시로 활용해 볼 수 있다.
- 참여원의 흥미에 따라 'Chat GPT'를 활용하여 직업정보를 탐색하는 모습을 보여 줄 수 있다.

활동 2 웹사이트를 활용한 직업탐색 실습(<활동지 6-2> 참조)

1. 주니어 커리어넷(https://www.career.go.kr/jr/jinrocard/aldal)에서 다양한 분야의 미래 직업 중 관심이 있는 분야의 카드를 골라 보고 가장 원하는 분야의 직업을 조사해 본다.

2. 자신이 조사한 직업을 해시태그로 보여 주고 퀴즈를 진행한다.
3. 퀴즈를 가장 많이 맞힌 개인 혹은 팀에게 보상을 부여한다.

<진행 예시> 활동 2

- "이제 '주니어 커리어넷'이라는 웹사이트에서 다양한 분야의 미래 직업을 살펴보고 관심이 있는 분야의 카드 2개를 골라 보고 조사하는 시간을 갖도록 해 보아요. 조사한 직업트렌드를 표에 맞게 작성해 볼게요. 특히 주제나 내용을 쉽게 찾을 수 있도록 해시태그를 작성해 주세요."
- "여러분이 조사한 직업의 해시태그를 보여 주고 퀴즈를 맞혀 보는 시간을 가질게요."

TIP

- 참여원이 이해하지 못하는 어려운 용어가 있을 수 있으므로 필요에 따라 충분히 설명하는 시간을 제공한다.
- 해시태그만으로 답을 맞히지 못할 경우, 특징 및 사례를 보여 줄 수 있다.

정리 마무리 및 나의 다짐 공유

1. 오늘 배운 내용을 정리한다.
2. 오늘 참여하면서 느꼈던 감정을 나누어 본다.

<활동지 6-1>

웹사이트를 통한 직업 및 진로정보 탐색(고용24, 커리어넷)

- 고용24(https://www.work.go.kr/consltJobCarpa/srch/jobRecommend/jobRecommend.do)

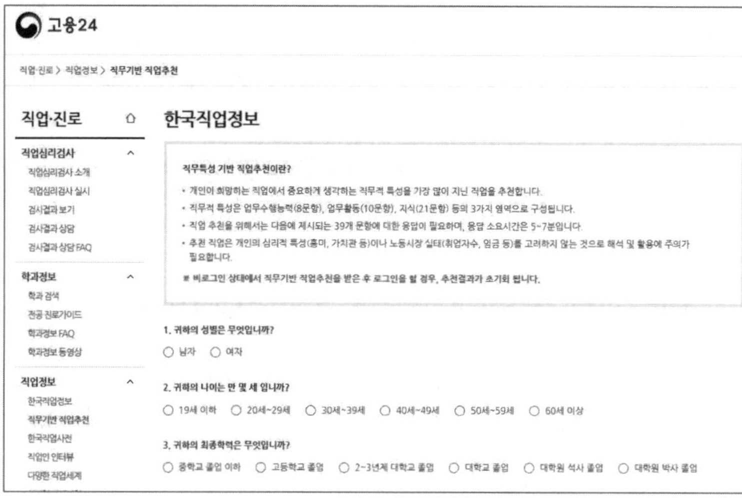

- 커리어넷(https://www.career.go.kr/cnet/front/type/typeService.do?seq=100206)

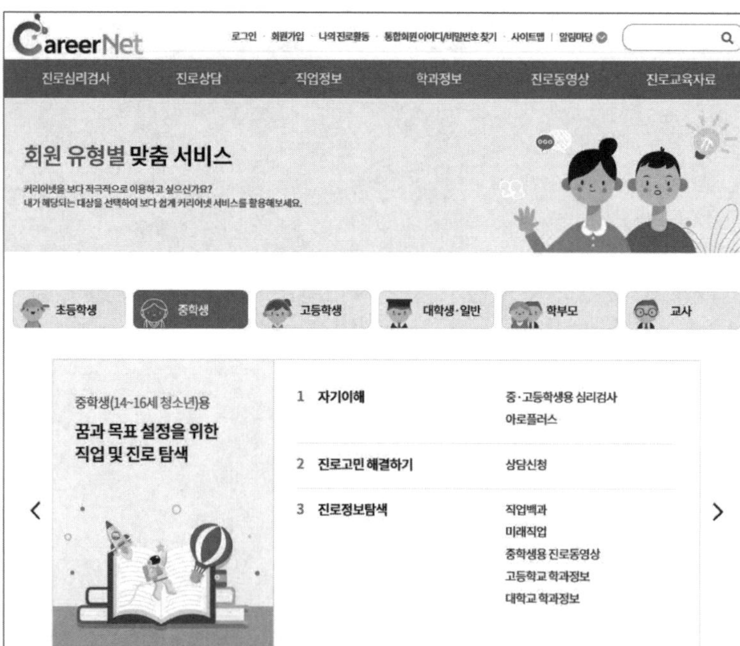

<활동지 6-2>

내가 가장 관심 있는 미래의 직업트렌드는 무엇인가요?

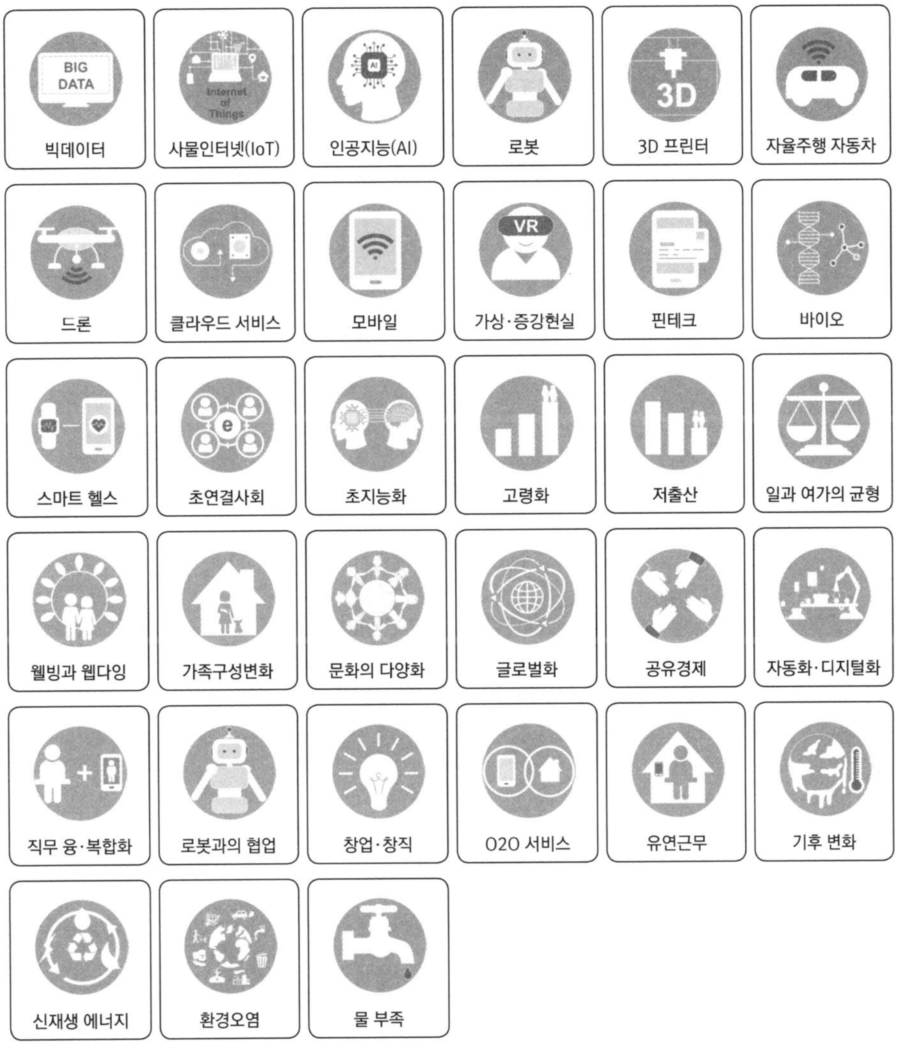

	미래 직업트렌드	특징, 사례	관련 직업	해시태그
1순위				
2순위				

7. 나의 주변 사람은 어떤 직업을 갖고 있을까?

유의사항

- 참여자들이 진로-사회연결망을 그리거나 인터뷰 질문을 준비하는 과정에서 개인정보가 노출될 수 있다. 이런 경우, 필요한 정보만 공유하도록 권장하고, 공유된 정보의 보안을 보장하기 위해 적절한 조치를 해야 한다.
- 각 참여자의 진로-사회연결망이나 인터뷰 질문들에는 그들의 개인적인 생각과 경험이 반영되어 있다. 따라서 서로 다른 의견이나 생각을 존중하고, 모든 참여자가 자기 생각을 자유롭게 표현할 수 있는 환경을 제공한다.

도입 warm-up: 풍선 살리기 게임

1. 3~4명씩 팀을 나눈다.
2. 팀별로 원을 그리며 손을 잡고 준비한다.
3. 진행자는 각 팀 중앙 자리에 풍선을 띄운다.
4. 가장 오랜 시간 동안 풍선을 띄운 팀이 승리한다.

<진행 예시> 도입

"풍선 살리기 게임은 3~4명씩 팀을 만들어 진행하게 됩니다. 팀원들은 모두 일어나서 손을 잡습니다. 이때 진행자가 풍선을 그 중간에 놓으면 가장 오랜 시간 동안 풍선을 바닥에 떨어뜨리지 않은 팀이 이기는 게임입니다. 온몸을 이용할 수 있으나 주의할 점은 손을 놓으면 안 된다는 것이니, 팀원들끼리 협동심이 중요합니다. 그럼 일어나서 팀원들끼리 손을 잡고 준비해 볼까요? 간단히 팀원끼리 상의할 시간을 드릴게요."

TIP

참여자 수준에 따라 게임의 규칙을 추가할 수 있다. 예를 들어, 참여자가 게임 중간에 사용할 수 있는 신체 부위(발, 머리, 손, 어깨 등)를 제한할 수 있다. 그뿐만 아니라 풍선 개수를 늘릴 수도 있다.

활동 1 진로-사회연결망 그리기(<활동지 7-1> 참조)

1. 진로-사회연결망 그리는 방법을 설명한다.
2. 진로-사회연결망을 그린다.
3. 완성된 진로-사회연결망을 다른 집단원들에게 소개한다.

<진행 예시> 활동 1

> "진로-사회연결망은 내 주변에서 만나거나 접할 수 있는 인물들을 가족/친척, 학교/학원, 매체(TV, 인터넷), 종교기관 등의 영역으로 나누어 평면 위에 표현하는 거예요. 각 영역 인물들의 직업과 전공을 작성하고 내 주변 사람들의 진로/직업은 어느 쪽이 많은지 살펴보고, 전혀 없는 직업군도 살펴보아요. 완성된 진로-사회연결망을 다른 집단원들에게 소개하고, 집단원들은 해당 집단원의 진로-사회연결망을 보면서 느껴졌던 인상 등을 자유롭게 주고받아 보도록 할게요."

TIP

- 직접 알고 있지는 않더라도 소셜 미디어(인스타 팔로잉 등)를 통해 알고 있는 인물도 넣을 수 있도록 한다.
- 가족/친척의 직업과 전공을 직접적으로 밝히는 것은 개인정보 보호와 관련한 문제가 있으므로, 호칭 대신 일련의 숫자 혹은 알파벳 등으로 대체할 수 있음을 안내한다.

활동 2 인터뷰 질문지 작성하기(<활동지 7-2> 참조)

1. 진로-사회연결망 속 1명을 선정하여 가상의 인터뷰 계획을 세운다.
2. 그 사람에게 질문하고 싶은 인터뷰 질문 목록을 작성해 본다.
3. 작성한 인터뷰 질문 목록을 다른 집단원들에게 소개하고 피드백 받는다.

<진행 예시> 활동 2

> "이제 진로-사회연결망 속 인물 중 가장 인터뷰하고 싶은 1명을 선정해 볼게요. 그리고 해당 인물에 대한 인터뷰 계획을 세우고 인터뷰 질문 목록을 작성해 볼게요."

TIP

선택한 인물의 진로 선택 과정, 직업에 대한 만족도 등이 탐색될 수 있는 질문을 작성하도록 안내한다.

정리 마무리 및 나의 다짐 공유

1. 오늘 배운 내용을 정리한다.
2. 오늘 참여하면서 느꼈던 감정을 나누어 본다.

<활동지 7-1>

나의 진로-사회연결망 그리기

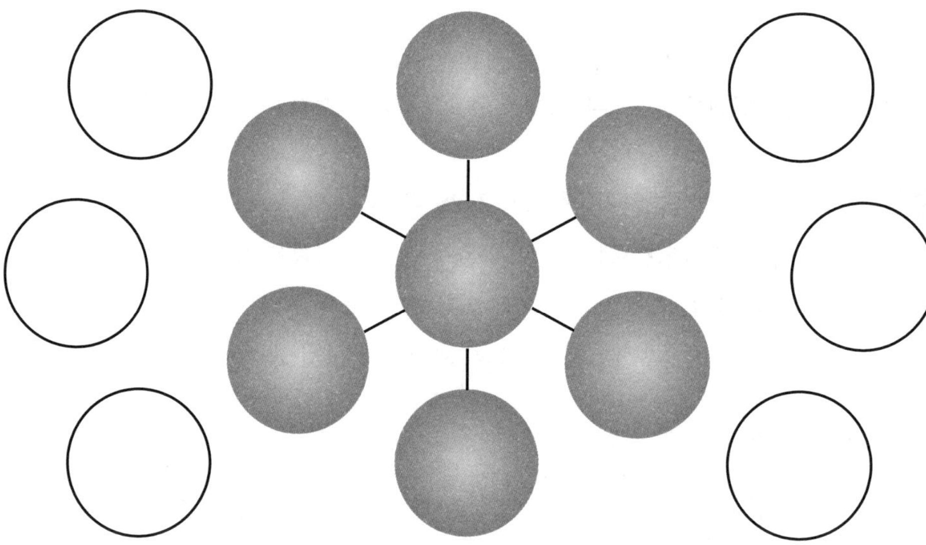

<활동지 7-2>

인터뷰 질문지 작성하기

인터뷰 대상	어떤 정보를 얻고 싶나요?	질문	피드백
	주요 업무		
	필요한 적성과 흥미		
	준비과정		
	전문성을 위한 노력		
	임금 수준		
	필요한 자격증		
	전망		

8. 직업에 필요한 나의 강점은?

유의사항

- 강점과 약점을 파악하는 것이 중요하기는 하지만, 이는 개인의 전체적인 능력과 가치를 정의하는 것이 아니라는 점을 안내한다. 약점을 보는 것이 아닌 강점에 집중하고, 약점을 개선하기 위한 전략을 세우는 것이 중요하다는 점도 강조해야 한다.
- 약점을 파악하는 과정에서는 자기 자신을 비난하거나 너무 엄격하게 판단하는 것을 피하도록 해야 한다. 모든 사람이 완벽하지는 않으며, 약점은 개발의 여지를 의미하고, 이는 성장과 변화의 기회를 제공함을 안내한다.

도입 warm-up: 몸으로 말해요

1. 참여자를 두 팀으로 나누고, 팀 안에서 제시어를 몸으로 표현할 사람을 선정한다.
2. 한 팀씩 제시어의 주제(직업, 운동, 감정, 인물 및 캐릭터, 속담, 음식)를 선택한 후, 주어진 제시어를 한 사람이 몸으로 표현하면, 나머지 팀원들은 정답을 맞힌다.
3. 제한 시간 2분 안에 많이 맞힌 팀이 이긴다.

<진행 예시> 도입

- "몸으로 말해요를 하기 위해서 우리 참여자를 두 팀으로 나눌게요. 각 팀에서 몸으로 단어를 설명해 줄 사람을 정해 주세요. 그분은 나와서 제가 제시하는 단어를 보고 몸으로 설명해 주시고 나머지 팀원들은 정답을 맞히면 됩니다. 제한 시간은 2분입니다. 제시어 주제를 선택해 주세요."
  - 직업: 교사, 화가, 작가, 의사, 변호사, 경찰관, 소방관, 요리사, 크레에이터, 농부, 운동선수, 가수, 바리스타
  - 운동: 스키, 마라톤, 리듬체조, 스케이트, 줄다리기, 축구, 양궁, 씨름, 탁구, 배구, 서핑, 컬링, 사격, 낚시, 승마
  - 감정: 속시원하다, 당황하다, 화난다, 황홀하다, 우울하다, 반가운, 짜릿하다, 담담하다, 홀가분하다, 슬프다, 의기소침하다, 시원섭섭하다, 지루하다, 초조하다, 통쾌하다, 들뜨다, 부담스럽다, 약이 오른다
  - 인물 및 캐릭터: 짱구, 손흥민, 김연아, 스파이더맨, 좀비, BTS, 예수님, 산타할아버지, 슈퍼맨, 선미, 블랙핑크, 엘사
  - 속담: 낮말은 새가 듣고 밤말은 쥐가 듣는다, 호랑이는 죽어서 가죽을 남기고 사람은 죽어서 이름을 남긴다, 지렁이도 밟으면 꿈틀한다, 콩 심은 데 콩 나고 팥 심은 데 팥 난다, 종로에서 뺨 맞고 한강에 가서 눈 흘긴다, 집에서 새는 바가지 밖에서도 샌다, 천 리 길도 한 걸음부터, 아는 길도 물어 가라, 서당 개 삼 년이면 풍월을 읊는다, 사공이 많으면

배가 산으로 간다, 물에 빠진 놈 건져 놓으니 보따리 내놓으라 한다, 발 없는 말이 천리 간다, 다 된 밥에 재 뿌리기, 구슬이 서 말이라도 꿰어야 보배, 강 건너 불구경한다, 계란으로 바위 치기, 똥 묻은 개가 겨 묻은 개 나무란다, 도둑이 제 발 저린다, 팔이 안으로 굽는다, 얌전한 고양이가 부뚜막에 먼저 올라간다.

– 음식: 양파, 콜라, 피자, 삼겹살, 치킨, 호떡, 김치, 당근, 솜사탕, 바나나, 떡볶이, 사탕, 빼빼로, 계란, 햄버거, 족발, 수박, 레몬, 꿀, 스파게티

활동 1 진로 포켓몬 카드 만들기(<활동지 8-2> 참조)

1. 진로 분야 관련 강점과 약점에 관해 설명한다.
2. 자신의 진로 분야 관련 강점과 약점을 선택한다.
3. 선택한 강점과 약점을 바탕으로 진로 포켓몬을 그린다.
4. 완성한 진로 포켓몬을 소개한다.

<진행 예시> 활동 1

- "진로 분야에서 자신의 강점과 약점을 파악하는 것은 진로 결정에 매우 중요해요. 직업 선택에 직접적인 도움을 주기도 하고, 진로 탐색과 목표를 설정하는 데도 중요한 첫걸음이 될 수 있어요."
- "진로 분야에서 능력은 다음과 같아요(〈활동지 8-1〉 참조). 모든 능력을 갖추고 있는 사람은 거의 없죠. 여기서 자신이 있는 능력은 강점으로, 비교적 자신 없는 능력은 약점으로 생각하고 선택해 볼게요"
- "이제 포켓몬 카드를 완성해 볼게요. 자신을 포켓몬으로 빗대어 그려 보세요. 이때 가능한 한 방금 선택한 강점과 약점이 드러나도록 해 보아요."
- "이제 자신의 포켓몬을 친구들에게 돌아가면서 소개해 보도록 할게요."

TIP

진로 분야 자신의 강점과 약점을 파악하기 어려워하는 경우, 집단원들에게 피드백을 받아 볼 수 있다. 이때 약점보다는 강점 위주로 피드백하도록 안내한다.

정리 마무리 및 나의 다짐 공유

1. 오늘 배운 내용을 정리한다.
2. 오늘 참여하면서 느꼈던 감정을 나누어 본다.

<활동지 8-1>

미래에 필요한 일곱 가지 진로 분야 능력

공감

다른 사람의 의견이나 감정, 생각에 대하여 자신도 함께하는 능력

사회적 민감성

사회에서 나타나는 문제에 대하여 관심을 갖고 자신의 일처럼 생각하는 능력

유머

재치 있는 말과 행동으로 다른 사람들의 관심과 흥미를 이끌어 내는 능력

지도력

목표를 정하고 그 방향으로 조직이나 다른 사람을 이끄는 능력

창의성

새롭고 독창적이고 유용한 것을 만들어 내는 능력

스토리텔링

상대방에게 알리고자 하는 바를 재미있고 생생한 이야기로 만들어 설득력 있게 전달하는 능력

관계 맺기

홀로 있지 않고 다른 사람들과 어울리고 함께할 수 있는 능력

<활동지 8-2>

진로 포켓몬 카드 만들기

BASIC

스킬(강점):

약점:

9. 내 힘으로 극복하는 진로 걸림돌

유의사항

- 새롭고 익숙하지 않은 활동을 어려워하는 학생을 위해 진행자가 적절한 예시를 들어 주며 활동에 대한 이해를 도울 필요가 있다.
- 활동지 작성 시 일상적인 내용이 아닌 진로와 관련된 상황에 초점을 맞출 수 있도록 강조하고, 학생들이 잘 따라오고 있는지 주기적으로 점검할 필요가 있다.
- 이때 진로와 관련하여 자기이해가 충분하지 않은 학생은 진행 속도가 더딜 수 있으므로, 진행자가 활동 시간에 추가적인 도움을 제공할 필요가 있다.

도입 진로 걸림돌과 욕구 확인하기

1. 오늘 진행할 활동 및 목표에 대해 안내한다.
2. 긍정! 가정! 가능! 문장완성검사를 진행한다.

<진행 예시> 도입 1. 오늘 진행할 활동 및 목표 안내

- "반갑습니다. 오늘은 우리의 진로 준비과정에서 자신감을 기를 수 있는 활동들을 진행할 거예요."
- "간략하게나마 나의 부족한 지점을 짚어 보고, 이를 잘 채워서 어떤 미래를 마주하고 싶은지 떠올려 보고, 이 지점으로 나아갈 수 있는 나의 극복 방안과 자원들에 대해 살펴보겠습니다."

<진행 예시> 도입 2. 긍정! 가정! 가능! 문장완성검사 진행

- '내가 조금 더 ___A___ 라면/있다면/하다면/된다면 나는 미래에 ___B___ 할(될) 것이다.'라는 문장 완성 검사 활동지를 제시한다.
- "이 활동지에 빈칸 2개가 있어요. 우리는 이 빈칸을 진로와 관련한 내용으로 채울 거예요. 여러분이 진로를 탐색하거나, 선택하거나, 구체적으로 준비하는 과정들에서 나에게 부족하다고 여겨지는 지점이 있을 것 같아요. 예를 들면, 누군가는 직업 세계에 대해 잘 모르는 사람도 있고, 누군가는 내가 궁금한 내용을 알아볼 곳이 마땅치 않아 힘든 사람도 있을 거예요. 이 내용을 활동지에 접목해 본다면 '내가 조금 더 진로에 대해 상의할 수 있는 사람들을 알게 된다면' 등으로 빈칸을 채울 수 있을 거예요."
- "다음으로 이 문제가 해결되면 나는 미래에 어떤 모습으로 있을까요? 내가 어떤 기대되는 미래를 마주할지에 대해서도 떠올려 볼까요? 예를 들면, 진로에 대해 상의할 수 있는 사람

들을 알게 되면, '나는 미래에 유튜버가 될 것이다.'와 같은 내용을 적어 볼 수 있겠죠? 그럼 이제부터 1분 정도 시간을 줄 테니 각자 생각한 내용을 적어 볼까요?"

- 돌아가면서 발표하며 작성한 내용을 나누고, 작성된 내용에서 A에 해당하는 부분이 지금 내 상황에서의 걸림돌, B에 해당하는 부분이 원하는 결과/상태임을 설명한다.

활동 1 나의 판타스틱 어드벤처 진로 스토리(<활동지 9-2> 참조)

1. '나의 판타스틱 어드벤처 진로 스토리' 활동지 양식을 채우며 진로 걸림돌과 이를 극복할 수 있는 나의 대안과 자원에 대해 알아본다.

<진행 예시> 활동 1

- "여러분, 우리 삶은 언제나 쉽게 흘러가지만은 않죠? 방금 전, 문장을 완성하는 활동에서도 우리가 원하는 지점으로 나아가는 데는 항상 걸림돌이 있기 마련입니다."
- "이번 활동은 내가 진로를 찾고 준비해 가는 과정을 하나의 여정으로 표현해 보면서, 내 진로 목표를 달성하는 데 어떤 걸림돌이 있을 것 같은지 우선 세 가지를 찾아볼 거예요."
- "이 걸림돌에 막혀서 힘든 여러분에게 지금 제가 모든 걸림돌을 해결할 수 있는 '기적의 도구' 세 가지를 줄 겁니다. 다만 그 세 가지 기적의 도구가 어떤 것인지는 여러분이 이름을 붙여 줘야 해요. 이 기적의 도구가 무엇인지 내 현재 상황 또는 미래의 삶에서 떠올려 적어 볼 거예요. 기적의 도구는 형체가 있는 물질도 되고, 형체가 없는 것들도 됩니다. 예를 들면, 언제나 힘이 되어 주는 가족도 되고, 내 마음속의 포기하지 않는 끈기도 될 거예요. 지금부터 5분 정도 시간을 줄 테니 고민해 보고 적어 볼까요?"
- "이제 발표할 시간이에요. 그런데 우리 이 발표는 조금 색다르게 진행해 볼 거예요. 우리는 나의 여정에서 세 가지 걸림돌만 우선 소개를 할 거예요. 이 세 가지 걸림돌에 대해 어떤 기적의 도구를 가지고 있는지는 말하지 않고, 친구들이 추측하거나 추천해 주는 시간을 가져 볼 겁니다. 친구가 적은 기적의 도구를 맞힌 사람, 그리고 가장 고마운 기적의 도구를 추천해 준 사람에게는 강화물을 줄 거예요."
- "발표를 마치고 친구들이 추측하거나 추천해 준 내용을 포함하여 어떤 생각이나 마음이 남는지 이야기해 볼까요?"

정리 마무리 및 나의 다짐 공유

1. 9회기 활동내용을 정리한다.
2. 현재의 감정과 소감을 나눈다.

<진행 예시> 9회기 활동내용 정리

- "여러분, 오늘 활동에서는 우리가 가지고 있는 걸림돌이 무엇인지를 살펴보고, 그 걸림돌을 잘 헤쳐 나가서 끝내 도달하고 싶은 지점을 생각해 봤어요. 그리고 그 목표를 이루기 위해 우리가 어떤 자원과 힘을 가지고 있는지, 혹은 어떤 것들이 더 필요한지 확인할 수 있었을 겁니다."
- "결국 문제의 해결은 현재 나의 문제, 어려움을 확인하는 데에서부터 시작됩니다. 그리고 때때로 그 문제가 감당하기 어려울 만큼 크게 보일 수 있겠지만, 우리에겐 그만큼 강력한 자원과 힘이 있다는 것, 또는 아직 없더라도 어떤 자원과 힘이 도움이 된다는 것을 알게 됐습니다. 여러분들의 그 기적의 도구들을 잘 간직하고, 얻어 가고, 쌓아 가길 바랍니다."
- "그럼 마치기 전에 우리 돌아가면서 오늘 활동을 마치며 떠오르는 마음이나 생각 등을 나눠 볼까요?"

<활동지 9-1>

긍정! 가정! 가능! 문장완성검사

내가 조금 더 ____A____ 라면/있다면/하다면/된다면,
나는 미래에 ____B____ 할(될) 것이다.

〈예시〉
내가 조금 더 진로에 대해 상의할 수 있는 사람들을 알게 된다면,
나는 미래에 유튜버가 될 것이다.

내가 조금 더 ______________________________,
나는 미래에 ______________________________.

<활동지 9-2>

나의 판타스틱 어드벤처 진로 스토리

나는 꿈을 이루기 위해 끊임없이 나아가는 모험가이다.
내가 태어난 이 세상은 우리가 생각하고 기억할 수 있는 순간부터 어떤 사람이 되고 싶은지를 끊임없이 묻는다.
나 그리고 친구들은 그 질문에 대답하기 위해 걷고 또 걸어 왔다.
언젠간 바뀔지 몰라도, 만약 지금 이 세상이 내게 어떤 모습이 되고 싶은지를 묻는다면, 나는 이렇게 대답할 것이다.

"나는 지금 __________가 되기 위한 여정을 떠난 모험가이다."

내가 나아가고 싶은 방향을 찾았다는 것은 큰 행복이다.
그러나 그 행복을 가끔 절망으로 물들게 하는 순간들이 있다.
바로 내 앞을 가로막은 '세 가지 걸림돌'이다.
내가 나아가는 이 여정을 가로막고 있는 걸림돌은 바로 이 세 가지이다.

① ______________________________

② ______________________________

③ ______________________________

이 걸림돌들은 너무 거대해 보여 때때로 나를 절망하고 두렵게 만든다.
그러나 이런 두려운 나를 앞으로 나아가게 하고, 끝내 이 걸림돌을 넘어서게 할 '세 가지 기적의 도구'가 있다. 그건 바로

① ______________________________

② ______________________________

③ ______________________________

나는 이 기적의 도구를 통해 걸림돌을 넘어설 것이다.
그래서 끝내 나는 이 여정의 마침표를 즐겁고 흡족한 마음으로 찍어 낼 것이다.

10. 우연과 실수, 긍정적으로 바라본다면?

유의사항

- 새롭고 익숙하지 않은 활동을 어려워하는 학생을 위해 진행자가 적절한 예시를 들어 주며 활동에 대한 이해를 도울 필요가 있다.
- '브라보! 멋지다, ○○○' 활동지를 작성하기 전, 성공적인 미래에 대해 떠올릴 수 있도록 차분한 분위기를 조성할 필요가 있다.

(도입) 나의 진로 '세렌디피티'

1. 오늘 진행할 활동 및 목표에 대해 안내한다.
2. 세렌디피티(serendipity)의 의미를 설명하며 우연과 실수가 갖는 또 다른 가능성에 대해 알아본다.

<진행 예시> 도입 1. 오늘 진행할 활동 및 목표 안내

- "반갑습니다. 오늘은 우리의 진로에 대해 긍정적인 관점을 하나, 둘 쌓아 가는 활동들을 진행할 거예요."
- "특히 진로를 준비하는 과정에서 마주할 우연, 그리고 실수의 가능성을 돌아보고, 내가 마주칠 우연과 실수에 대해 유연한 태도를 갖는 것이 어떤 힘을 가지는지 살펴보겠습니다. 나아가 내가 원하던 진로를 얻게 된 미래 모습을 떠올려 보고, 그 꿈을 이뤄 낼 수 있다는 믿음을 키워 볼 거예요."

<진행 예시> 도입 2. 세렌디피티 의미 설명 및 우연과 실수의 가능성 살펴보기

- 세렌디피티 단어의 뜻을 아는지 퀴즈를 내고 설명한다. 맞히는 학생에게는 강화물을 제공한다.
- "여러분, 혹시 세렌디피티라는 말을 들어 본 적이 있나요? (손 든 친구가 있는 경우) 이 단어의 뜻에 대해 누가 말해 볼까요? 정답을 맞힌 학생을 위해 상품이 준비되어 있습니다. (진행 후) 네, 세렌디피티란 '뜻밖의 발견, 기쁨, 행운/의외의 발견/기대하지 않았던 행운'을 뜻합니다."
- "세렌디피티라는 말이 어떻게 등장하게 되었는지 다음 영상을 함께 살펴보고 이야기 나눠 볼게요."
  - 유튜브 영상 〈세렌디피티 우연이 기회를 만드는 순간_삶의 지혜 5분 The 인문학〉(https://www.youtube.com/watch?v=tKPkZ_qNm10)

- "영상에서처럼 우리 삶에는 우연한 발견과 행운이 찾아오기도 합니다. 막막한 여정을 떠났던 세 왕자가 큰 선물을 얻었던 영상 속 상황을, 우리의 진로 준비과정에 대입해 보면 어떤 교훈을 얻을 수 있을까요?"
- "막막하고 불안한 상황에 있더라도 우리에게 우연이 찾아올 수 있다는 것, 실수로 가득한 선택처럼 보일지라도 그 이면에 새로운 행운과 발견의 가능성이 있다고 인식하는 것이 중요합니다. 이는 결국 진로를 준비하는 과정에서 불안과 두려움을 덜어 줄 수 있는 유연한 태도이자 강점이 되어 줍니다."

활동 1 브라보! 멋지다, ○○○(<활동지 10-1> 참조)

1. '브라보! 멋지다, ○○○' 활동지 양식을 채우고 발표하며 자신의 진로에 대해 낙관적인 태도를 기른다.

<진행 예시> 활동 1

- "여러분, 이제 다음 활동을 위해 잠시 눈을 감고 마음을 가라앉혀 볼 거예요. 내 머릿속 잡념들을 하나, 둘 비워 내고 내 몸도 마음을 따라 조용히 멈추도록 해 보세요." (학생들이 눈을 감고 집중할 수 있도록 10초 정도 대기)
- "지금부터 눈을 감고 내 미래를 떠올려 볼 거예요. 그런데 지금 나의 상황들을 따져 가며 계산해 낸 미래의 결과가 아니라, 순수한 나의 목표, 내가 되고 싶은 모습을 떠올려 볼 겁니다." 문장을 읽을 때 학생들의 집중이 흐트러지지 않도록 천천히 여유를 두며 읽도록 한다.
- "계속 상상해 보세요. 그렇게 내가 간절히 원하던 모습이 되어, 훗날 지금 내가 다니고 있는 이 학교에 찾아와 후배들 앞에서 강연을 하게 됩니다. 후배들은 멋지게 살아온 여러분의 진로, 인생에 대해 궁금한 게 참 많은 표정으로 그 강연을 집중해서 듣고 나 또한 아주 큰 만족감을 느낍니다."
- "그 강연 내용에서 지금 나는 어떤 이야기들을 꺼내고 있나요? 지금 나의 어떤 점이 만족스러운지, 어떤 자원을 활용해 과거의 어려움을 극복할 수 있었는지 등이 포함되어 있네요. 앞서 영상에서 봤던 세렌디피티가 성공한 미래 속 내 삶에는 어떻게 찾아왔는지, 자신이 마주했던 우연을 어떻게 유연한 태도로 바라보고 활용할 수 있었는지도 이야기하고 있습니다."
- "자, 이제 눈을 뜨세요. 여러분 앞에 놓인 활동지 양식에 멋진 선배가 되어 강연 원고를 적어 보고 발표하는 시간을 가질 거예요. 지금부터 작성할 시간을 10분 정도 드리겠습니다. 성공한, 만족스러운 나의 미래와 그 과정에서 어떤 역경을 어떻게 극복해 냈는지 잘 적어 보기 바랍니다."
- 돌아가며 발표를 진행하고, 발표를 마치고 나면 나머지 사람들은 큰 박수와 함께 "브라보! 멋지다, ○○○"라고 외치며 발표자를 격려해 준다.

정리 **마무리 및 나의 다짐 공유**

1. 10회기 활동내용을 정리한다.
2. 현재의 감정과 소감을 나눈다.

<진행 예시> 10회기 활동내용 정리

- "여러분, 오늘 활동에서는 진로 준비상황에서 우연과 실수가 가지는 가능성에 대해 생각해 봤고, 이를 유연하게 받아들일 때 우리에게 큰 강점으로 다가온다는 것을 살펴보았습니다. 정말 우리 삶에서는 계산하기 어려운 순간, 의도치 않은 순간들이 찾아올 수 있습니다. 하지만 그럴 때 우리가 낙관적인 태도를 가지고 준비되어 있다면 우연히 찾아올 기쁨을 충분히 만끽할 수 있을 겁니다."
- "다음으로 우리가 진정으로 원하는 모습을 이룬 선배가 되어, 후배들에게 강연하는 상황을 재연하며 가상으로나마 불확실한 진로 상황에서 긍정적인 태도를 가져 보는 연습을 해 보았습니다. 부디 오늘 활동을 통해 여러분들이 흐릿하고 막막한 진로 상황에서도 나의 장래에 대해 기대감을 형성해 볼 수 있었길 바랍니다."
- "그럼 마치기 전에 우리 돌아가면서 오늘 활동을 마치며 떠오르는 마음이나 생각 등을 나눠 볼까요?"

<활동지 10-1>

브라보! 멋지다, ○○○

"여러분, 안녕하세요? 자랑스러운 후배님들 앞에서 진로/인생 강연을 하게 되어 영광입니다. 저는 현재 ______________ 일을 하고 있는, 이 학교 졸업생 ○○○입니다."

1. 자기소개(나이/직업/거주지/가족구성 등 포함하여 자유롭게 작성)

2. 진로 관련(구체적인 직업 생활-연봉, 근무시간 등, 만족스러운 정도와 그 이유)

오늘 주제가 진로/인생 특강인 만큼 진로에 대해서도 이야기해 보겠습니다. ______________

3. 진로 관련 어려움과 극복(마주했던 어려움과 대처 경험, 세렌디피티 포함)

이런 제게도 시련은 있었습니다. ______________

4. 마무리 인사(자유롭게 작성)

11. 내 삶에서 준비하는 진로행동 계획

유의사항

- 가상의 상황 속 구체적인 진로 수행을 연습해 보는 회기이다. 어려워하는 학생을 위해 진행자가 적절한 예시를 들어 주고, 지금까지 이어 온 활동에서 참여자가 보였던 관심 영역들을 떠올릴 수 있도록 관련 단서를 제시할 필요가 있다.
- '15년 뒤 나의 이력서' 활동은 다음 회기에서 작성 내용을 공유하게 되는 만큼, 회기 진행 속도, 참여자의 적극성, 집단 분위기 등을 고려하여 과제 형태로 부여할 수도 있다. 다만 이 경우 다음 회기에 작성한 이력서를 반드시 챙겨 오도록 다음 회기 전에 별도의 연락을 통한 안내가 필요할 수 있다.

도입 나의 눈 · 손 · 심장

1. 오늘 진행할 활동 및 목표에 대해 안내한다.
2. 진로 선택에서 고려할 요인을 그림의 크기로 표현하며 비중을 정리한다(〈활동지 11-1〉 참조).

<진행 예시> 도입 1. 오늘 진행할 활동 및 목표 안내

- "반갑습니다. 오늘은 그동안 우리 프로그램에서 내 자신에 대해 알아보고 체험했던 내용들을 모두 종합하는 차원의 활동이 준비되어 있어요."
- "그리고 이어서 가장 가까운 시일 내에 있을 진로 선택을 한 내 모습, 그리고 좀 더 먼 시기의 내 모습을 떠올려 보며, 구체적인 진로행동을 가상으로 체험해 보는 시간을 가져 보겠습니다."

<진행 예시> 도입 2. 나의 눈 · 손 · 심장

- 진로 선택에서 고려할 요인들에 대해 자유롭게 의견을 나눠 본다.
- "여러분, 우리가 진로를 선택하는 과정에서 어떤 요소들이 중요하죠? 자유롭게 이야기해 볼까요?"
- "여러분이 이야기한 것처럼 우리는 굉장히 다양한 요소를 고려하여 진로를 선택하게 됩니다. 이 가운데 오늘 우리는 그동안의 활동을 종합하는 차원에서 나의 진로 눈 · 손 · 심장을 표현해 보는 활동으로 가볍게 시작할게요."
- "우선 '자꾸 눈이 간다.'라는 말이 있죠? 사람은 흥미가 있는 곳에 시선이 가기 마련입니다. 즉, [진로 눈]은 '흥미'에 해당합니다. 다음으로 '손재주가 좋다.'는 말도 있어요. 이걸 보면 손은 능력과 관련되어 보이죠? [진로 손]은 '적성/능력'에 해당합니다. 마지막으로 '마음이 나를 이끈다.'라는 말에서처럼, [진로 심장]은 사람의 가치를 일컫습니다."

- "활동지 속 인물 형태에 자신이 진로를 선택하는 데 있어 중요하다고 생각하는 비중에 따라 눈과 손, 심장의 크기를 자유롭게 표현해 보세요."

활동 1 나의 진학 연대기 및 15년 뒤 나의 이력서

1. '나의 진학 연대기' 활동지 양식을 채우고 발표하며 가상의 진로 선택을 체험한다(〈활동지 11-2〉 참조).
2. '15년 뒤 나의 이력서' 활동지 양식을 채워 본다(〈활동지 11-3〉 참조).

<진행 예시> 활동 1. 나의 진학 연대기

- "여러분은 삶에 중요한 영향을 미칠 하나의 선택을 앞두고 있습니다. 바로 진학 선택입니다. 이는 여러분이 수행할 진로 선택 가운데 가장 인접한 선택의 하나라고 할 수 있습니다. 그래서 이번 활동에서는 상급학교로 진학하는 부분에 초점을 둡니다."
- "지금부터 자신이 상급학교에 진학해 처음 등교하는 날의 모습을 떠올려 보겠습니다. 내가 어떤 학교에 가면 좋을까요? 첫 등교하는 나의 모습을 활동지에 자유롭게 그려 보겠습니다. 3분 정도 시간을 드리겠습니다."
- "다 그렸나요? 지금 그림을 그리고 있는 '나'와 그림 속 '나'의 시간 사이에는 다양한 삶의 순간들이 채워질 예정입니다. 지금 다니는 학교에 계속 다니거나, 전학을 갈 수도 있고, 친구들과 공부하고 웃고 떠드는 다양한 순간들이 있을 겁니다. 물론 아직은 경험해 보지 못한 시간들이기에 정확히는 알 수 없겠죠. 그 다양한 순간들 중에서 그림 속 학교에 가도록 결정하게 한 주요한 세 가지 순간(또는 경험이나 인물)에 대해 생각해 보기 바랍니다. 그리고 여러분이 그린 그림 아래 질문에 그 내용을 적어 보세요. 총 5분 드리겠습니다."
- 그림과 작성한 내용을 바탕으로 돌아가며 발표를 진행하는 시간을 갖는다.

<진행 예시> 활동 2. 15년 뒤 나의 이력서

- "이번에는 좀 더 멀리 떠나 보려고 합니다. 여러분, 지금 나이가 몇 살이죠? 네, 좋아요. 그럼 정확히 15년 뒤에는 몇 살이 되나요? 그렇군요. 지금 여러분이 15년 뒤 나이가 되어, 취업 준비를 하는 상황이라고 가정하겠습니다. 15년 뒤의 내 모습은 어떤가요? 그 모습에 이르기까지 내가 걸어온 길은 어떠했을까요? 이 활동 역시 아직 가 보지 않은 길이지만, 지금까지 떠올렸던 그리고 연습했던 모든 활동의 정보를 총동원해 보세요. 15년 뒤 그 모습이 되기까지 여러분은 어떤 삶을 살 것 같은지, 어떤 학교를 다니고, 어떤 동아리 활동을 하거나 사회 활동을 이어 나가게 될지, 어떤 자격증을 취득하고 어떤 회사에서 인턴 일을 해 볼지 등 가상으로 하나하나 채워 가 보기 바랍니다. 그럼 지금부터 10분간 시간을 드릴 테니

적어 보겠습니다."
- 이력서 작성이 처음인 학생들을 위해 활동지의 이력서 양식을 함께 살펴보며 어떤 내용들로 채우면 되는지 예를 들어 설명을 제공한다.
- "여기까지 시간 드리겠습니다. 아직 완성을 다 못해도 괜찮습니다. 이 내용은 다음 시간 도입부에 이어서 진행합니다. 다만 작성을 다시 하는 것은 아니고, 지금까지 작성한 내용을 바탕으로 가상의 취업 면접 상황을 재연해 볼 거예요. 서로가 면접관, 면접 대상자가 되어 평가하고 어필해 보는 시간을 가져 보겠습니다. 혹시 이력서 내용을 좀 더 채워 오고 싶은 경우 이 활동지를 가져가 내용을 좀 더 채워 다음 회기에 들고 오기 바랍니다."

정리 마무리 및 나의 다짐 공유

1. 11회기 활동내용을 정리한다.
2. 현재의 감정과 소감을 나눈다.

<진행 예시> 11회기 활동내용 정리

- "여러분, 오늘은 진로 선택에서 고려해야 할 다양한 요인들을 다시 한번 정리해 보고, 내 자신이 생각하는 비중과 우선순위는 어떻게 되는지 가볍게 살펴보는 활동으로 시작했습니다."
- "다음으로 우리가 마주할 진학 상황을 가상으로 구성해 보고, 그 선택의 배경을 생각해 봤고, 가상의 이력서를 작성해 보기도 했습니다. 이를 통해 우리가 직업을 선택하는 과정에는 정말 수많은 경험과 더 작게 쪼개지는 선택, 결정의 순간들이 있음을 체험하셨으리라 생각합니다."
- "그럼 마치기 전에 우리 돌아가면서 오늘 활동을 마치며 떠오르는 마음이나 생각 등을 나눠 볼까요?"

<활동지 11-1>

나의 눈 · 손 · 심장

<활동지 11-2>

나의 진학 연대기

[日] 그림 속 나의 모습에 이르게 한 주요한 세 영향이 있었다면 무엇인가요? 위 학교 진학을 결정하게 했던 '주요한 순간, 경험, 인물'이 있다면 자유롭게 관련 내용을 적어 주세요.

• 첫 번째 영향: ______

• 두 번째 영향: ______

• 세 번째 영향: ______

<활동지 11-3>

15년 뒤 나의 이력서

<table>
<tr><td rowspan="3">[사진]</td><td rowspan="2">성명</td><td>한글</td><td colspan="2"></td><td rowspan="3">지원분야</td><td rowspan="3"></td></tr>
<tr><td>한자</td><td colspan="2"></td></tr>
<tr><td>생년월일</td><td colspan="3">년 월 일(만 세)</td></tr>
<tr><td rowspan="3">주소 및 연락처</td><td>주소</td><td colspan="5"></td></tr>
<tr><td>연락처 1</td><td colspan="2"></td><td>연락처 2</td><td colspan="2"></td></tr>
<tr><td>전자우편</td><td colspan="5"></td></tr>
</table>

<table>
<tr><td rowspan="10">학력사항</td><td>년 월</td><td colspan="4">초등학교 졸업</td></tr>
<tr><td>년 월</td><td colspan="4">중학교 졸업</td></tr>
<tr><td>년 월</td><td colspan="4">고등학교 졸업</td></tr>
<tr><td>년 월</td><td colspan="2">대학교 대학 과</td><td>세부전공</td><td></td></tr>
<tr><td>년 월</td><td colspan="2">대학교 대학 과</td><td>세부전공</td><td></td></tr>
<tr><td>년 월</td><td colspan="2">대학교 대학 과</td><td>세부전공</td><td></td></tr>
<tr><td>년 월</td><td colspan="2"></td><td></td><td></td></tr>
<tr><td rowspan="3">학교성적</td><td rowspan="3">전 학년 평점 평균</td><td>대학</td><td colspan="2">점/ 만점</td></tr>
<tr><td>대학원(석사)</td><td colspan="2">점/ 만점</td></tr>
<tr><td>대학원(박사)</td><td colspan="2">점/ 만점</td></tr>
</table>

<table>
<tr><td rowspan="5">경력사항</td><td>기간</td><td>근무처</td><td colspan="2">비고</td></tr>
<tr><td>년 월~ 년 월</td><td></td><td>직급</td><td></td></tr>
<tr><td>년 월~ 년 월</td><td></td><td>직급</td><td></td></tr>
<tr><td>년 월~ 년 월</td><td></td><td>직급</td><td></td></tr>
<tr><td>년 월~ 년 월</td><td></td><td>직급</td><td></td></tr>
</table>

<table>
<tr><td>자격증</td><td></td><td>기타 자격</td><td></td></tr>
<tr><td>사회봉사 활동 경험</td><td></td><td>단체 및 조직활동 경험</td><td></td></tr>
</table>

12. 서로의 목표, 우리가 응원해!

유의사항

- 가상으로 면접을 실시하는 것은 학생들에게도 유익한 체험이 될 수 있을 것이나, 면접관 역할을 학생이 맡게 되기 때문에 어려워하거나 장난하는 식으로 흘러갈 수도 있다. 이를 위해 강사가 처음에는 함께 면접관으로 참여하여 모델링을 제시하는 것이 도움이 될 수 있다.
- 가상 면접을 그룹 면접으로 진행하는 경우 시간을 절약할 수 있다.

도입 Pick Me Up!

1. 오늘 진행할 활동 및 목표에 대해 안내한다.
2. '15년 뒤 나의 이력서'를 토대로 가상의 면접을 실시한다(〈활동지 11-3〉 참조).

<진행 예시> 도입 1. 오늘 진행할 활동 및 목표 안내

- "반갑습니다. 오늘은 지난 시간에 작성했던 이력서를 토대로 가상의 면접을 체험해 보겠습니다."
- "그리고 그동안 너무 먼 미래 이야기 위주로 떠올렸다면 정말 지금의 내가 그 미래를 향해 나아가는 차원에서 할 수 있는 행동에 대해 떠올려 보고 계획도 세워 보는 시간을 가질 예정입니다. 마지막으로는 앞으로 여러분이 진로 상황에서 마주할 어려움을 잘 이겨 낼 수 있다는 각오를 다지며 서로 응원하는 시간을 갖도록 하겠습니다."

<진행 예시> 도입 2. Pick Me Up!

- 지난 회기에 작성한 이력서를 토대로 돌아가면서 동일한 방식으로 면접을 실시하되, 진지하게 면접에 임할 수 있도록 사전 교육을 진행한다.
- "여러분이 지난 시간에 작성했던 이력서를 가지고, 지금부터 가상의 면접을 실시하려고 합니다. 이미 여러분이 면접을 경험한 경우도 있을 것 같고, TV나 다양한 매체를 통해 면접에 대해 알고 있을 것 같지만 한 가지 강조 드리려고 합니다. 여러분 1명, 1명이 그려 본 15년 뒤의 미래는 정말 소중합니다. 그래서 친구 그리고 내 자신을 위해서라도 우리의 면접이 너무 가볍고 장난스럽게 흘러가지 않도록 임해 주시길 바랍니다. 면접을 보는 사람은 정말 자신의 꿈을 위해 면접에 최선을 다해 임해 주시고, 면접관 역시 상대방의 삶을 존중하는 모습을 보여 주기 바랍니다."
- "면접을 보는 사람은 짧은 자기소개를 시작으로, 취업을 절실히 원하는 마음을 이력서에 담긴 자신의 노력, 경험 등을 바탕으로 어필해 보기 바랍니다. 그리고 면접을 마치고 나면

면접관 중 누구든 '합격입니다.'라는 말로 면접자를 응원하고, 나머지 사람들은 큰 박수로 호응해 주기 바랍니다.

활동 1 일주일 전의 나 & 일주일 후의 나(<활동지 12-1> 참조)

1. '일주일 전의 나 & 일주일 후의 나' 활동지 양식을 채우고 발표하며 현재 수행할 수 있는 행동을 계획한다.

<진행 예시> 활동 1

- "지금까지 면접에 잘 참여해 주느라 수고했습니다. 그런데 방금 전 실시했던 가상의 면접을 실제로 마주하기까지는 사실 긴 시간이 남았습니다. 너무 현실과 동떨어진 느낌을 받았을지도 모르겠습니다. 어떤가요?"
- "그럼에도 15년 후의 내 모습으로 나아가기 위한 첫걸음을 지금 현재 나의 일상에서 찾아보는 것은 충분히 가능하며 실제로 도움이 됩니다. 여러분의 이력서 속 기록들로 앞으로 내 삶을 채우고자 한다면, 정말 지금부터 준비가 필요한 것들이 있을 수도 있습니다. 그래서 지금부터는 원하는 그 미래의 내 모습으로 나아가기 위해 지난 한 주 나의 일상을 되돌아보며 바꾸고 싶은 내 행동을 찾아보겠습니다. 그리고 그 일주일 기간 동안 내 행동을 어떻게 바꿔 볼 것인지, 어떤 방법으로 노력할 것인지 정리해 보고자 합니다. 지금부터 5분 정도 시간을 드릴 테니 활동지 양식을 참고해서 작성해 보기 바랍니다. 이때 행동을 어떻게 바꿀 것인지 구체적으로 적고, 그 계획을 달성했는지 여부는 눈으로 보고 알 수 있도록 적어 보기 바랍니다. 예를 들어, '열심히 살겠다.'는 말은 구체적이지 않습니다. 반대로 '하루에 영어 단어 10개를 외우겠다.' 같은 다짐은 그 수행 여부를 눈으로 확인할 수 있습니다. 이 점을 고려하여 무엇을 어떻게 얼마나 할 것인지 구체적으로 적어 보기 바랍니다."
- 작성이 완료되면 돌아가면서 발표하되, 이 과정에서 어려움이 예상되는 지점이 있다면 이를 나누고 친구들로부터 조언과 지지를 구할 수 있게 한다.

정리 프로그램 정리 및 응원

1. 12회기 활동내용을 정리하고, 서로 응원하는 마음을 나눈다.

<진행 예시> 정리

- "여러분, 오늘 활동은 전체 프로그램을 통해 학습한 내용을 정리하는 차원에서 가상의 면접을 체험했습니다. 다시 한번 직업을 선택하는 과정에는 수많은 경험과 선택, 결정의 순간들이 있다는 걸 확인할 수 있었습니다."

- "다음으로 우리가 새롭게 시도할 수 있는 단기 행동 계획을 세워 보기도 했습니다. 이를 실제로 해 나가는 모습까지 우리 프로그램에서 함께 확인하기는 어렵지만, 여러분이 계획을 행동으로 옮기는 과정에서 긍정적인 기대와 자기암시가 정말 중요하다는 걸 잊지 않았으면 합니다. 그런 의미에서 이 영상을 한번 볼까요?" 유튜브 영상 〈화제의 순간, 펜싱 금메달리스트 박상영〉(https://youtu.be/KMycKgEHNX4)
- "위 영상 속 박상영 선수처럼, 우리 삶에서는 감당하기 어려운 순간이 찾아올 수도 있고, 특히 지금의 여러분들은 불확실한 진로에 대한 고민 앞에서 자연스레 불안해지기도 할 겁니다. 그럴 때마다 우리는 지난 10회기 활동에서 성공한 선배의 모습으로 모교 후배들 앞에서 특강했던 나, 12회기에서 면접에 임하기까지 쌓아 갈 경험들을 떠올리며 실제로 이룰 수 있다는 믿음을 키워 나갔으면 좋겠습니다. 그리고 우리 모두 실제로 그렇게 할 수 있다는 응원의 마음을 모두가 함께 나누겠습니다."
- "모두 자리에서 일어나세요. 그리고 지금부터 한 사람씩 자기 이름을 넣어 '나 ○○○'이라고 외치면 뒤이어 바로 나머지 친구들은 '할 수 있다'를 세 번씩 크게 외쳐 주겠습니다. 선생님이 먼저 응원받는 입장이 되어 한번 연습해 볼게요." 학생들이 응원방식을 숙지하고 한번에 완성도 있게 마무리될 수 있도록 강사가 응원받는 대상이 되어 연습을 실시한다. 이때 학생들의 목소리나 호응을 키움으로써 이후 실제 학생들의 차례에도 큰 목소리로 응원이 이루어질 수 있도록 한다.
- 연습 이후 실제 학생들 차례가 되면 모두에게 기회가 돌아가도록 같은 방식으로 반복하고, 서로의 응원에 힘입어 꼭 해낼 수 있을 것이라는 긍정적인 말로 집단을 마무리한다.

<활동지 12-1>

일주일 전의 나 & 일주일 후의 나

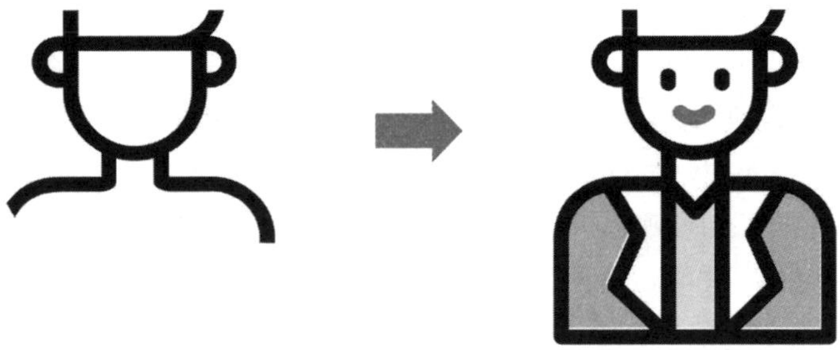

☐ 지난 일주일 내 모습을 돌아봤을 때, 15년 후 내 모습으로 나아가는 데 '방해가 될 것 같은 모습'이 있었나요?

구체적인 행동:

☐ 일주일 후 내 모습이 어떻게 바뀌면, 15년 후 내 모습으로 나아가는 데 조금 더 도움이 될 것 같나요?

구체적인 행동 목표:

☐ 일주일 후 내 모습을 이렇게 바꾸려면 어떤 노력을 하면 좋을까요?

구체적인 전략:

☐ 일주일 후 내 모습이 목표대로 바뀌었는지 어떤 모습을 보면 알 수 있을까요?

구체적인 기준:

3) 고등학생

1. 진로의 첫걸음

도입 인트로

1. 오늘 진행할 활동에 대해 안내한다.

활동 1 프로그램 소개 및 자기소개

1. 프로그램의 내용에 대해 설명하고 규칙을 함께 설정한다.
2. 참여자는 배우고 싶은 점과 변화하고 싶은 점을 중심으로 프로그램이 종료된 후에 기대하는 본인의 모습을 작성한다.
3. 작성한 내용을 바탕으로 자기소개 및 프로그램에 참여하는 다짐을 발표한다.
4. 사전 검사를 해석하고 공유하는 시간을 갖는다.

<진행 예시> 활동 1

- "오늘은 저희 프로그램의 목표와 활동내용에 대해 설명하고, 교육할 때 필요한 규칙을 함께 만들어 볼 거예요.
- (프로그램 설명 후) "이제 우리 프로그램에 참여하는 여러분의 소개를 들어 보는 시간을 가지려고 합니다. 간단하게 이름, 어디서 왔는지, 진로 혹은 직업에 대해 가장 배우고 싶은 점, 프로그램을 통해 변화하길 기대하는 점 등을 활동지에 작성한 후에 각자 1분 정도 소개하는 시간 갖도록 할게요. 먼저 해 보실 분 있나요? 없다면 앞에서부터 시작해 볼까요?"

TIP 사전 검사 해석

진로종합검사 유형 다섯 가지(진로 자기이해, 진로 자신감, 긍정 진로 정서, 인지적 진로 탐색, 구체적 진로행동)는 무엇인지, 유형의 점수가 높고 낮은 것이 무엇을 의미하는 것인지 설명한다. 또한 자기이해, 진로 탐색, 진로행동 수준에 따라 유형화했을 때 자신은 어떤 유형에 속하는지 알아본다. 구체적인 해석의 내용은 검사 결과지를 참고한다.

활동 2 아이스브레이킹: 이름 엮기

1. 자신이 달성하고 싶은 목표나 좋아하는 것 등을 적는다. 예를 들면, '나는 친구들 앞에서 당당하게 내 주장을 하고 싶은 ○○○입니다.'라고 말하는 것이다.

2. 작성한 문장을 명찰 혹은 책상을 이용하여 다른 참여자가 볼 수 있도록 한다.
3. 차례로 돌아가며 양옆에 있는 참여자들과 엮어서 자기를 소개한다. 예를 들면, '저는 부지런해지고 싶은 △△△ 옆에, 서로 통하는 느낌을 받고 싶은 □□□ 옆에 친구들 앞에서 당당하게 내 주장을 하고 싶은 ○○○입니다.'와 같이 말한다.

<진행 예시> 활동 2

"이름 엮기 게임은 내가 원하는 것을 말하고 참여자들이 바라는 것이 무엇인지를 알기 위한 것입니다. 이 프로그램을 통해서 자신이 달성하고 싶은 목표나 좋아하는 것 등을 붙여 보는 것입니다. 예를 들면, '나는 좋아하는 직업을 찾고 싶은 ○○○입니다.'라고 말하는 것입니다. 즉, 이름 엮기에서 자기 차례가 오면 '저는 부지런해지고 싶은 △△△ 옆에, 진로 고민을 해결하고 싶은 □□□ 옆에 친구들 앞에서 당당하게 내 주장을 하고 싶은 ○○○입니다.'와 같이 말하는 것입니다. 자, 이제 한번 시작해 볼까요?"

활동 3 **아이스브레이킹: 풍선 살리기**

1. 3~4명씩 팀을 나눈다.
2. 팀별로 원을 그리며 손을 잡고 준비한다.
3. 진행자는 각 팀 중앙자리에 풍선을 띄운다.
4. 가장 오랜 시간 동안 풍선을 띄운 팀이 승리한다.

<진행 예시> 활동 3

"얼어 있는 분위기를 풀고, 우리가 친해지기 위해서 게임을 해 보려고 해요. 풍선 살리기 게임은 3~4명씩 팀을 만들어 진행하게 됩니다. 팀원들은 모두 일어나서 손을 잡습니다. 이때 진행자가 풍선을 그 중간에 놓으면 가장 오랜 시간 동안 풍선을 바닥에 떨어뜨리지 않은 팀이 이기는 게임입니다. 온몸을 이용할 수 있으나 주의할 점은 손을 놓으면 안 되니, 팀원들끼리 협동심이 중요합니다. 그럼 일어나서 팀원들끼리 손을 잡고 준비해 볼까요? 간단히 팀원끼리 상의할 시간을 줄게요."

TIP **풍선 살리기**

참여자 수준에 따라 게임의 규칙을 추가할 수 있다. 예를 들어, 참여자가 게임 중간에 사용할 수 있는 신체 부위(발, 머리, 손, 어깨 등)를 제한할 수 있다. 뿐만 아니라 풍선 개수를 늘릴 수도 있다.

정리 **마무리 및 나의 다짐 공유**

1. 오늘 배운 내용을 정리한다.
2. 앞으로의 활동에서 나의 다짐에 관해 이야기한다.

<활동지 1-1>

프로그램 참여 다짐

1. 이름: 홍길동

2. 소속: ○○ 고등학교

3. 현재 진로에 있어서 가장 고민이 되는 점 혹은 어려운 점은 무엇인가요?

____

____

____

4. 프로그램을 통해 기대하는 점은 무엇인가요?

____

____

____

2. 그게 (곧)바로 (나아갈) 나!(진로 자기이해)

유의사항

- 개인이 인식하는 진로 자기 개념을 정리하고 나누는 과정은 프로그램 초반 참여자들의 동기를 이끌어 내는 데 효과적으로 활용할 수 있는 활동으로, 장난스럽게 흘러가지 않는 것이 중요하다.
- 이 효과를 극대화하기 위해서, 활동 중 교사(지도자)는 모범 사례로 발표할 수 있는 학생을 찾아 동의를 구한 후 집단 전체 내에서 공유하는 시간을 가질 수 있다.

도입 warm-up: 병 주고 약 주는 '진로'

1. 팀을 짝수 집단으로 나누어 자리를 배치한다.
2. 각 집단의 대표를 임의로 둘씩 짝지은 후 가위바위보로 승자/패자를 나눠, 승자 팀은 '병' 팀, 패자 팀은 '약' 팀으로 배정한다.
3. 인간은 특정 경험을 통해 고통받기도 하지만, 성장과 발달을 얻기도 한다는 점을 설명하고, 삶에서 떼어 낼 수 없는 '진로' 문제가 주는 고통과 성장에 대해 떠올려 보게 한다. 이때 '병' 팀은 '진로' 문제가 주는 고통과 부담에 대해, '약' 팀은 '진로' 문제가 주는 성장과 발달에 대해 이야기를 나눠 보도록 안내한다.
4. 집단 내에서 다룬 내용을 세 가지 정도의 키워드로 정리하고, 전체를 대상으로 나눠 보는 시간을 가진다.

TIP

자기이해 활동에 들어가기 전, 진로 문제로 초점을 좁히기 위한 활동으로 긍정/부정 경험을 명료하게 정리하는 것이 목표가 아닌 만큼, 내용의 참신함, 유익함보다도 모든 구성원이 생각하고 참여할 수 있도록 이끄는 데 집중할 필요가 있다.

활동 1 내가 보는 나 & 남이 보는 나=그게 바로 나

1. 앞서 진행한 활동에 이어 '진로'와 관련한 나에 대해 알아보는 시간을 갖는다고 안내한다.
2. 앞뒷면이 모두 비어 있는 종이를 준비한 후, 앞면에는 지금 현재 진로와 관련해서 떠오르는 나의 모습을 표현하고, 뒷면에는 진로와 관련해서 가족, 친구, 교사 등 주변 사람들이 생각하는 나의 모습을 표현해 보도록 한다.
3. 이때 표현 방식은 학생이 자기에 대한 탐색을 제한하지 않도록 그림, 만화, 단어, 글쓰

기 등 자유롭게 허용한다. 완성하고 나면 활동지를 작성하도록 안내한다.

4. 집단 내에서 진로와 관련한 각각의 내 모습에 대해 설명하고, 각각의 모습에서 마음에 드는 부분, 마음에 들지 않는 부분을 나눈다. 나아가 내가 생각하는 나의 모습이 다른 사람이 생각하는 나의 모습과 어떤 점에서 다른지를 나눠 볼 수 있도록 한다.
5. 이때 다른 집단원들은 발표자 입장에서는 '주변 사람'에 속할 수 있기에, 발표자의 내용 이외에 추가로 말해 주고 싶은 상대에 대한 인식, 느낌 등을 전달할 수 있다.
6. 마무리하며 내가 인식하는 지금의 내 모습도, 다른 사람이 인식하는 나의 모습도 모두 나를 구성하는 일부라는 점을 설명한다.

활동 2 그게 (곧)바로 (나아갈) 나!

1. 활동 1의 결과, 지금의 내 모습에서 변화하고 달라지고 싶은 지점이 있을 수 있음을 설명한다.
2. 단기(이번 달), 중기(이번 학기), 장기(고등학교 졸업 전)적으로 어떤 모습들을 바꿔 나가고 싶은지 탐색하고 정리하여 집단 내에서 나눌 수 있도록 한다.

정리 마무리 및 나의 다짐 공유

1. 오늘 배운 내용을 정리한다.
2. 오늘 참여하면서 느꼈던 감정을 나누어 본다.

<활동지 2-1>

그게 (곧)바로 (나아갈) 나!

1. 내가 보는 나 & 남이 보는 나=그게 바로 나

1) 내가 바라보는 '진로' 문제 속 나의 모습(A)

•

•

• 마음에 드는 부분:

• 마음에 들지 않는 부분:

2) 다른 사람들이 바라보는 '진로' 문제 속 나의 모습(B)

•

•

• 마음에 드는 부분:

• 마음에 들지 않는 부분:

3) 내가 보는 내 모습(A)과 다른 사람이 보는 내 모습(B) 사이에 다른 점이 있다면?

•

•

2. 그게 (곧)바로 (나아갈) 나!

1) 달라지고 싶은 내 모습

•

•

2) 이렇게 바꿔 본다면?

[단기] 이번 달?

[중기] 이번 학기?

[장기] 졸업 전?

3. 내가 보는, 내가 좋은 나(진로흥미)

도입 warm-up: ○○○의 성덕 기록지

1. 본인이 스스로에 대한 성덕(성공한 덕후, '열렬한 팬')이 되었다고 가정하고 스스로를 관찰하게 한다.
2. 본인이 가장 좋아하는 것은 무엇이며, 언제 가장 행복을 느끼는지 등을 정리해 보도록 한다.
3. 본인의 성덕이 되어, 집단 내에서 나의 최애(가장 애정하는 인물) ○○○의 행복한 일상을 소개한다.
4. 해당 내용을 통해서 ○○○이라는 인물이 지닌 홍미가 무엇인지 정리해 본다.

활동 1 나의 최애를 위한 흥미 질문지

1. 성덕의 입장에서 최애 ○○○를 위해, 내가 스스로 나만을 위한 홍미 질문지를 제작해 본다고 설명한다.
2. 특정 내용을 묻는 질문은 다양할 수 있는 만큼, 나의 홍미를 알아내기에 가장 적절한 질문을 스스로 떠올려 보도록 안내한다.
3. 지금까지 살면서 경험했던 질문지를 참고해도 좋고, 생성형 AI의 도움을 구해도 좋다고 안내한다.
4. 1차로 제작한 질문지를 집단 내에서 나눠 보고, 다른 집단원들의 의견 및 질문 내용을 참고하여 수정 보완한다.
5. 완성된 질문지를 바탕으로 스스로 답변을 적어 보고 집단 내에서 자신의 홍미에 대해 설명한다.

TIP

자신만을 위한 질문지를 만드는 것은 홍미로운 경험일 수 있으나, 다소 생소한 경험으로 비춰질 수도 있다. 만일 헤매고 어려워하는 학생이 있는 경우, 기자가 되어 인터뷰 질문을 만드는 과정과 유사하다고 설명하거나, 교사(지도자)가 직접 생성형 AI를 활용해 도움을 구하는 방법을 보여 주는 식으로 도와줄 수 있다.

정리 마무리 및 나의 다짐 공유

1. 오늘 배운 내용을 정리한다.
2. 오늘 참여하면서 느꼈던 감정을 나누어 본다.

<활동지 3-1>

○○○의 성덕 기록지

☐ 내가 가장 애정하는 인물 ○○○(본인 이름)의 성공한 덕후가 되어, 자신의 일상을 관찰합니다. ○○○가 가장 좋아하는 것은 무엇인지, 행복해하는 순간은 언제인지 등을 적고, 나누며 오늘의 덕행을 쌓아 봅시다.

- 가장 좋아하는 것: ______________________
- 가장 행복해하는 순간: ______________________
- 그 외 ○○○의 자랑거리: ______________________

☐ 성덕으로서 생각하는 최애 ○○○의 '흥미'를 무엇이라고 정의할 수 있나요?

____

____

____

<활동지 3-2>

나의 최애를 위한 흥미 질문지

1. 최애의 흥미를 찾아보기 위한 몇 가지 질문을 만들어 보세요.

    1) ______________________________
    2) ______________________________
    3) ______________________________
    4) ______________________________
    5) ______________________________
    6) ______________________________
    7) ______________________________
    8) ______________________________
    9) ______________________________
    10) ______________________________

2. 이상의 질문들은 내 최애의 흥미를 어느 정도 잘 보여 주는 것 같은가요?

3. 이상의 질문들이 미처 보여 주지 못한 내 최애의 흥미 영역이 있다면 무엇이 있나요?

    1) ______________________________
    2) ______________________________

4. 좀 더 보여 주고 싶은 내 최애의 흥미를 위한 질문을 추가해 보세요.

    1) ______________________________
    2) ______________________________
    3) ______________________________
    4) ______________________________
    5) ______________________________

5. 내 최애를 위한 최종 질문지를 완성하고, 내가 직접 최애가 되어 답을 적어 보세요.

1) ______________________________

____

2) ______________________________

____

3) ______________________________

____

4) ______________________________

____

5) ______________________________

____

6) ______________________________

____

7) ______________________________

____

8) ______________________________

____

9) ______________________________

____

10) ______________________________

____

4. 내가 포기할 수 없는 것(진로가치관)

도입 warm-up: 진로 밸런스 게임

1. 질문자가 배치되는 2개의 상황을 제시하고 이에 대해 참여자들이 고르게 한다.

예: 하루 12시간 일하고 월 1,000만 원 벌기 vs. 하루 2시간 일하고 월 100만 원 벌기
무인도에서 혼자 일하지만 정년 보장 vs. 매일 회의/회식 참여해야 하는 계약직

활동 1 진로 방주 승선 리스트

1. 다양한 진로가치관 가운데 나의 주요 가치 목록을 결정하는 활동을 진행한다.
2. 활동지를 활용하여 5개의 주요 가치와 선택 이유를 선정한다. 이때 진로가치 목록을 참고해도 좋고, 자신이 자유롭게 선택할 수도 있음을 안내한다.
3. 작성한 내용을 토대로 집단 내에서 그 목록과 이유를 설명하고 나누도록 한다. 이때 이유는 과거 경험, 미래에 대한 예상 등 자유롭게 설정할 수 있다.

활동 2 딜레마에서 피어난 진로가치 좌우명

1. 진로와 관련하여 미래 상황에 예상되는 딜레마 상황을 가정한다.
2. 딜레마 상황을 떠올리며 진로가치의 우선순위를 보다 명확히 정리할 수 있음을 설명한다.
3. 가치가 충돌하는 딜레마 상황 속에서도 보다 담대한 의사결정을 내릴 수 있도록 나만의 진로가치 좌우명을 작성해 보도록 한다.

TIP

활동 1에서 설정한 5순위 내 주요 가치들이 충돌하는 상황을 가정하면, 손쉽게 어느 하나를 선택하기 어려운 상황을 연출할 수 있다. 이러한 상황을 설명할 때는 도입의 진로 밸런스 게임도 예시로 활용될 수 있다.

정리 마무리 및 나의 다짐 공유

1. 오늘 배운 내용을 정리한다.
2. 오늘 참여하면서 느꼈던 감정을 나누어 본다.

<활동지 4-1>

진로 방주 승선 리스트

[ㅂ] 험난한 진로 탐색과 설계의 세상 속, 오늘 우리는 결정의 순간에 이르렀습니다. 비좁은 방주에 승선할 수 있는 주요 가치는 불과 다섯 자리입니다. 수많은 진로가치 가운데, 나와 함께 새 희망을 향해 나아갈 가치는 무엇일까요? 부디 신중히 결정해 주세요.

- 1순위: ______
  - 이유: ______
- 2순위: ______
  - 이유: ______
- 3순위: ______
  - 이유: ______
- 4순위: ______
  - 이유: ______
- 5순위: ______
  - 이유: ______

<활동지 4-2>

딜레마에서 피어난 진로가치 좌우명

1. 진로가치 딜레마 상황

나의 진로가치 다섯 가지 중 두 가지 이상의 가치가 서로 충돌하는 가상 상황을 설정해 봅시다. 두 가치 모두 소중하기에 손쉽게 무엇 하나 선택할 수 없는 딜레마 상황을 떠올려 보세요. 그 순간의 고민을 SNS에 기록한다고 생각하고 적어 봅니다.

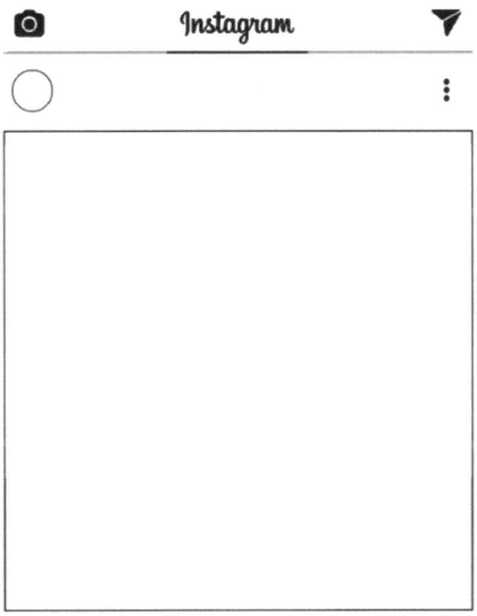

2. 진로가치 좌우명

딜레마 상황은 무엇 하나 선택하길 어렵게 만듭니다. 그럼에도 의사결정의 책임은 우리에게 주어지기 마련입니다. 흔들리는 나의 마음을 굳건히 해 줄, 마음의 등대를 세워 봅시다. 딜레마 상황에서도 가장 중요하게 여길 진로가치를 담은 좌우명을 만들어 보세요.

5. 진로 탐색(진로 및 직업정보 탐색)

유의사항

- 직업에는 다양한 종류가 있으며, 각 직업이 사회에 중요한 역할을 한다는 것을 인식하도록 돕는다. 모든 직업을 동등하게 존중해야 함을 설명하는 것이 중요하다.
- 빠르게 변화하는 현대 사회에서 기술 발전과 산업의 변화로 인해 직업의 성격이 빠르게 변화하고 있다. 이러한 상황을 고려하여 직업에 대한 논의를 유연하게 가져가야 함을 설명한다.

도입 직업의 개념 및 의미 소개

1. 오늘 진행할 활동에 대해 안내하고, 활동의 목적을 설명한다.
2. 의미 있는 직업에 대한 영상(https://www.youtube.com/watch?v=kADNSTIslRI)을 시청한 뒤 직업의 의미와 필요성에 대해 간단히 이야기를 나눈다.
3. 이번 회기에서는 직업의 개념과 의미를 알아보고 다양한 직업 세계를 분야별로 알아볼 것이라고 안내한다.

<진행 예시> 도입

- "반갑습니다. 오늘은 직업의 개념과 의미에 대해 알아보고 다양한 직업 세계를 분야별로 알아볼 거예요."
- "직업의 개념과 의미에 관한 영상을 먼저 볼게요."
- (영상 시청 후) "직업의 개념과 의미에 대해 살펴봤어요. 영상을 보고 여러분이 생각하는 직업의 개념과 의미가 달라졌나요? 자유롭게 이야기해 보아요."

활동 1 직업 세계 탐색(<활동지 5-1> 참조)

1. 슬라이드 '직업 맞히기 1'을 보면서 화면에 등장한 직업 이름을 모둠별로 적는다.
2. 직업 이름을 가장 많이 맞힌 모둠에게 스티커를 준다.
3. 슬라이드에서 나온 직업 중 생소한 직업들을 위주로 이야기를 나눈다.

<진행 예시> 활동 1

- "미국에서는 약 50,000개, 일본은 약 30,000개의 직업이 있다고 합니다. 우리나라에는 약 20,000개의 직업이 직업사전에 수록되어 있지만, 직업사전에 나와 있지 않은 직업도 많습니다. 이렇게 많은 직업 중에 우리가 알고 있는 직업은 얼마나 될까요? 직업 맞히기 게임을 하면서 다양한 직업들을 만나 보겠습니다."

- (팀별 진행 시) "모둠원들과 함께 슬라이드 화면에 등장했던 직업들을 적어 보세요. 직업 이름을 가장 많이 쓴 모둠이 이깁니다. 참고로 직업의 초성과 그림 그리고 간단한 설명을 제시할 거예요. 그럼 시작해 볼까요?"
- "여러분이 가장 많이 적지 못한 직업이 '웹마스터'군요. 웹마스터는 인터넷사이트의 게시판 관리나 사이트상에서 발생한 문제들을 해결하는 일을 담당합니다. 인터넷사이트상에서의 게시판 등을 관리하고, 인터넷사이트에서 제공하는 서비스의 기능을 향상시키며 인터넷사이트를 정기적으로 점검하고 유지하는 역할을 해요. 웹마스터가 되기 위해서는 전문대학이나 대학교의 컴퓨터 공학 관련 학과를 졸업하는 것이 유리합니다."

활동 2 인공지능과 직업 세계(<활동지 5-2> 참조)

1. 인공지능이 앞으로의 직업 세계에 어떤 영향을 주며, 이에 맞는 준비가 필요하다는 점을 언급한다.
2. 관련된 영상(https://www.youtube.com/watch?v=XyOjGrQl1EU)을 시청한다.
3. 인공지능으로 인해 직업 세계에 어떤 영향을 줄 수 있는지 생각해 본다.

<진행 예시> 활동 2

"2025년, 로봇과 인공지능 기술의 확산으로 8,500만 개의 일자리가 대체되고 9,700만 개의 새로운 일자리가 창출된다는 전망이 나왔다고 해요. 인공지능이 가져오는 변화들이 직업에 어떤 영향을 줄지 생각하며 표를 작성해 보아요."

정리 마무리 및 나의 다짐 공유

1. 오늘 배운 내용을 정리한다.
2. 오늘 참여하면서 느꼈던 감정을 나누어 본다.

<활동지 5-1>

슬라이드 '직업 맞히기 1' 정답

중등교사, 경리사원, 만화가, 그래픽 디자이너, 약사, 천문학자, 세무사, 정보검색사, 웹마스터, 상담심리사, 패션디자이너, 신문기자, 간호사, 은행원, 통역사, 아나운서, 관세사, 신용분석가

- 생소한 직업 설명
  - 정보검색사: 정보검색사는 인터넷 최신 기술에 대한 이해와 정보수집 및 정보활용능력을 바탕으로 필요한 정보를 자료를 수집한다.
  - 웹마스터: 웹마스터는 인터넷사이트의 게시판 관리나 사이트상에서 발생한 문제들을 해결하는 일을 담당한다. 인터넷사이트상에서의 게시판 등을 관리하고, 인터넷사이트에서 제공하는 서비스의 기능을 향상시키며 인터넷사이트를 정기적으로 점검하고 유지한다.
  - 관세사: 관세사는 화물의 주인인 화주로부터 위탁을 받아 수출입 통관 업무를 대행한다. 주로 무역 관련 업무절차를 대행하거나 물류 관련 연계서비스를 제공한다.
  - 신용분석가: 신용분석가는 고객의 신용을 연장하거나 대출 거래와 관련된 위험 정도를 판단하기 위하여 신용자료 및 관련 금융자료 등을 분석하는 작업을 담당한다.

<활동지 5-2>

인공지능과 직업 세계

인공지능 기술의 발전으로 내 직업이 ① 대체되거나 기존 직업의 한계점이 보완되거나, ② 협업될 수 있고, ③ 서로 융합되어 새로운 직업이 생겨날 수 있다.

인공지능이 가져오는 변화들		어떤 직업에 영향이 있을까?	어떤 영향이 있을까? (① 대체, ② 협업, ③ 융합)
1			
2			
3			
4			
5			

6. 직업정보는 어디서 찾지?

유의사항

- 직업을 탐색하는 다양한 정보원을 아는 것의 중요성을 설명하고, 정확하고 신뢰성 있는 정보를 탐색하는 방법을 살펴본다.
- 관심 있는 진로 분야를 선택하기 어려워하는 경우 싫어하는 것을 제외하는 방법으로 안내한다.

도입 직업정보 의미 소개

1. 오늘 진행할 활동에 대해 안내하고, 활동의 목적을 설명한다.
2. 영상(https://www.youtube.com/watch?v=SDTZ2F6Wn5o)을 시청(38초까지 시청)한 뒤 직업정보 의미와 필요성에 대해 간단히 이야기를 나눈다.
3. 이번 회기에서는 직업정보를 찾는 다양한 정보원을 알아볼 것이라고 안내한다.

<진행 예시> 도입

- "반갑습니다. 오늘은 직업정보의 의미와 필요성에 대해 알아볼 거예요. 그 후 다양한 정보원을 소개하고 직접 활용해 보는 시간을 가질 거예요.
- "먼저 직업정보의 의미와 필요성에 관한 영상을 볼게요."
- (영상 시청 후) "직업정보의 의미와 필요성에 대해 살펴봤어요. 영상을 보고 여러분이 생각하는 직업정보의 의미가 달라졌나요? 자유롭게 이야기해 보아요."

활동 1 직업정보의 다양한 정보원 이해(<활동지 6-1> 참조)

1. 직업정보를 탐색할 수 있는 다양한 정보원에 대해 설명한다.
2. 다양한 정보원 중 인터넷 탐색을 활용하여 직업정보를 찾는 시범을 보인다.
3. AI를 활용하여 직업정보를 탐색하는 방법과 주의점을 알아본다.

<진행 예시> 활동 1

- "직업정보 내용이 다양한 만큼 직업정보의 출처도 다양해요. 그만큼 정확하고 적절한 정보를 찾는 것이 중요하답니다. 직업정보를 탐색하는 방법에는 어떤 것들이 있을까요? 인쇄매체, 인터넷, 유튜브, 영화, 면담 등 다양한 방법이 존재하지요. 가장 간편하게 탐색할 수 있는 것이 인터넷이죠. 그중에서도 정부가 운영하고 신뢰성이 확보된 '고용24'와 '커리어넷'이 가장 많이 활용됩니다. 그럼 간단하게 두 웹사이트에서 직업에 대한 정보를 어떻게 탐색할 수 있는지 간단히 살펴볼까요?"

- "요즘에는 AI 기술이 급격하게 발달하면서, AI를 활용해서 직업정보를 찾을 수 있어요. 특히 OPEN AI의 Chat GPT는 고도의 언어 처리 능력을 가진 AI예요. Chat GPT에서 직업에 대한 기본적인 정보와 교육 및 자격 요건 등을 물어볼 수 있어요. 예를 들어, '소프트웨어 엔지니어가 무슨 일을 하는지 알려 줘.' 혹은 '데이터 과학자가 되기 위해 요구하는 학력 사항 혹은 자격증이 있어?'라고 물으면, 그에 맞는 정보를 제공해 주죠. 하지만 2021년 9월 이후에 정보는 업데이트되지 않았기 때문에 최신정보를 제공해 줄 수 없고, 지금까지는 정보의 오류가 종종 발견되기 때문에 신뢰할 수 있는 전문가 혹은 웹사이트를 통해 정보를 다시 한번 확인할 필요가 있어요."

TIP

- '고용24'와 '커리어넷'을 활용하는 방법을 보여 줄 때, 참여원이 가장 많이 관심을 보이는 직업을 예시로 활용해 볼 수 있다.
- 참여원의 흥미에 따라 'Chat GPT'를 활용하여 직업정보를 탐색하는 모습을 보여 줄 수 있다.

활동 2 웹사이트를 활용한 직업탐색 실습(<활동지 6-2> 참조)

1. 활동지 중 '관심 직업 정하기'를 먼저 작성한다.
2. 활동지 작성이 끝나면 커리어넷으로 직업정보를 탐색하는 방법에 대해 알아보며 영상(https://www.youtube.com/watch?v=Vbs86_vGODw)을 시청한다.
3. 영상이 끝나면 커리어넷을 통해 관심 직업에 대한 정보를 탐색한다.
4. 찾은 정보로 활동지 나머지를 작성한다.
5. 모둠별로 모여 작성한 내용을 서로에게 발표한다.

<진행 예시> 활동 2

- "먼저 여러분들이 관심 가는 직업에 대해서 적어 볼 거예요. 활동지 중 '관심 직업 정하기'를 채워 볼까요?"
- "다 채웠다면 이제 커리어넷 사이트에서 직업에 대한 정보를 어떻게 찾는지에 대한 동영상을 짧게 보도록 할게요."
- "영상을 잘 봤죠? 그러면 우리도 이제 커리어넷에 들어가서 여러분들이 관심 있는 직업을 검색해서 정보를 함께 찾아보도록 할게요. 어떤 정보를 찾냐면 활동지 아랫부분에 나와 있는 것들을 찾아봐도 좋고, 여러분들이 더 알고 싶은 것들을 찾아 적어 줘도 좋아요."
- "다 적었으면, 작성한 내용을 모둠원에게 이야기해 주면서 이 친구는 이런 직업에 관심이 있었구나 하고 알아보는 시간을 가지려고 해요."

TIP

- 학생 수에 따라 모둠의 수를 조정한다.
- 발표하는 과정 중에 내용에 따라 질문들이 많이 오갈 수 있으므로 개인당 발표시간을 제한하는 것도 방법일 수 있다.

정리 마무리 및 소감 공유

1. 오늘 배운 내용을 정리한다.
2. 오늘 참여하면서 느꼈던 감정을 나누어 본다.

<활동지 6-1>

직업정보의 탐색

1. 정의

진로 및 직업 선택의 과정과 관련된 모든 정보라고 할 수 있으며, 직업에 대한 이해, 그 직업의 다양한 직무 내용과 직업 세계의 변화가능성까지 이해하는 직업과 관련된 모든 정보를 말한다. 결국 직업정보는 진로정보 탐색을 의미한다고 할 수 있다.

2. 직업정보 탐색의 주요 내용

다양하고 좋은 직업정보는 그 직업의 현실을 잘 이해할 수 있게 해 주어 진로 선택 장면에서 효과적인 의사결정을 할 수 있도록 해 준다. 따라서 관심 직업에 대한 직무(일) 분야, 직업 전망, 근무 지역, 관련 학과 및 자격, 후생 복지, 적성과 흥미, 임금(연봉) 수준, 준비 방법 등 다양한 직업정보를 탐색해야 한다.

3. 직업정보 탐색의 필요성

직업 선택은 자신의 미래를 선택하는 것이기 때문에 충분한 직업정보를 통해 미래를 설계해야 한다. 또한 현장 방문, 인터넷 검색 등 다양한 경로를 통해 직업정보를 수집하고 정확하게 이해하고 있어야 시대의 변화에 따라 채용정보, 직업 전망 등 변하는 직업 세계를 이해할 수 있다.

4. 미래 직업 전망의 구성요소

변화하는 직업 세계에 대한 미래 전망은 그 직업에 대한 보상, 일자리 전망, 고용 안정, 발전 가능성, 근무 여건, 직업 전문성, 고용 평등 등을 중심으로 파악할 필요가 있다.

5. 관심 직업의 채용정보 탐색 방법

채용정보를 탐색하는 방법은 다양하다. 가장 쉽게 접근할 수 있는 방법은 관심 있는 기업체의 홈페이지를 직접 방문하여 채용정보를 탐색하거나 고용24, 리쿠르트 등 기업체의 채용정보를 제공하는 사이트를 탐색하는 방법이 있다.

<활동지 6-2>

관심 직업 정하기

Step 1. 내가 흥미 있는 직업 분야

____

Step 2. 그 직업 분야에서 주로 하는 일(직무)

____

Step 3. 내가 관심 있는 직업이나 구체적인 기업체

____

Step 4. 주변 사람들(부모님, 친구, 선생님)이 나에게 추천하는 직업

____

Step 5. 나와 주변 사람들의 의견을 종합하여 최종 관심 직업 정하기

____

[目] 최종 관심 직업에 대한 정보를 탐색해 봅시다. 커리어넷을 통한 직업정보를 탐색한 내용을 아래에 정리해 봅시다.

구분		탐색한 내용
직업정보	핵심능력	
	유사 직업명	
	하는 일	
	평균 연봉	
학과정보	요구되는 자격	
	관련 학과명	
	관련 학과 개설 대학교	
	관련 학과에서 배우는 과목	

7. 진로 불안

도입 warm-up

1. 우리의 생각에 대한 재미있는 실험 하나를 하겠다고 이야기한다.
2. "머릿속에 흰 곰 한 마리를 떠올려 보세요."라고 지시한다.
3. 어떤 흰 곰을 떠올렸는지 1~2명 정도 이야기를 들어 본다.
4. "지금부터 흰 곰에 대해 생각하지 마세요."라고 지시한다.

TIP 흰 곰 실험

사고 억제의 효과에 대한 실험으로 우리가 인위적으로 생각을 통제하려고 애쓸수록 오히려 역효과가 난다는 것을 보여 준다. 불안도 마찬가지로, 불안을 억누르거나 없애려 하기보다는 있는 그대로 바라보고 수용함이 중요할 수 있음을 이야기한다.

활동 1 진로 기차 만들기

1. 나의 진로 기차가 선로를 출발해 가고 있다고 생각해 보자.
2. 해당 기차는 총 2개의 칸이 있다. 하나는 '내가 통제할 수 있는 것', 다른 하나는 '내가 통제할 수 없는 것'이다.
3. 진로와 관련된 다양한 고민이나 의사결정 상황에 있어 내가 통제할 수 있는 것과 그렇지 않은 것을 구분해 적어 본다.
4. 통제할 수 없는 것은 바꾸려고 애쓰기보다 수용하고, 통제할 수 있는 것들은 어떻게 바꾸고 변화시킬 것인지에 대해 생각해 본다.
5. 자신이 적은 내용에 대해서 모둠별로 나누어 본다.

<진행 예시> 활동 1

- "여러분이 진로를 정하고 내가 원하는 일을 하기 위해서 준비해야 될 것들이 있죠. 그런데 그 일을 하고 싶지만 염려되거나 고민되는 부분들이 있을 것 같아요. 물론 없을 수도 있어요!"
- "활동지에 2개의 기차가 있어요. 하나는 내가 원하는 일을 하기 위해서 나의 노력 혹은 의지로 조절할 수 있는 것들을 적어 보는 거예요. 예를 들어, '○○대학의 ○○학과 가기' '○○자격증 따기' '하루에 ○시간씩 공부하기' 등이 될 거예요."

- "다른 하나의 기차에는 내가 바꿀 수 없는 것들을 적어 보는 거예요. 예를 들면, '하루는 24시간밖에 없는 것' '빅데이터, AI가 주목받는 시대' 등이 될 수 있겠죠. 여러분들이 고민하는 것들 중 내가 손쓸 수 있는 부분이 아니라고 생각되는 것들을 적으면 돼요."
- (활동을 마무리하며) "이 활동을 통해서 여러분에게 알려 주고 싶었던 것은 여러분들이 현재 바꿀 수 없는 것들에 지나치게 빠져 있지 않기를 바랐어요. 그것보다는 현재 여러분들이 할 수 있는 것들에 보다 집중해서 주어진 환경 탓을 하기보다는 보다 적극적으로 진로를 준비할 수 있기를 바라요."

활동 2 걱정상자

1. 쪽지에 진로와 관련한 여러 가지 불안, 걱정과 그러한 불안, 걱정을 유발하는 상황이나 생각들을 적어 본다.
2. 해당 쪽지들의 내용에서 공통적인 부분이 있는지 확인해 본다. 그러한 불안이 어디서 비롯되었는지(잘하고 싶은 마음, 성공적인 진로를 개척하고 싶은 마음, 안정과 평화를 찾고 싶은 마음 등) 긍정적인 동기를 찾아본다.
3. 걱정상자 속에 불안한 생각과 내용들을 작성한 쪽지를 모두 넣고, 뚜껑을 닫는다. 이후 나만의 걱정상자에 이름(라벨링)을 붙여 주고, 이를 그 이름으로 새롭게 부른다.
4. 라벨을 붙인 상자를 사진 촬영 후 포트폴리오에 사진을 붙여 봐도 좋다.

TIP 걱정상자

- 불안 밑에 숨겨진 긍정적인 동기를 찾기 위한 활동이다.
- 처음엔 찾기 어려워할 수 있으므로 긍정적인 측면을 몇 가지 예시를 통해 설명해 주는 것도 좋다.

  예: 내가 선택한 진로가 유망하지 못할 것 같아서 불안함 → 유망한 진로를 선택해 유능감을 발휘하고 싶은 마음

  예: 내가 원하는 진로와 부모님이 원하는 진로가 다름 → 타인의 기대에 부응하는 사람이 되고 싶은 마음
- 걱정상자의 이름을 정하는 것은 해당 걱정, 고민들을 새로운 관점에서 바라볼 수 있도록 돕기 위함이다. 이름 짓기를 어려워하면, 몇 가지 예시를 들어 줄 수 있다.

  예: 빛 상자, 멈춤 상자, 반전 상자 등

정리 마무리 및 소감 공유

1. 오늘 배운 내용을 정리한다.
2. 활동 소감을 나눈다.

<활동지 7-1>

진로 기차

내가 통제할 수 있는 것을 적어 봅시다.

내가 통제할 수 없는 것을 적어 봅시다.

<활동지 7-2>

나의 진로 걱정

진로와 관련하여 나를 불안하게 하는 걱정, 상황, 생각들을 적어 봅시다.

8. 긍정의 힘, 미래의 나

도입 오늘의 활동 안내

1. 오늘 진행할 활동에 대해 안내한다.

활동 1 긍정 진로 목표 설정하기

1. 자신이 희망하는 진로를 준비하는 데 도움이 되는 점과 도움이 되지 않는 점을 생각하고 작성한다. 예를 들어, 개인의 성격 및 습관, 경제 상황, 대인관계 등을 위주로 작성할 수 있다.
2. 진로를 준비하고 선택하는 데 어려움을 주는 요인들을 긍정적인 요인으로 바꿔서 작성해 본다.
3. 긍정적인 요인으로 생각할 때 어떠한 차이가 있는지 비교하며, 이와 관련해서 이야기를 나눈다.

<진행 예시> 활동 1

"오늘 우리는 '긍정 진로 목표 설정하기'라는 중요한 활동을 함께할 것입니다. 이 활동은 여러분이 자신의 진로를 더 효과적으로 계획하고 준비하는 데 도움을 줄 것입니다. 먼저 여러분이 희망하는 진로를 준비하는 데 있어 도움이 되는 점과 도움이 되지 않는 점을 생각해 보고 작성해 볼 거예요. 예를 들어, 여러분의 성격, 습관, 경제 상황, 대인관계 등이 어떻게 여러분의 진로 선택에 영향을 미치는지 생각해 보세요. 그다음 단계에서는, 진로 준비와 선택에 있어 어려움을 주는 요인들을 긍정적인 요인으로 바꿔서 작성해 볼 겁니다. 예를 들어, '시간 관리가 어렵다.'는 부정적인 요소를 '시간 관리 능력을 키울 기회'로 바라보는 식이죠. 마지막으로 이러한 긍정적인 요인으로 생각했을 때 어떤 차이가 있는지 비교하며, 이에 대해 서로 이야기를 나눠 보겠습니다. 이 과정은 여러분이 직면한 도전을 긍정적으로 바라보고, 그것을 극복하기 위한 새로운 관점을 개발하는 데 도움이 될 거예요. 자, 이제부터 각자 활동지에 이 세 단계를 작성해 보고, 준비가 되면 자신의 생각을 공유하는 시간을 갖도록 하겠습니다. 누구든지 시작해 볼래요? 아니면 저부터 예시를 들어 설명해 볼까요?"

정리 마무리 및 나의 다짐 공유

1. 오늘 배운 내용을 정리한다.
2. 앞으로의 활동에서 나의 다짐에 관해 이야기한다.

<활동지 8-1>

긍정 진로 목표 설정

1. 내가 희망하는 진로는 무엇인가요?

2. 진로 준비에 도움이 되는 것은 무엇인가요?(개인의 성격, 습관, 대인관계, 경제 상황 등)

3. 진로 준비에 방해가 되는 것은 무엇인가요?(개인의 성격, 습관, 대인관계, 경제 상황 등)

4. 방해되는 요인을 도움이 되는 요인으로 바꾼다면 어떻게 바꿀 수 있나요?

5. 이러한 변화를 시도한다면, 나에게 어떤 긍정적인 영향을 미칠 수 있을지 함께 고민해 보고 토론해 볼까요?

9. 나의 진로 역사관(진로 효능감)

도입 warm-up: 가치 목록

1. 오늘 진행할 활동에 대해 안내한다.
2. 가치 목록에서 내 삶에서 꼭 지키고 싶은 가치 3개를 선택해 보고 2인 1조로 각자의 선택에 대해 나눠 본다.
3. 각자 선택한 세 가지 가치 중에서 1, 2, 3순위로 우선순위를 정해 보고, 그 이유를 2인 1조로 나누어 본다. 집단 내에서도 각자가 고른 가치가 다양함을 자연스럽게 이해할 수 있도록 한다.

TIP 무인도 활동

각자가 원하는 삶의 모습에 따라 선택하는 가치가 다양할 수 있음을 안내한다.

활동 1 진로 효능감 의미 소개하기

1. 진로 효능감의 의미와 개념을 소개한다.

TIP 진로 효능감 소개

- 너무 길게 설명할 필요 없이 핵심만 간단히 전달한다.
- 무엇보다 자기 스스로 자신의 진로에 대한 목표를 설정하고 이를 성취할 수 있는지에 대한 자기 스스로의 확신, 자기 스스로의 내적 평가임을 강조한다.

활동 2 나의 진로 역사관

1. 나의 진로 역사관 활동지를 통해 현재까지의 나의 꿈이 어떻게 변화해 왔는지 그 발자취를 살펴본다.
2. 진로가 변경되는 시점마다 어떤 계기가 있었는지, 이유가 무엇이었는지, 어떤 점을 고려했는지 자세하게 적어 본다.
3. 모둠 내에서 자신의 진로 역사관을 설명하고 상호 공유한다.
4. 모둠원 상호 간 서로의 진로 역사관에 대해 피드백하고, 그 사람에게 중요한 것이 무엇일지에 대해 생각해 본 것을 나눈다.

정리 마무리 및 소감 공유

1. 오늘 배운 내용을 정리한다.
2. 활동 소감을 나눈다.

<활동지 9-1>

가치 목록

공감 개성 권위

경쟁 관계 기여

나눔 도전

만족 독립 능력 배움

변화

사랑 성공 성취

성장

소속감 소통 봉사 배려

신뢰 따뜻함

이해 성공

수용 연결 성실 아름다움

의미 안정

예측가능성

유대 일관성 재미

자유

즐거움

영성 영향력 전문성

정의 질서

정서적 안정 조화

지혜 진정성 창조성 친밀감 존재감

확신 힘

혁신 희생

체계 지혜 탐구

주관을 가짐

<활동지 9-2>

진로 역사관

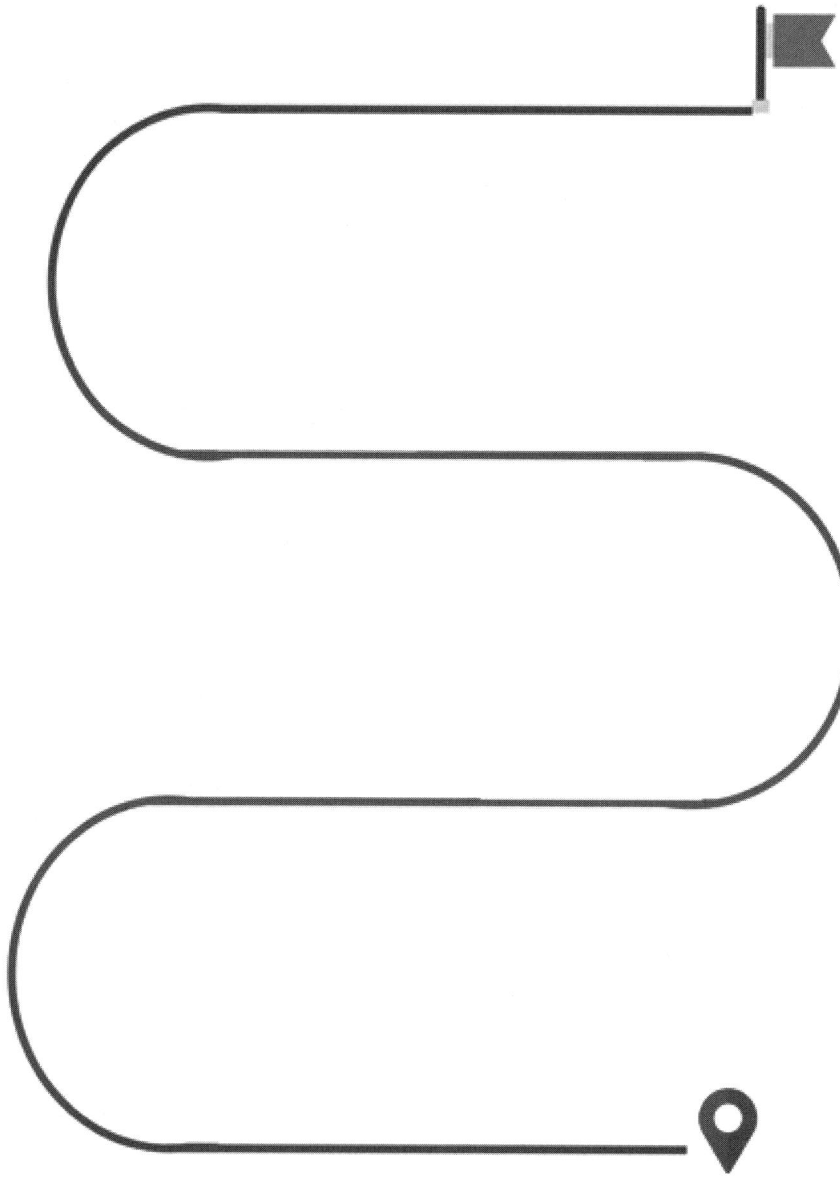

10. 진로 캐릭터 만들기(직업 능력 향상)

도입 warm-up: 형용사 카드

1. 오늘 진행할 활동에 대해 안내한다.
2. 형용사 카드에서 나를 잘 설명한다고 생각되는 형용사를 3개 선택한다.
3. 짝꿍(2인 1조)을 잘 설명한다고 생각하는 형용사 3개를 선택한다.
4. 내가 고른 결과와 짝꿍이 고른 결과를 비교해 본다. 그리고 짝꿍은 왜 그 3개를 골랐는지 이유를 서로 나누어 본다.

TIP 형용사 카드

내가 본 내 모습과 짝꿍이 본 내 모습이 어떻게 다른지, 어떤 점에서 그 차이가 생겼을지 이야기할 수 있도록 촉진한다.

활동 1 진로 캐릭터 만들기

1. 형용사 카드를 뒤집어 둔 뒤, 임의로 카드 3개를 고른다.
2. 해당 세 가지 형용사를 가진 사람에게 적합한 직업이 무엇일지 생각해 보고, 그림이나 꾸미기를 통해 캐릭터를 완성한다.
3. 이 과정에서 필요하다면 생성형 AI의 도움을 받아, 형용사를 주고 그런 성향의 사람에게 맞는 직업을 추천받아 볼 수도 있다.
4. 해당 캐릭터가 역량을 더욱 잘 발휘하기 위해 필요한 형용사 2개를 선택해 추가한다.
5. 조원들과 자신의 캐릭터를 공유하고 해당 직업을 고른 이유를 설명한다.

TIP Chat GPT

You
체계적이고 절제된 그리고 독립적인 성향의 사람에게 좋은 직업을 추천해 줘.

ChatGPT
체계적이고 절제된, 독립적인 성향을 가진 사람에게 적합한 직업은 여러 가지가 있을 수 있습니다. 아래는 그러한 성향을 활용할 수 있는 몇 가지 직업 예시입니다:

1. **회계사(Accountant):** 체계적인 사고와 정확한 분석 능력이 필요한 직업으로, 재무 데이터를 체계적으로 기록하고 분석하는 업무를 수행합니다.
2. **데이터 분석가(Data Analyst):** 데이터를 수집, 분석하고 패턴을 찾는 일에 체계적인 사고가 필요한 직업으로, 독립적으로 데이터를 다루는 능력이 요구됩니다.
3. **프로그래머 또는 소프트웨어 엔지니어:** 독립적으로 문제를 해결하고 코드를 작성할 수 있는 능력이 필요한 직업으로, 프로그래밍 분야에서 창의적이고 체계적으로 일할 수 있습니다.
4. **프로젝트 매니저(Project Manager):** 프로젝트를 계획하고 진행하는 데에 체계적이고 조직적인 능력이 필요한 직업으로, 독립적으로 일하면서도 팀을 조직하고 이끌어 나갈 수 있는 역량이 중요합니다.
5. **연구원(Researcher):** 독립적인 사고와 체계적인 연구 능력이 필요한 직업으로, 학문적 또는 산업 연구 분야에서 일할 수 있습니다.
6. **변호사(Lawyer) 또는 법무 컨설턴트:** 법률 분야에서 독립적으로 사건을 분석하고 클라이언트에게 조언하는 데 체계적인 능력이 필요한 직업입니다.

정리 마무리 및 소감 공유

1. 오늘 배운 내용을 정리한다.
2. 활동 소감을 나눈다.

<참고자료> 형용사 목록

강한	꼼꼼한	표현력 있는	절제하는
모험적인	정확한	흥미진진한	만족스러운
기꺼이 하는	활기 있는	대담한	정교한
논쟁을 좋아하는	의심이 많은	주저하는	예측할 수 없는
공손한	사교적인	참을성이 있는	무서움을 모르는
설득력 있는	독립심이 강한	논리적인	온화한
신중한	차분한	결단력 있는	파티를 좋아하는
인기 있는	고집이 있는	완벽주의자	인심 좋은
변화가 많은	수줍음을 타는	느긋한	완고한
체계적인	낙관적인	의지가 강한	친절한
엄격한	겸손한	상냥한	말주변이 좋은
호의적인	빈틈없는	놀기 좋아하는	의지가 강한
참신한	모험적인	절제된	신중한
참을성 있는	성실한	공격적인	매력 있는
열정적인	분석적인	동정심이 많은	단호한
지도력 있는	충동적인	느린	비판적인
일관성 있는	영향력 있는	생기 있는	느긋한
인기가 많은	친절한	독립적인	정돈된
이상주의적인	평판이 좋은	쾌활한	솔직한
참을성 없는	진지한	미루는	감성적인
경쟁심이 있는	자발적인	충성스러운	사려 깊은
희생적인	이해심 많은	설득력 있는	용기 있는
의존적인	변덕스러운	절제력 있는	밀어붙이는
포용력 있는	전통을 중요시하는	사람을 부추기는	이끌어 가는
치밀한	현실적인	순종적인	수동적인
긍정적인	애매한	명확한	현명한
분별력 있는	효율적인	추진력 있는	조심스러운
명확한	따뜻한	분명한	논리적인

<활동지 10-1>

진로 캐릭터 만들기

1. 내가 뽑은 형용사 세 가지는 무엇인가요?

2. 내가 생각한 직업 캐릭터는 무엇인가요?

3. 추가하고 싶은 형용사 두 가지는 무엇인가요?

11. '나'라는 이야기(진로설계 및 계획)

도입 warm-up: 나의 위인, 나의 꿈

1. 오늘 진행할 활동에 대해 안내한다.
2. 어린 시절 읽었던 위인전 혹은 최근에 매체를 통해 알게 된 사람들 중 인상적이었던 사람을 1명 고른다.
3. 짝꿍(2인 1조)에게 내가 고른 인물에 대해 설명하고 왜 인상적인지 그 이유도 같이 나눈다.

TIP 고난이나 좌절

인물을 소개할 때 그 인물이 어떠한 고난이나 좌절을 겪었는지, 그리고 이를 어떻게 극복했는지에 초점을 두고 소개할 수 있도록 안내한다.

활동 1 '나'라는 이야기

1. 50년 뒤 나는 진로의 측면에서 어디에서 무엇을 하고 있을지 상상해 본다.
2. 그곳까지 가기 위해 어떤 과정을 거쳤을지도 상상해 본다.
3. 이를 '발단-전개-위기-절정-결말'의 형태로 구상해 본다.
   - 발단: 이야기의 배경과 캐릭터 소개
   - 전개: 목표를 향해 움직이고 서서히 갈등이 일어나는 단계
   - 위기: 큰 갈등이나 문제, 좌절이 발생하고 캐릭터는 큰 어려움에 직면
   - 절정: 직면한 어려움을 해결하고 변화가 일어남
   - 결말: 이야기가 마무리되고 이야기의 주제와 메시지가 강조될 수 있음
4. 구상한 내용을 바탕으로 짧은 이야기나 8컷 이내의 만화를 만들어 본다.

정리 마무리 및 소감 공유

1. 오늘 배운 내용을 정리한다.
2. 활동 소감을 나눈다.

<활동지 11-1>

'나'라는 이야기

1. 50년 뒤 나는 어디서 무엇을 하고 있을까?

2. 이제 거기까지 가기 위해 거쳤던 나의 여정을 생각해 봅시다. 어떤 과정을 거쳐서 그 자리에 가게 되었을까요?

3. 이 과정을 '발단-전개-위기-절정-결말'의 형식을 따서 한 편의 이야기나 만화로 만든다고 생각해 봅시다. 각 단계에 어떤 이야기가 들어가면 좋을까요?

- 발단:
- 전개:
- 위기:
- 절정:
- 결말:

<활동지 11-2>

나의 이야기(짧은 소설)

앞선 활동을 토대로 나의 짧은 이야기를 써 봅시다. 위인전의 형태로 만들어 보아도 좋습니다.

<활동지 11-3>

나의 이야기(만화)

앞선 활동을 토대로 8컷 이내의 만화를 그려 봅시다. 위인전의 형태로 만들어 보아도 좋습니다.

12. 미래로의 발걸음

유의사항

- 집단원들이 전체 프로그램에서 했던 활동들이 무엇이 있었는지 간략하게 요약을 해 주는 것이 필요하다.
- 프로그램에 참여하면서 집단원들이 자신이 잘했던 것들이 무엇인지 확인하고 앞으로 프로그램 종료 후 하고 싶은 것들을 정리할 수 있는 시간을 갖는다.

도입 내 마음의 비타민

1. 오늘 진행할 활동에 대해 안내한다.
2. 지금까지 프로그램에 참여하면서 스스로 잘했다고 생각하는 것 세 가지와 새롭게 얻은 세 가지를 작성한다.
3. 활동지 작성을 한 후 집단원들에게 작성한 내용을 이야기한다.

<진행 예시> 도입

"드디어 프로그램 마지막 날입니다. 너무 아쉽죠. 오늘은 전체 프로그램에서 했던 활동들을 정리해 보는 시간을 갖고 서로 응원을 해 주면서 마무리를 해 보려고 합니다."

활동 1 나의 마음책 완성하기

1. 본 활동을 진행하기 전, 전체 프로그램에서 진행한 내용을 간략하게 요약을 해 준다.
2. 매 회기 작성하였던 나의 다짐들을 차례대로 정리를 하여 파일로 묶는다.
3. 그다음 가장 기억에 남는 활동과 그 이유에 대해서도 같이 작성을 하고 프로그램 종료 후 기대되는 것과 예상되는 어려움에 대해 작성을 한다.
4. 나의 다짐 중 실제 행동으로 옮긴 것들과 앞으로 하고 싶은 다짐들을 작성한다.
5. 구체적으로 어떻게 그 다짐들을 실행할지 정확한 날짜와 함께 계획을 하고, 다짐을 성공한 후 나에게 주고 싶은 보상도 작성을 한다.
6. 나의 마음책을 완성하면 돌아가면서 집단원들과 작성한 내용을 공유한다.

<진행 예시> 활동 1

"지금까지 우리 프로그램에서 진로를 탐색하고 계획하는 방법을 배우고 진로를 탐색하며 나타날 수 있는 어려움과 극복 방안에 대해 알아보는 시간을 가졌었어요. 그리고 우리의 다짐들을 같이 작성하고 실천도 해 봤습니다. 프로그램에서 작성했던 나의 다짐들을 다 같이 한번 읽어 볼게요. 어떤 활동들을 했었고 나에게 도움이 되었던 것들은 무엇이 있었나요? 기억에 남는 활동이 있을 수도 있고 프로그램을 마치면서 아쉬운 점이나 걱정되는 것들도 있을 것 같아요. 활동지를 먼저 작성하고 같이 이야기를 나누는 시간을 갖겠습니다."

TIP

이번 활동 전에 집단원들이 전체 활동에서 진행했던 활동지와 나의 다짐을 미리 준비할 수 있도록 사전에 안내를 한다.

활동 2 롤링페이퍼 쓰기

1. 같이 프로그램에 참여했던 집단원들에게 돌아가며 롤링페이퍼를 쓴다.
2. 활동지에 자기 이름을 쓰고 옆 사람에게 전달을 한다.
3. 옆 사람으로부터 전달받은 종이의 이름을 확인하고 그동안 같이 프로그램을 하면서 보았던 집단원의 장점을 쓴다. 그리고 앞으로 프로그램에서 했던 다짐들을 응원하는 말을 쓴다.
4. 다 쓴 종이는 옆 사람에게 다시 전달을 하고 다시 종이를 전달 받아 동일하게 이름을 확인하고 롤링페이퍼를 쓴다.
5. 롤링페이퍼를 다 쓰면 자신의 이름이 쓰인 종이를 받아서 읽어 보는 시간을 갖는다.

<진행 예시> 활동 2

"이제 마지막으로 같이 프로그램에 참여했던 집단원들에게 짧은 편지를 쓰는 시간을 가지려고 합니다. 편지를 쓸 때 그동안 프로그램에 참여하면서 보았던 장점들을 써 주세요. 그리고 프로그램 종료 이후에 다짐했던 것들을 실천해 볼 수 있도록 응원의 말을 써 주시면 됩니다."

TIP 롤링페이퍼

- 롤링페이퍼를 쓸 때 잔잔한 음악을 틀어 놓고 진행한다.
- 롤링페이퍼를 쓸 때에는 장난스럽게 참여하지 않고 진지하게 집단원을 생각하는 마음을 담아 참여할 수 있도록 안내를 한다.

정리 마무리 및 소감 나누기

1. 오늘 같이 했던 활동내용에 대해 간략하게 요약을 해 준다.
2. 전체 프로그램에 참여했던 소감을 돌아가면서 나누는 시간을 갖는다.
3. 프로그램 만족도와 사후 검사를 실시한다.

<진행 예시> 정리

- "오늘은 지금까지 참여했던 활동들을 정리해 보는 시간을 가졌어요. 프로그램에 참여하면서 어떤 활동이 도움이 되었나요? 그리고 프로그램이 끝나고 해 보고 싶은 행동이 있나요? 나의 다짐을 같이 작성을 하겠습니다."
- (작성을 한 후) "돌아가면서 작성한 내용과 오늘 활동 소감에 대해 나누고 마무리를 하겠습니다."

<활동지 12-1>

내 마음의 비타민

1. 프로그램에 참여하면서 스스로 잘했다고 생각하는 것 세 가지는 무엇인가요?

2. 프로그램에 참여하면서 새롭게 배우거나 깨달은 세 가지는 무엇인가요?

<활동지 12-2>

나의 마음책 완성하기

1. 프로그램에 참여하면서 가장 기억에 남는 활동은 무엇인가요? 그 이유는 무엇인가요?

2. 프로그램 종료 후 기대되는 것은 무엇인가요?

3. 프로그램 종료 후 예상되는 어려움은 무엇인가요?

4. 지금까지 내가 했던 다짐 중 실제 실천했던 것들은 무엇인가요?

5. 앞으로 실천하고 싶은 나의 다짐은 무엇인가요?

나의 다짐	날짜	나에게 주는 선물
	월 일	
	월 일	
	월 일	

<활동지 12-3>

롤링페이퍼 쓰기

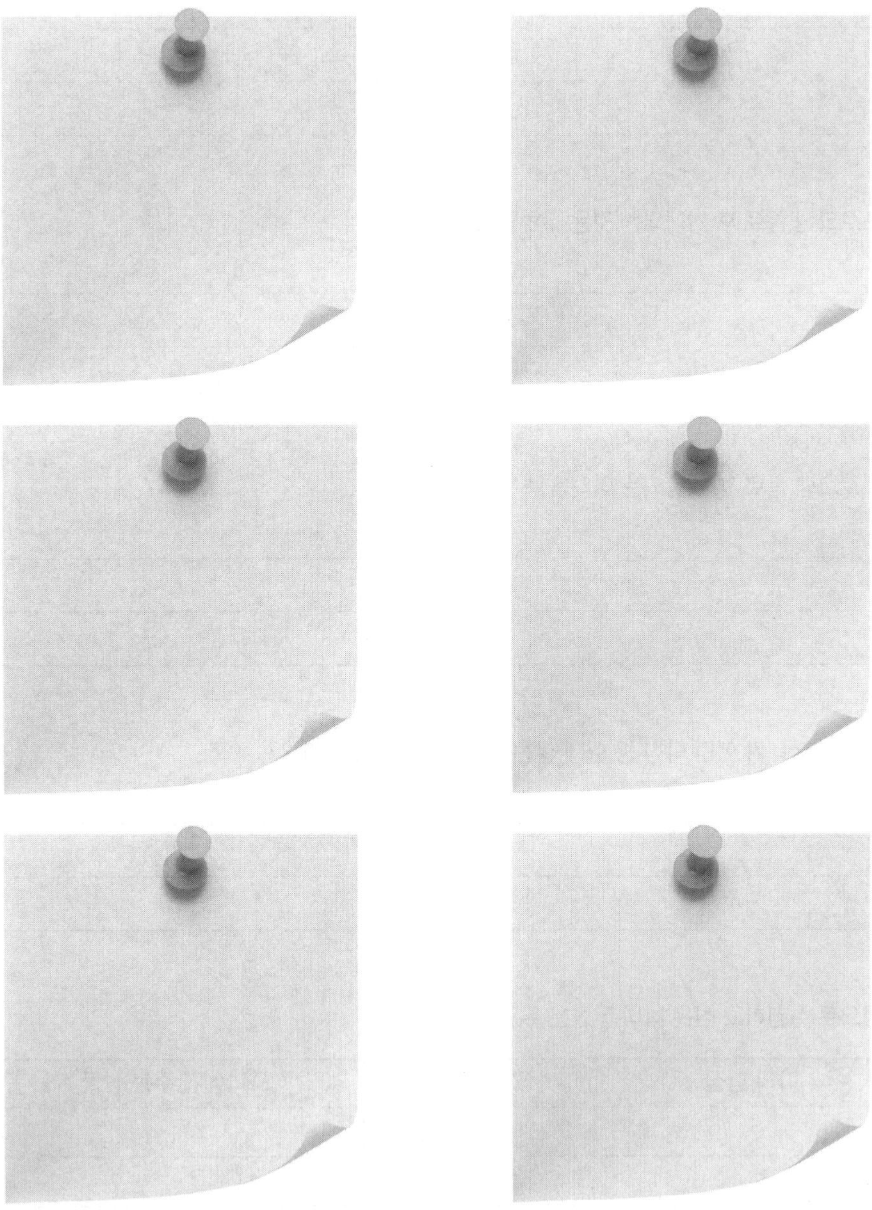

4) 대학생

1. 오리엔테이션

도입 인트로

프로그램 규칙 설명 및 서약서 작성

> **서약서**
>
> 본인은 다음의 사항을 지킬 것을 약속합니다.
>
> 1. 나는 나의 느낌이나 생각을 솔직하게 표현하겠습니다.
> 2. 나는 나의 진로성숙 향상을 위하여 과제를 포함한 모든 활동에 적극적으로 참가하겠습니다.
> 3. 나는 다른 집단원들이 말할 때에 경청하겠습니다.
> 4. 나는 프로그램 중에 알게 된 집단원들의 개인적인 사실에 대하여 비밀을 지키겠습니다.
> 5. 매회 모임에 지각이나 결석 없이 성실히 참여하겠습니다.
> 6. 나를 비롯한 다른 집단원의 성장을 위해 최선을 다하겠습니다.
>
> 년 월 일
>
> 이름 (서명)

활동 1 프로그램 목적 설명

1. Super와 Savickas의 진로 발달 및 진로성숙 개념을 가지고 우리가 하는 이 프로그램이 어떻게 도움을 줄 수 있는지에 대해 설명한다.

2. 대학생 진로성숙 프로그램의 목적
   - "이 프로그램은 대학생의 진로성숙도를 증진시키기 위해 개발되었습니다. 각 개인은 현재 발달 단계에 따라 해야 할 과업이 있고 진로성숙은 이 과업을 수행할 수 있는 '준비도'를 말합니다. 현재 다양한 직업들이 등장하고 급변하는 시대에서 단순히 직업을 구하는 것 자체보다는 변화하는 흐름에 잘 적응하는 것이 더 중요하다는 목소리가 커지고 있습니다. 진로 준비도를 높이기 위해서는 자신과 직업 세계에 대해 명확히 이해하는 것이 필요합니다. 그뿐만 아니라, 진로결정에 있어서 불안한 자신을 받아들이고 자신감을 가질 수 있다면 구체적인 행동으로 이어질 수 있을 것입니다. 이러한 일련의 과정을 거치며 이전보다 높은 수준의 진로성숙 수준을 갖도록 하기 위해 본 프로그램에서는 다양한 활동들을 통해 도움을 드리고자 합니다."

활동 2 자기소개 및 별칭 정하기

1. 준비된 명찰에 색칠도구로 별칭을 적는다.
2. 별칭을 지을 때는 이 프로그램을 통해 되고 싶은 모습 혹은 바라는 모습에 따라 정한다.
3. 자신의 별칭에 대해 돌아가면서 소개한다.
4. 명찰에 별칭을 적어 끼워 놓고 매 회기마다 착용한다.

활동 3 사전 검사 해석

1. 이전에 실시한 사전 검사 결과에 대해 설명해 주는 시간을 갖는다.
2. 진로종합검사 유형 다섯 가지(진로 자기이해, 진로 자신감, 긍정 진로 정서, 인지적 진로 탐색, 구체적 진로행동)는 무엇인지, 유형의 점수가 높고 낮은 것이 무엇을 의미하는 것인지 설명한다.
3. 자기이해, 진로 탐색, 진로행동 수준에 따라 유형화했을 때 자신은 어떤 유형에 속하는지 알아본다.
4. 본인에게 충분한 유형은 무엇이고 개발이 필요한 유형은 무엇인지 나누어 본다.

*해석의 내용은 검사 결과지를 참고한다.

정리 마무리

1. 다음 회기 활동을 소개하면서 마무리한다.

2. 진로 자기이해(진로흥미)

도입 warm-up: 등을 맞대고 그림 그리기

1. 팀을 두 그룹으로 나눈 다음, 서로 등을 맞대고 앉게 한다.
2. 한 사람에게는 펜과 종이를 주고 다른 한 사람에게는 비교적 그리기 쉬운 물체(예: 자동차, 꽃, 집)의 사진을 준다.
3. 사진을 건네받은 팀원은 펜과 종이를 가진 팀원이 그릴 수 있도록 사진의 물체가 무엇인지 말하지 않고 이를 묘사해야 한다.
4. 모양, 크기, 질감 등을 묘사할 수는 있지만, "백합을 그리세요."와 같이 물체를 직접적으로 언급하면 안 된다. 그림이 완성되면 사진과 비교하여 서로 얼마나 잘 소통했는지 확인한다.

활동 1 꿈 포트폴리오 만들기

1. 여러분은 지금까지 살아오면서 한 가지 꿈을 꾸어 왔거나 여러 가지 꿈을 꾸거나 꿈을 꾸지 않았을 수도 있습니다. 어떤 꿈이 있었는지는 중요하지 않습니다. 과거부터 지금까지 나는 무엇을 바라 왔고 무엇이 중요했는지 알아 가는 시간입니다. 바라는 것이 바뀌었다면 어떻게 바뀌었고 그렇게 된 이유도 적어 주세요.

시기	꿈	꿈을 가지게 된 이유	꿈이 바뀌게 된 이유
미취학 아동			
초등 시절			
중등 시절			
고등 시절			
현재			

활동 2 내가 관심 있는 것은?

1. 꿈 포트폴리오를 작성하면서 나의 관심사는 어떻게 유지 혹은 변화되었고 지금은 어떤 상태인지 적어 봅니다.

정리 **마무리**

1. 다음 회기 활동을 소개한다.
2. 내가 시간이나 돈을 쓴 것 중에 가장 만족스럽거나 기억에 남는 경험에 대해 생각해 보는 과제를 내 준다.

<활동지 2-1>

꿈 포트폴리오 만들기

여러분은 지금까지 살아오면서 한 가지 꿈을 꾸어 왔거나 여러 가지 꿈을 꾸거나 꿈을 꾸지 않았을 수도 있습니다. 어떤 꿈이 있었는지는 중요하지 않습니다. 과거부터 지금까지 나는 무엇을 바라 왔고 무엇이 중요했는지 알아 가는 시간입니다. 바라는 것이 바뀌었다면 어떻게 바뀌었고 그렇게 된 이유도 적어 주세요.

시기	꿈	꿈을 가지게 된 이유	꿈이 바뀌게 된 이유
미취학 아동			
초등학생			
중학생			
고등학생			
현재			

<활동지 2-2>

내가 관심 있는 것은?

□ 꿈 포트폴리오를 작성하면서 나의 관심사는 어떻게 유지 혹은 변화되었고 지금은 어떤 상태인지 적어 봅니다.

내가 관심 있는 것은? (흥미 혹은 관심사)

내가 되고 싶은 것은? (역할 혹은 직업)

3. 나의 진로가치 찾기

도입 warm-up

- 지금까지 내가 시간이나 돈을 썼던 경험 중에 '참 돈을 잘 썼다.' 혹은 '정말 좋은 시간이었다.' 했던 것은 언제인가?
  - 예: 친구들과 놀 때, 밥 먹을 때, 취미활동을 할 때, 누군가에게 선물을 사 줄 때

활동 1 나의 진로가치 찾기

1. 가장 의미 있었던(보람찼던, 행복했던) 순간 두 가지 찾기
   - 최근 한 달 동안, 가장 의미 있었던 또는 가장 보람찼던 순간은 언제였는지 두 가지 이내의 사례를 적어 보기
2. 이 순간을 의미 있다고 생각하게 만든 가치는 무엇이었는지 〈진로가치 목록〉을 참고해서 일곱 가지 적기(첨부자료 참조)

활동 2 나는 어떤 가치를 추구하는 사람인가?

1. 일곱 가지 진로가치 중 가장 지키고 싶은 가치 한 가지 선택하기
   - 〈진로가치 목록〉을 참고해도 좋고 자신이 자유롭게 생각해서 정할 수도 있다.
2. 목적을 이루기 위한 도구가 되는 가치 두 가지 선택하기
   - 목적을 이루기 위해 필요한 능력이나 태도, 신념 등과 관련한 가치 두가지를 선택한다.
3. 진로가치로 나를 표현하는 짧은 글 지어 보기
   - 선택한 진로가치를 활용하여 자신이 추구하는 삶의 모습에 대해서 표현하는 문장을 만드는 활동이다.

정리 소감 공유 및 과제 부여

1. 활동 소감을 나눈다.
2. 다음 회기(인지적 진로 탐색)를 설명하면서 내 주변에 롤모델이 될 만한 사람을 1명 이상 찾아보는 과제를 내 준다. 부모님, 친구, 위인, SNS 팔로워 모두 가능하다는 점을 안내한다.

<활동지 3-1>

나의 진로가치 찾기

1. 가장 의미 있었던(보람찼던, 행복했던) 순간은 언제였나요?

예: 대학교 1학년 때 교내 연극동아리에서 배우로 활동하며 인정받았던 순간
내가 열일곱 살 평생을 살면서 부모님과 친구, 그리고 선생님으로부터 박수와 칭찬을 받았던 경험은 처음이었다. 연습하는 과정에서 '내가 끝까지 할 수 있을까?' '실수하지 않고 무대 위에서 잘할 수 있을까?' 스스로를 의심하면서 좌절하는 순간이 많았다. 그러나 오랜 연습기간 동안 힘든 순간마다 격려해 주며 위로해 주었던 친구들과 선생님이 있었기에 나는 포기하지 않고 여기까지 올 수 있었다.

2. 가장 의미 있었다고 생각하게 된 이유와 관련된 진로가치는 무엇인가요?

예: 완벽성, 도전, 동반성장, 존경과 인정, 대인관계, 예술성, 성장 가능성

<활동지 3-2>

나는 어떤 가치를 추구하는 사람인가?

목적이 되는 가치 (1)	전문성
목적을 이루기 위한 도구가 되는 가치 (2)	도전, 정직과 성실

진로가치로 나를 표현하기

↓

- 나는 학교 전문상담교사가 되기 위해 모든 일에 원칙을 가지고, 진실하며 정성스럽게 임할 것이며, 어려운 과제나 문제가 발생할 때마다 나를 믿고, 용기를 발휘하여 최선을 다해 정면으로 맞설 것이다.
- 나는 공학기술자가 되기 위해 모든 일에 진실하고 정성스럽게 임하는 성실한 사람이 될 것이며, 비록 교과 성적이 떨어지고 내 뜻대로 되지 않는 역경 속에서도 타인과 비교하지 않고, 마지막까지 나 자신을 믿고 앞으로 나아갈 것이다.

목적이 되는 가치 (1)	
목적을 이루기 위한 도구가 되는 가치 (2)	

나는

<참고자료> 진로가치 목록

1	경쟁	남보다 앞서기 위해 능력으로 서로 겨루는 것
2	극한 체험	고도로 자극이 많거나, 새롭고 낯선 정도가 심한 위험 상황임에도 그것에 도전하는 것
3	높은 지위	일을 통해 책임감이 높은 사회적 신분을 갖는 것
4	다양한 기술 숙달	새롭고 독특하고 어려운 기술이나 지식을 빠르게 숙달하고 활용하는 것
5	대인관계	일을 통해 다양한 사람들과 폭넓은 사회적 관계를 맺을 수 있는 것
6	도전	어려운 과제나 문제 앞에서 최선을 다해 자신을 믿고, 용기를 발휘하여 정면으로 맞서는 것
7	동반성장	가족 같은 분위기에서 경쟁 없이 서로 도우며 함께 성장하는 것
8	리더십	공동의 목표를 이루기 위해 조직 안에서 다른 사람들의 지지와 도움을 얻어 능력을 발휘하는 것
9	모험적 의사결정	개인이나 조직에게 위험 부담이 발생하더라도 가능성을 보고 일을 추진하는 것
10	문화적 다양성	다양한 종교, 인종, 문화의 사람들과 함께 어울려서 일하는 것
11	미적 탐구	다양한 대상의 아름다움 추구를 위해 깊이 연구하는 것
12	변화지향성	최신 기술이나 학문 또는 사회문화에서 급격한 변화를 추구하는 경향이 있는 것
13	봉사	다른 사람을 돕거나 사회에 도움이 되는 일에 자발적으로 참여하는 것
14	사회공헌	나의 능력과 재능을 사회나 국가의 발전을 위해 헌신하는 것
15	사회적 영향력	한 분야에서 사회적으로 인정을 받거나, 일정한 권력을 가져 다른 사람에게 영향을 줄 수 있는 것
16	성장가능성	자신이 가진 재능이나 능력이 성장할 수 있는 기회가 많이 제공되는 것
17	성취	자신이 가진 재능이나 능력을 발휘하여 목적한 바를 이루는 것
18	신체능력	다양한 활동에서 신체적인 힘이나 운동신경 등을 발휘하는 것
19	실용성	내가 한 일의 결과가 사회에 유용한 영향을 미치는 것
20	안전 및 건강	일하는 과정이나 결과가 개인의 신체적 안정과 건강을 중요하게 다루는 것
21	안정성	일의 내용이나 환경이 바뀌지 않고 오랜 시간 동안 안정적인 형태로 유지되는 것
22	예술성	연극, 음악, 무용, 미술 등의 예술 분야를 통해 자신을 표현하는 것
23	완벽성	자신이 하는 일을 빈틈없이 해내면서 만족감을 얻는 것

24	유머와 재치	눈치 빠르고 슬기롭게 행동하며 즐거운 상황을 만드는 것
25	일과 삶의 균형	일과 사회 활동뿐만 아니라, 가족에 대한 지지 및 개인적인 취미활동 등에 시간을 고루 할애하는 것
26	일에 대한 만족	내가 좋아하는 일을 하고 그것을 통해 삶의 행복을 얻는 것
27	자기주도성	다른 사람에게 의존하지 않고 일이나 프로젝트에 자발성을 가지는 것
28	자율성	근무 시간과 여유 그리고 일처리 방식을 자유롭게 결정할 수 있는 것
29	재산 증식	일을 통해 개인의 소유, 이익, 성과급 등 많은 양의 자본을 모으는 것
30	전문성	한 분야에 대한 이론적 지식이나 경험이 풍부하여 전문가로 유명해지는 것
31	전통성 추구	사회나 국가의 전통과 관련된 일을 하면서 역사적인 의미를 부여하는 것
32	정신적 연대감	개인의 생각이나 믿음, 가치 등을 지지하고 공감해 주는 공동체를 형성하는 것
33	정직과 성실	모든 일에 원칙을 가지고 진실되며 정성스럽게 처리하는 것
34	존경과 인정	일을 수행하는 과정에서 다른 사람에게 지지와 칭찬을 받는 것
35	주의집중	정밀한 주의력과 세밀한 활동이 요구되는 직업에 집중력을 발휘하는 것
36	지식탐구	세상의 원리나 사실에 대한 지식, 진실 그리고 이해를 통해 본질적인 것을 찾는 것
37	지역문제 해결	내가 살고 있는 지역 사회에 적극적으로 참여하여 지역의 문제를 해결하고 이웃들과 함께 성장해 가는 것
38	창의성	새롭고 독특한 방식으로 아이디어를 제시하고 프로그램이나 조직 등을 만들어 내는 것
39	창의지성	교육이나 기업 또는 과학 등의 공동체에서 정보와 새로운 생각을 창출하면서 연구와 개발에 몰두하는 것
40	평화와 공존	사회의 구성원들이 다툼 없이 서로 이해하고, 우호적이며, 조화를 이루도록 지원하는 것
41	합리적 보상	업무나 프로젝트 수행 결과에 대하여 합리적인 비용(월급, 수당)을 보상받는 것
42	혁신	기존과는 다른 새로운 관점에서 일에 대한 의미와 가능성을 찾아 관습, 풍속 등을 바꾸어 가는 것
43	협력	사회 공동의 목표를 이루기 위해 여러 사람이 힘을 합쳐 함께 일하는 것
44	환경보호	다른 여러 가치보다 자연 및 환경보호를 우선시하는 것

4. 진로계획, 어디까지 가 봤니

도입 warm-up

1. 지난 주간 예상하지 못했던 일이 있었다면 나누어 본다. 또한 예상하지 못했던 일이 일어났을 때 어떤 기분을 느끼는지도 나누어 본다.
   - 예: 동네에 꽃집이 새로 생겨서 오픈 할인으로 꽃을 삼, 버스를 타려고 나왔는데 지갑을 두고 나옴, 가려고 했던 음식점이 문을 닫아서 옆집에 갔는데 우연히 동창을 만남 등

활동 1 나와 어울릴 것 같은 진로 찾아보기

1. 내가 관심이 생긴 직업 두 가지 작성하기
   - 지금까지 흥미, 가치관을 탐색해 보았을 때 관심이 생긴 직업이 있다면 작성해 본다.
   - 직업으로 떠오르지 않는다면 어떤 일에 관심이 있는지 적어 본다.
2. 커리어넷 사이트에서 다음의 내용을 검색해 보기
   - 관심 있는 직업에 대한 구체적인 정보를 확인해 본다.
   - 관심이 생긴 직업을 커리어넷 사이트에서 검색해 본다.
   - 유사 직종, 연봉, 일자리 전망, 발전가능성, 고용평등, 관련학과 등의 정보를 기록해 본다.

활동 2 새로운 직업 대안 찾아보기

1. 이전의 회기를 거치면서 자신이 미래에 가져가고 싶은 한 가지 전공을 고른다.
2. 7개의 전공계열 카드를 랜덤박스에 담고 이 중에 카드 하나를 뽑는다.
3. 직접 선택한 전공과 무작위로 뽑힌 전공을 조합하고 자신의 적성에 맞는 새로운 직업이나 직무를 생각해 본다.

TIP 예시

1. 자신이 미래에 가져가고 싶은 한 가지 전공: 상담학
2. 7개의 전공계열 카드 중 하나를 뽑는다: 공학
   1) 7개의 전공계열 카드는 다음과 같다: 인문계열, 사회계열, 교육계열, 공학계열, 자연계열, 의약계열, 예체능계열

2) 각 계열 카드에는 다음과 같은 전공이 기재되어 있다.
   인문계열: 언어학, 심리학, 역사학, 국제지역학
   사회계열: 경영학, 경제학, 광고 및 홍보학, 금융학, 법학, 사회복지학, 행정학, 정치외교학
   교육계열: 유아교육학, 초등교육학, 자연계교육, 공학교육, 인문계교육
   공학계열: 건축학, 도시공학, 기계공학, 전기공학, 에너지공학, 신소재공학
   자연계열: 생물학, 환경학, 식품영양학, 수학, 물리학, 천문학
   의약계열: 의학, 간호학, 보건학, 의료공학, 약학
   예체능계열: 디자인, 공예, 무용, 체육, 조형, 연극, 음악

3. 1번과 2번을 조합하여 새로운 직업이나 직무를 생각해 본다: AI상담개발(상담+기계), 상담센터 건축 설계(상담+건축)

정리 **마무리**

1. 프로그램 참여 소감을 나눈다.
2. 다음 회기의 프로그램에 대해 안내한다.

<활동지 4-1>

나와 어울릴 것 같은 진로 찾아보기

◫ 내가 관심이 생긴 직업 두 가지 작성하기

	직업	관심이 생긴 이유
1		
2		

◫ 커리어넷 사이트에서 다음의 내용을 검색해 보기

직업	간호사[커리어넷-직업정보-간호사 검색(돋보기 모양)]

직업 1	

직업 2	

5. NQ(Network Quotient) 높이기

도입 warm-up: 밸런스 게임

1. 오늘 진행할 활동에 대해 안내한다.
2. 관계의 측면에 주목함을 소개하며 밸런스 게임을 진행한다. '내가 좀 더 친해지고 싶은 사람은?'

TIP 밸런스 게임 예시 문항

1. 상처 주는 말을 자주 하지만 나에게 꼭 필요한 정보(시험 족보 등)를 주는 친구 vs 늘 따뜻하고 나에게 힘이 되어 주지만 별다른 정보는 없는 친구
2. 돈 잘 빌려 주는 친구 vs 시간 잘 내주는 친구
3. 조그만 일에도 화를 잘 내는 친구 vs 조그만 일에도 슬퍼하고 우는 친구

활동 1 NQ 메트리(NQ-metry) 그리기

1. NQ 메트리 그리는 방법을 설명한다.
2. NQ 메트리를 그린다.
3. 작성된 NQ 메트리를 다른 집단원들에게 소개한다.
4. 집단원들은 해당 집단원의 NQ 메트리를 보고 피드백한다.

TIP NQ 메트리 그리기

1. 내가 주변에서 만나거나 접할 수 있는 인물들을 가족/친척, 학교, 동아리, 지역 사회, 매체(TV, 인터넷) 등의 영역으로 나누어 평면 위에 표현한다. 기본적으로 소시오메트리 그리는 방법과 유사하나, 초점은 각 개인의 연결 정도가 아닌 각 개인의 직업과 진로이다.
2. 특히 직접 알고 있지는 않더라도 소셜 미디어(인스타 팔로잉 등)를 통해 알고 있는 인물도 넣을 수 있도록 한다.
3. 그들 각각의 직업 및 전공을 표현한다.
4. 완성된 NQ 메트리를 보면서 어떤 공통점이 있는지, 내 주변 사람들의 진로/직업은 어느 쪽이 많은지 살펴본다.
5. 나의 NQ 메트리 속에 전혀 없는 직업군을 살펴본다.
6. 완성된 NQ 메트리를 다른 집단원들에게 소개하고, 집단원들은 해당 집단원의 NQ 메트리를 보면서 느꼈던 인상 등을 자유롭게 피드백한다.

활동 2 인터뷰 질문 작성하기

1. NQ 메트리 속 1명을 선정하여 가상의 인터뷰 계획을 세운다.
2. 그 사람에게 질문하고 싶은 인터뷰 질문 목록을 작성해 본다.

TIP 인터뷰 질문 작성하기

1. NQ 메트리 속 인물들 중 가장 인터뷰 하고 싶은 1명을 선정한다.
2. 해당 인물에 대한 인터뷰 계획을 세우고, 인터뷰 질문 목록을 작성해 본다.
3. 해당 인물의 진로 선택 과정, 직업에 대한 만족도 등이 탐색될 수 있는 질문을 작성한다.

정리 마무리 및 소감 공유

1. 오늘 배운 내용을 정리한다.
2. 활동 소감을 나눈다.

6. 나의 진로 스탯 분석하기(진로 역량 분석)

도입 warm-up

1. 오늘 진행할 활동에 대해 안내한다.
2. 무인도에 가져갈 물건 3개를 적어 보고, 2인 1조로 이를 나눠 본다.
3. 무인도에 3명의 사람을 데려갈 수 있을 때 어떤 사람을 데려가고 싶은지 생각해 본다. 데려가고 싶은 이유에 대해 살피면서 어떤 '역량'을 가진 사람을 데려갈지 떠올려 보게 한다. 자연스럽게 '역량'에 대한 이야기로 넘어간다.

TIP 무인도 활동

그 물건, 그 사람을 고른 이유를 탐색하면서 이를 '역량'의 관점으로 연결 지을 수 있는 지점이 있다면 연결 지을 수 있도록 한다.

활동 1 핵심역량 이해하기

1. 핵심역량의 의미를 소개한다.
2. 각 영역의 특성을 소개한다.

TIP 핵심역량 소개

- 너무 길게 설명할 필요 없이 핵심만 간단히 전달한다.
- 역량이 정해져 있지 않으며, 마지막 한 칸은 스스로 중요하다는 것을 넣어 작성해 볼 수도 있다.

활동 2 게임 캐릭터 스탯 만들기

1. 진로 스탯 활동지를 통해 나의 현재 역량을 셀프로 평가해 본다.
2. 진로에 있어 롤모델이라고 생각하는 사람의 진로 스탯 활동지를 작성해 본다.
3. 두 스탯 활동지를 오버랩해서 비교해 본다.
4. 나의 현재 상태와 앞으로 좀 더 발달시키고 싶은 부분을 정리하고 상호 나누고 피드백 받는다.

정리 마무리 및 소감 공유

1. 오늘 배운 내용을 정리한다.
2. 활동 소감을 나눈다.

<활동지 6-1>

진로 스탯(핵심역량)을 찾아라!

핵심역량이란 개인이 갖고 있는 지식과 기술, 태도로 직무를 수행하면서 탁월한 성과를 도출하는 능력을 뜻합니다. 한국직업능력개발원은 핵심역량 영역으로 자기관리역량, 대인관계역량, 의사소통역량, 자원 · 정보 · 기술 활용역량, 글로벌역량, 종합적 사고력 등 여섯 가지를 제시했습니다.

- 자기관리역량
  문제 상황을 진단하고 이를 해결하기 위해 자신을 관리하는 능력을 말한다. 자기관리역량을 높이려면 우선적으로 자신이 도달해야 할 목표를 구체적으로 세우고, 목표에 도달할 수 있도록 해 주는 세부 목표와 이를 수행한 내용을 꼼꼼하게 기록하고 관리해 보자.
- 대인관계역량
  다양한 인간관계와 사회적 상황 속에서 공동의 목표를 달성하기 위해 필요한 역량을 말한다. 동아리활동, 봉사활동 등에서 리더십을 발휘해 프로젝트를 완수해 보자. 대인관계역량을 높여 주는 프로그램에 참가하는 것도 좋은 방법이다.
- 의사소통역량
  갈등 해결을 위한 조정 능력을 말한다. 생각하고 말하는 능력을 키우려면 동아리활동이나 봉사활동 등을 통해 리더십을 발휘하고 발표 및 토론에 적극 참여하는 것이 좋다.
- 자원 · 정보 · 기술 활용역량
  시간, 예산, 인적 · 물적 자원과 문자, 숫자, 그림 정보 및 정보통신, 과학기술, 기기 작동 기술 등을 수집하고 분석해 활용하는 능력을 말한다. IT기기를 활용해 관심사와 관련한 다양한 정보를 찾아 활용하거나, 관심사에 대한 깊이 있는 지식을 얻기 위해 도서관에서 여러 책을 찾아 읽는 것도 좋은 방법이다.
- 글로벌역량
  세계화 시대에 필요한 국제적 감각과 자세, 능력을 말한다. 만약 학교에 교환학생 프로그램이 있다면 적극적으로 활용해 보자. 외국에 나가지 못하더라도 외국인 친구를 멘토링해 주거나 외국인 친구로 구성된 커뮤니티에 참여해 활동하는 것도 글로벌 마인드를 키울 수 있는 기회가 된다. 영어, 중국어 등 외국어 회화 실력을 높이는 것도 추천한다.
- 종합적 사고력
  고차원적인 사고 능력으로 문제 상황을 명확하게 인식하고 과제 해결을 위해 추론하며, 준거에 비추어 아이디어를 판단하고 가장 타당한 해결책을 제시하는 능력을 말한다. 책 읽기와 글쓰기, 동아리활동, 신문 뉴스 분석과 토론 경험 등이 종합적 사고력을 키워 주는 활동이다.

출처: 에듀진(2018. 5. 25.).

<활동지 6-2>

진로 역량 스탯 분석-나

1. 총 여섯 가지의 역량을 선택합니다. '진로 스탯을 찾아라!'에 제시된 역량 여섯 가지로 해도 되고, 자신의 생각에 좀 더 중요한 역량이 있다면 이를 직접 추가할 수도 있습니다(이 경우에도 역량은 총 6개).
2. 10점 만점을 기준으로 각 역량의 점수를 스스로 평가해 보고, 이를 육각형 안에 그려 봅니다.
3. 각 점을 연결하여 나의 진로 역량 스탯을 완성해 봅니다.

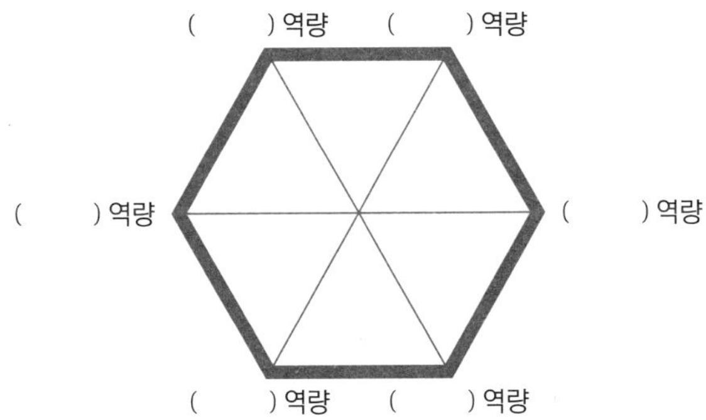

진로 스탯 분석-롤모델

1. 나의 진로 스탯 분석에서 활용했던 여섯 가지의 역량을 선택합니다.
2. 해당 롤모델을 떠올리며 10점 만점을 기준으로 각 역량의 점수를 스스로 평가해 보고, 이를 육각형 안에 그려 봅니다.
3. 각 점을 연결하여 롤모델의 진로 역량 스탯을 완성해 봅니다.

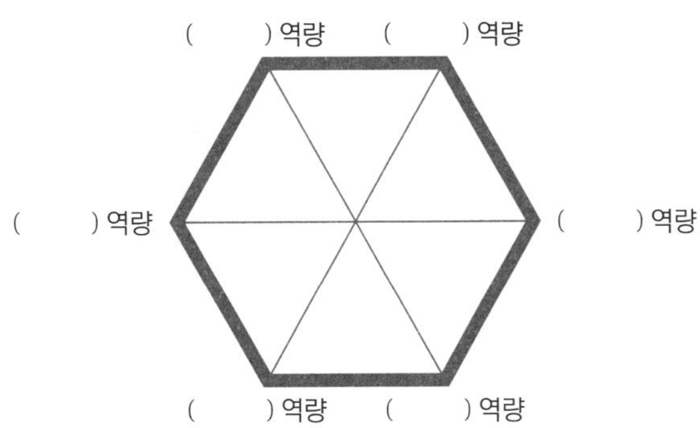

TIP 나와 롤모델의 역량을 비교해 보세요!

1. 가장 큰 차이가 나는 부분은 어디인가요?
2. 해당 역량을 높이려면 나에겐 어떤 경험(던전)이 필요할까요?

7. 진로장벽

도입 warm-up: 오히려 좋아

1. '오히려 좋아'라는 인터넷 밈을 소개한다(이모티콘 등).
2. 해당 밈의 뜻을 소개한다.
   - 최근 유행하는 밈 중 하나로 예상하지 못한 안 좋은 일이 발생했을 때 오히려 큰 그림을 그리며 이를 긍정적으로 본다는 말
3. 어떤 상황에서 '오히려 좋아.'라는 말을 들었는지, 혹은 나의 상황에서 그런 말이 적용될 만한 경우가 있었는지에 대해 자유롭게 나누어 본다.

TIP 오히려 좋아

단기적인 맥락에서는 나쁜 일일 수도 있는 일이, 장기적인 관점에서는 긍정적인 일이 될 수도 있다는 맥락에 집중하여 촉진한다.

활동 1 진로장벽 이해하기

1. 진로장벽의 의미를 소개한다.
2. 진로장벽의 유형과 예시를 소개한다.

TIP 진로장벽 소개하기

1. 진로를 선택하고 실행하는 과정에서 개인의 진로목표 실현을 방해하거나 가로막는 내적·외적 요인들을 진로장벽이라고 합니다.
2. 이러한 진로장벽은 여러 가지 요인으로 구분할 수 있는데, 크게는 내적 요인과 외적 요인으로 나누어 볼 수 있습니다.
3. 내적 요인은 개인의 내적 특성과 관련된 것으로 자아개념, 가치관, 성취동기 등이 있을 수 있습니다.
4. 외적 요인은 사회/경제/문화적인 구조나 성별/인종 등으로 인한 차별, 근무조건 등 환경적인 부분과 관련된 것을 뜻합니다.
5. 최근 연구들은 이러한 진로장벽의 존재 자체보다 각 개인이 이를 어떻게 '지각'하고 있는지에 조금 더 주목하여 살펴보고 있습니다.

활동 2 **나의 진로장벽 인식하기**

1. 진로장벽 리스트 활동지를 통해 나의 현재 진로장벽을 점검해 본다.
2. 내적/외적 요인 중 가장 크게 다가오는 것을 한 가지 고르고, 이것이 나의 진로 선택에 어떤 영향을 주고 있는지 이야기해 본다.
3. 작성한 결과지를 그룹원들에게 공유하며 상호 의견을 나눈다.

활동 3 **가지 않은 길**

1. 진로장벽이나 불확실성 등으로 선택하지 않은 진로가 있는지 생각해 본다.
2. 해당 진로를 선택했다고 가정했을 때 나의 삶의 모습이 어떻게 달라졌을 것 같은지 그림/글 등으로 표현해 본다.

정리 **마무리 및 소감 공유**

1. 오늘 배운 내용을 정리한다.
2. 활동 소감을 나눈다.

<활동지 7-1>

나의 진로장벽 부수기

• 진로장벽
 – 진로를 선택하고 실행하는 과정에서 개인의 진로목표 실현을 방해하거나 가로막는 내적 · 외적 요인들을 말합니다.
 – 내적 요인은 개인의 내적 특성과 관련된 것으로 자아개념, 가치관, 성취동기 등이 있을 수 있습니다.
 – 외적 요인은 사회/경제/문화적인 구조나 성별/인종 등으로 인한 차별, 근무조건 등 환경적인 부분과 관련된 것을 뜻합니다.

1. 나의 진로장벽에는 어떠한 것들이 있나요?

내적 요인			
자아개념	가치관	성취동기	진로에 대한 신념
외적 요인			
가족/주변의 반대	사회 · 경제적 상황	신체적/물리적 요인	차별

2. 위에 제시한 진로장벽 중 가장 크게 와닿는 것이 있다면 무엇인가요?

____

____

3. 해당 진로장벽이 나의 진로 선택에 어떤 영향을 미치고 있나요?

____

____

<활동지 7-2>

가지 않은 길

[ㅂ] '진로장벽 부수기'에서 작성한 진로장벽을 잘 해결한 모습과 그렇지 않은 모습을 상상해 보세요. 이 둘의 진로는 어떻게 달라져 있나요? 나는 각각 어떤 모습의 삶을 살고 있을까요? 글, 그림 등으로 자유롭게 표현해 보세요.

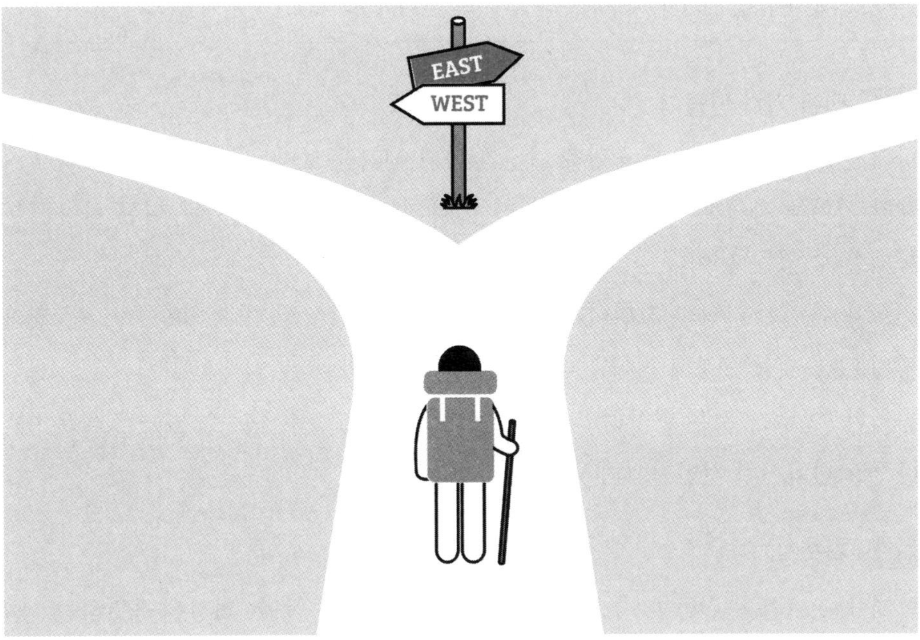

8. 진로 불안

도입 warm-up

1. 우리의 생각에 대한 재미있는 실험 하나를 하겠다고 이야기한다.
2. "머릿속에 흰 곰 한 마리를 떠올려 보세요."라고 지시한다.
3. 어떤 흰 곰을 떠올렸는지 1~2명 정도 이야기를 들어 본다.
4. "지금부터 흰 곰에 대해 생각하지 마세요."라고 지시한다.

TIP 흰 곰 실험

사고 억제의 효과에 대한 실험으로 우리가 인위적으로 생각을 통제하려고 애쓸수록 오히려 역효과가 난다는 것을 보여 준다. 불안도 마찬가지로, 불안을 억누르거나 없애려 하기보다는 있는 그대로 바라보고 수용함이 중요할 수 있음을 이야기한다.

활동 1 진로 기차 만들기

1. 나의 진로 기차가 선로를 출발해 가고 있다고 생각해 보자.
2. 해당 기차는 총 2개의 칸이 있다. 하나는 '내가 통제할 수 있는 것', 다른 하나는 '내가 통제할 수 없는 것'이다.
3. 진로와 관련된 다양한 고민이나 의사결정 상황에 있어 내가 통제할 수 있는 것과 그렇지 않은 것을 구분해 적어 본다.
4. 통제할 수 없는 것은 바꾸려고 애쓰기보다 수용하고, 통제할 수 있는 것들은 어떻게 바꾸고 변화시킬 것인지에 대해 생각해 본다.

활동 2 걱정상자

1. 쪽지에 진로와 관련한 여러 가지 불안, 걱정과 그러한 불안, 걱정을 유발하는 상황이나 생각들을 적어 본다.
2. 해당 쪽지들의 내용에서 공통적인 부분이 있는지 확인해 본다. 그러한 불안이 어디서 비롯되었는지(잘하고 싶은 마음, 성공적인 진로를 개척하고 싶은 마음, 안정과 평화를 찾고 싶은 마음 등) 긍정적인 동기를 찾아본다.
3. 걱정상자 속에 불안한 생각과 내용들을 작성한 쪽지를 모두 넣고, 뚜껑을 닫는다. 이후 나만의 걱정상자에 이름(라벨링)을 붙여 주고, 이를 그 이름으로 새롭게 부른다.

4. 라벨을 붙인 상자를 사진 촬영 후 포트폴리오에 사진을 붙여 봐도 좋다.

TIP 걱정상자

1. 불안 밑에 숨겨진 긍정적인 동기를 찾기 위한 활동이다.
2. 처음엔 찾기 어려워할 수 있으므로 긍정적인 측면을 몇 가지 예시를 통해 설명해 주는 것도 좋다.
   예: 내가 선택한 진로가 유망하지 못할 것 같아서 불안함 → 유망한 진로를 선택해 유능감을 발휘하고 싶은 마음
   예: 내가 원하는 진로와 부모님이 원하는 진로가 다름 → 타인의 기대에 부응하는 사람이 되고 싶은 마음
3. 걱정상자의 이름을 정하는 것은 해당 걱정, 고민들을 새로운 관점에서 바라볼 수 있도록 돕기 위함이다. 이름 짓기를 어려워하면, 몇 가지 예시를 들어 줄 수 있다.
   예: 빛 상자, 멈춤 상자, 반전 상자 등

정리 마무리 및 소감 공유

1. 오늘 배운 내용을 정리한다.
2. 활동 소감을 나눈다.
3. 바꿀 수 없는 것을 수용하기와 관련하여 마음챙김 명상 등을 소개하고 과제로 내줄 수 있다.

<활동지 8-1>

진로 기차

⊟ 내가 통제할 수 있는 것을 적어 봅시다.

⊟ 내가 통제할 수 없는 것을 적어 봅시다.

<활동지 8-2>

나의 진로 걱정

진로와 관련하여 나를 불안하게 하는 걱정, 상황, 생각들을 적어 봅시다.

9. 진로 자신감(진로 효능감)

도입 warm-up: 거짓말 게임

1. 오늘 진행할 활동에 대해 안내한다.
2. 2인 1조로 나누고 친구, 여행, 특기, 사고 중 1개의 제시어를 선택하게 한다.
3. 제시어에 관한 일화들을 자유롭게 이야기하되, 한 가지 거짓말을 섞어서 대화하게 한다.
4. 서로 어떤 게 거짓말이었는지 맞춰 본다.

TIP 거짓말 게임

거짓말로 지어 낸 일화가 사실이라면 자신에게 어떤 게 달라졌을지 상상해 보라고 말하며, 평행우주와 우연한 터닝포인트를 활용해 활동에 대한 흥미를 이끌어 낸다.

활동 평행우주 '나'들이

1. 이전 회기들에서 고민한 내용을 바탕으로, 현재의 내가 40년 후 어떤 모습이 될지, 또는 되고 싶은지 상상해서 간단하게 그려 본다.
2. 삶에서 마주칠 수 있는 우연하고 큰 변화들(구직 성/패, 이사/이민, 가족과 이별, 사랑/결혼, 출산/육아, 경제적 성/패 등)을 함께 떠올려 본다.
3. 앞서 논의한 삶의 큰 변화 중 하나를 선택하거나, 그 밖에 자신에게 일어날 수 있는 우연한 터닝포인트를 상상하여 40년 후 내 모습을 두 가지 더 그려 본다.
4. 각자 평행우주 속 3명의 '나'들 중 가장 마음에 드는 자신의 모습을 선택해 다른 집단원들에게 소개한다.
5. 집단원들은 해당 집단원의 그림을 질문이나 감상을 나눈다.

TIP 평행우주 '나'들이

1. 미래의 모습을 그릴 때에는 구체적이고 실질적인 형태(사무실에서 일하는 모습, 은퇴 후 여가를 즐기는 모습 등)로 그려도 되고, 추상적이고 상징적인 형태(고요한 바다에 떠 있는 배 등)로 그려도 된다고 안내한다.
2. 선택한 삶의 변화가 긍정적이든 부정적이든, 그것에 잘 대처하거나 긍정적으로 승화한 모습을 상상하여 그려 보게 한다. 이는 인생에 큰 변화가 와도 자신의 진로를 개척할 수 있다는 효능감을 집단원이 갖도록 하기 위함이다.

3. 자신의 그림을 소개할 때에는 그림에 그려진 40년 후의 모습뿐 아니라 그 사람이 어떤 삶의 과정을 거쳐서 그 자리에 왔는지도 함께 소개하게 한다.

정리 마무리 및 소감 공유

- 활동내용을 정리하며 인생에서 일어나는 우연한 일들이 진로에 영향을 미칠 수 있고, 우리에게 그 변화를 거름으로 삼아 다시 인생을 그려 나갈 수 있는 힘이 있음을 짚어준다.
- 현재의 감정과 소감을 나눈다.

10. 직업 능력 향상 행동

도입 warm-up: 다시 하는 돌잡이

1. 오늘 진행할 활동에 대해 안내한다.
2. 주어진 돌잡이 물건들 중에 지금의 내가 집고 싶은 물건을 골라 본다.
3. 자신이 집은 물건의 의미와, 그 물건을 집은 이유를 발표한다.

TIP 다시 하는 돌잡이

- 돌잡이 물건 예시: 마이크, 청진기, 판사봉, 마패, 금화, 연필, 실, 공 등
- 물건을 고를 때에는 갖고 싶은 능력을 생각하며 물건을 고르도록 한다.
- 물건을 고른 이유를 탐색하면서 이를 직업 능력의 관점에서 연결 짓는다.

활동 오늘이라는 씨앗

1. 9회기에 그린 40년 후 내 모습 그림 중 마음에 드는 것을 고르고, 그러한 미래에 내가 갖고 있을 것들(능력, 자격, 학력/ 인간관계, 태도/ 취미, 가치관, 좌우명 등)을 상상해 본다.
2. 내가 바라는 모습이 되어 가는 과정에서 10년 안에 이룰 수 있는 것들(능력, 자격, 학력, 인간관계, 취미, 경제적 기반 등)을 떠오르는 대로 적고, 서로 공유한다.
3. 내가 바라는 모습이 되기 위해 오늘 당장 실천할 수 있는 일들을 떠올려 본다.
4. 이상의 내용과 자신의 다짐을 서로 공유하고 질문과 감상을 나눈다.

TIP 오늘이라는 씨앗

- 미래의 내가 지닌 것을 상상할 때 일, 사람, 나와 관련한 영역으로 나누어 구조화한다.
- 10년 안에 이룰 수 있는 것, 오늘 실천할 수 있는 일을 떠올릴 때는 실제로 이룰 수 있는 것을 떠올리라고 함으로써 실제 실천을 위한 활동임을 상기시킨다. 특히 오늘 실천할 수 있는 일은 하루 단위의 과제가 될 수 있도록 작은 일을 계획해 보게 한다.

정리 마무리 및 소감 공유

1. 작은 씨앗이 커다란 나무로 자라듯, 우리가 꿈꾸는 거창한 미래도 오늘 실천할 수 있는 작고 사소한 일에서 시작될 수 있음을 짚어 준다.
2. 현재의 감정과 소감을 나누며, 오늘 배운 내용을 정리한다.

<활동지 10-1>

오늘이라는 씨앗

1. 40년 후 미래에 내가 갖고 있을 것들을 상상해 봅시다.

일을 대할 때 (능력, 자격, 학력 등)	사람을 대할 때 (인간관계, 태도 등)	나를 대할 때 (취미, 가치관, 좌우명 등)

2. 내가 바라는 모습이 되기 위해 10년 안에 이룰 수 있는 것들을 떠올려 봅시다.

일을 대할 때 (능력, 자격 등)	사람을 대할 때 (인간관계, 태도 등)	나를 대할 때 (취미, 가치관 등)	돈을 대할 때 (경제적 기반)

3. 오늘 당장 실천할 수 있는 '작은' 일들을 떠올려 봅시다.

일을 대할 때	사람을 대할 때	나를 대할 때	돈을 대할 때

4. 위에 정리한 것 중 지금 나에게 가장 필요한 것이 있다면 무엇인가요?

11. 진로설계 및 계획 수립

도입 warm-up: 내 자랑 이웃 자랑

1. 2명씩 짝을 짓고, 인터뷰를 통해 서로의 장점 형용사 3개를 찾아본다.
2. 인터뷰가 끝나면 모두 모여서 짝의 장점을 모두에게 소개한다.

TIP 내 자랑 이웃 자랑

이번 회기의 본 활동은 집단원에게 계발이 필요한 부분에 초점을 두기 때문에 자칫하면 집단원 스스로가 부족하다고 느끼거나 좌절을 경험하게 할 수도 있다. 따라서 warm-up 활동을 통해 각자 갖고 있는 장점을 상기시키고 자신감을 갖도록 한다. 이를 위해 집단원들의 장점이 소개될 때 집단 내에서 보인 모습과 연결 짓는 등 장점을 강조하고 힘을 실어 준다.

활동 나만을 위한 취업설명회

1. 10회기 활동지를 바탕으로 현재의 내가 미래에 꿈꾸는 내가 되기 위해서 가장 많은 노력이 필요할 것 같은 영역들을 점검한다.
2. 점검한 영역들을 염두에 두고, 원하는 진로 및 필요한 능력 계발과 관련하여 자유롭게 검색하고 내용을 정리한다.
3. 검색한 내용을 바탕으로 5~10년 내에 자신이 수행할 과업을 계획한다.
4. 정리한 내용을 설명회의 형식으로 간략하게 발표하고 피드백을 나눈다.

TIP 나만을 위한 취업설명회

1. 활동 이름은 '취업'설명회이지만 취업에 국한될 필요는 없고 자신에게 계발이 필요한 부분을 정리하고 계획하는 활동임을 설명한다.
2. 검색하는 시간이 부족할 수 있으므로 자신에게 필요한 영역을 한정하고 이에 집중하여 정보를 찾아보게 한다. 미리 이번 회기의 활동을 소개하고 사전 과제로 내줄 수도 있다.
3. 내용을 발표할 때는 다른 집단원들이 자신이라고 생각하고 설명회의 형식으로 발표하게 한다. 이를 통해 스스로를 위해 활동을 수행했음을 되새기고 설명한 내용을 수행해야 하는 것 또한 자신임을 인지하게 한다.

정리 마무리 및 소감 공유

1. 다른 회기와 달리 '나'를 대상으로 발표한 것은 이 활동이 누구보다 자신의 실천을 위한 활동이었기 때문임을 설명한다.
2. 활동 소감을 나눈다.

<활동지 11-1>

나만을 위한 취업설명회

자신을 위한 취업설명회를 계획해 봅시다.

1. 지난 회기 활동을 바탕으로 현재 나에게 가장 계발이 필요한 영역을 1~3개 선택해 봅시다('오늘이라는 씨앗' 활동지 '2번' 참조).

2. 선택한 영역을 중심으로 원하는 진로, 또는 능력 계발과 관련해 자유롭게 검색하며 내용을 정리해 봅시다.

3. 5~10년 내에 수행할 과업을 계획해 봅시다.
   1) 영역 1: ______
      과업 & 실천과제: ______
   2) 영역 2: ______
      과업 & 실천과제: ______
   3) 영역 3: ______
      과업 & 실천과제: ______

취업설명회를 들을 '나'를 위해 가장 강조하고 싶은 내용이 있다면 무엇인가요?

______

______

취업설명회를 들을 '나'에게 꼭 하고 싶은 응원의 한마디가 있다면 무엇인가요?

______

______

12. 마무리

도입 warm-up

1. 지금까지 집단을 경험하며 나의 진로에 대해 어떤 생각이나 느낌이 새로 생겼는지 떠올려 본다.
2. 떠오른 느낌을 영화 장르에 비유해 말해 본다.

TIP 장르영화의 주인공

지난 집단 활동들을 아우르는 마무리 활동을 하기 전, 집단원들의 기억과 정서를 활성화시키기 위한 활동이다. 떠오른 느낌과 장르를 바탕으로 나의 진로와 삶을 표현하는 나만의 영화 포스터를 만들 것임을 안내하며 본 활동으로 자연스럽게 연결한다.

예: 너무 흥미진진해서 '액션' 또는 '스릴러', 나에 대해 알아 가게 되어서 '로맨스' 또는 '추리', 즐겁고 재밌어서 '코미디', 놀랍고 신기해서 'SF' 등

활동 내 삶의 영화 포스터 만들기

1. 내 진로와 삶에 대해 한 편의 영화를 만든다고 가정하고 그 영화를 위한 포스터를 만들어 보자고 안내한다.
2. 지금까지 집단 활동에서 가장 기억하고 싶은 순간을 떠올리고 그때 얻은 깨달음이나 다짐을 정리한다.
3. 떠올린 순간과 warm-up에서 선정한 영화 장르를 바탕으로, 앞으로의 진로 여정이나 포부를 표현하는 영화 제목과 문구를 만들어 본다.
4. 예시 양식을 참고하여 디자인 애플리케이션을 활용해 영화 포스터를 만든다.
5. 완성된 포스터와 그 속에 담긴 의미를 집단원들에게 공유하고 피드백을 나눈다.

TIP 내 삶의 영화 포스터 만들기

1. 집단 활동에서 선정한 단일한 '직업'보다는 앞으로의 진로 '여정'이나 '포부'에 초점을 두어 볼 것을 권장한다.
2. 일반적으로 포스터 디자인은 타이틀, 텍스트, 그래픽, 여백 네 가지 요소로 구성됨을 설명한다.
3. 포스터를 디자인하는 것이 어려울 수도 있으므로 영화 포스터 템플릿을 제공하는 애플리케이션을 소개하고 이를 활용해 만들어 보도록 한다(선택 사항).

정리 마무리 및 소감 공유

1. 1회기부터 지금까지의 집단 활동을 간략히 정리한다.
2. 집단에 참여한 소감과 앞으로의 포부를 나눈다.

<활동지 12-1>

내 삶의 영화 포스터 만들기

📖 내 진로와 삶을 표현하는 영화 포스터를 만들어 봅시다.

1. [장르] 지금까지 집단 활동을 경험하며 나의 진로에 대해 새로 생긴 느낌을 영화 장르에 비유한다면 무엇인가요?

2. [주제] 지금까지 집단 활동 중 가장 기억하고 싶은 순간이 있다면? 그 순간 깨달았거나 다짐한 내용은 무엇인가요?

3. 1, 2번 질문에 대한 답변을 바탕으로 앞으로의 진로를 표현하는 영화 제목과 문구를 만들어 봅시다. (직업 그 자체보다는 내가 나아갈 진로 여정이나 포부에 초점을 두어 봅시다.)

4. 예시 자료를 참고해 내 삶의 영화 포스터를 만들어 봅시다.

TIP 편집이 가능한 다양한 포스터 템플릿

[Canva] https://www.canva.com/ko_kr/posters/templates/movie/

[Adobe Express] https://www.adobe.com/kr/express/templates/poster/movie

대학생

3. 워크북

1) 초등학생

2. 진로의 첫걸음

직업이 사라진다면?

[답] 만약 모든 사람이 일을 하지 않거나 직업을 갖지 않는다면 어떤 일이 벌어질지 다양한 예를 들어 적어 봅시다. 벌어질 일과 그렇게 쓴 이유를 함께 적어 주세요.

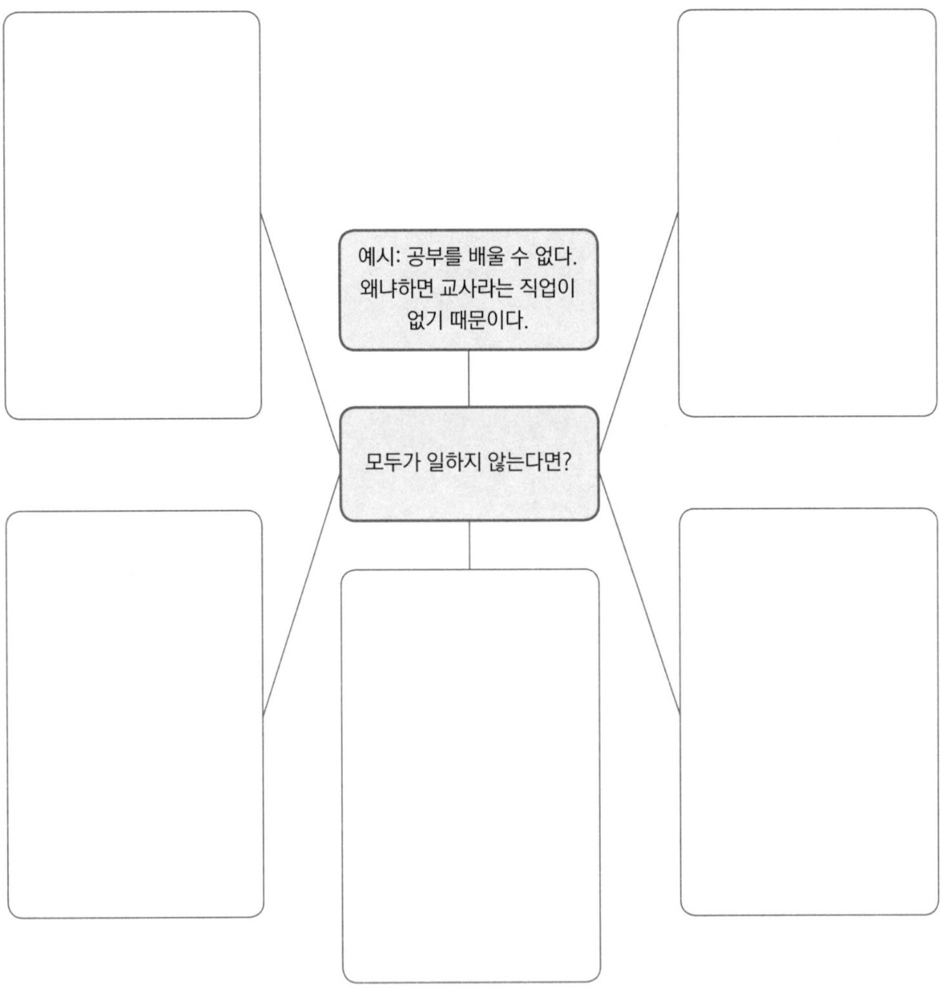

사라진 직업은 무엇일까요?

1. 활동지에 있는 네 칸의 종이를 자릅니다.
2. 네 칸 중 첫 칸에 직업을 적고, 나머지 세 칸에 그 직업이 없으면 겪게 되는 어려움을 적습니다.
3. 퀴즈를 내는 학생이 어려움 세 가지를 말하면, 퀴즈 정답 판에 직업을 적고 동시에 보여 줍니다.
4. 퀴즈를 낸 학생이 정답을 발표한 후, 또 다른 어려움에는 무엇이 있을지 이야기를 나눕니다.

어떤 직업인가요?	제가 선택한 직업은 (　　　　)입니다.
이 직업이 사라진다면 생길 첫 번째 어려움은 무엇인가요?	
이 직업이 사라진다면 생길 두 번째 어려움은 무엇인가요?	
이 직업이 사라진다면 생길 세 번째 어려움은 무엇인가요?	

3. 변화무쌍한 직업 세계

미래의 직업들

No	키워드	특징 또는 사례	관련 직업
1	빅데이터	스포츠 경기결과 예측, 맞춤형 쇼핑 추천, 개인 맞춤형 마케팅, 유튜브 영상 추천, 실시간 교통정보 제공	• 빅데이터 전문가 • 데이터보안 전문가 • 광고 및 홍보 전문가
2	사물인터넷 (IoT)	생산 설비가 서로 연결된 스마트 팩토리, 체중관리 해피포크, 스마트 냉장고, 다른 차나 교통시설과 연결된 커텍티드 카	• 사물인터넷 전문가 • 정보보호 전문가 • 네트워크 전문가
3	인공지능 (AI)	인공지능인 구글 알파고와 IBM 왓슨, 인공지능 스피커인 네이버클로바, 11번가 꾹, 인공지능 변호사와 기자	• 인공지능 전문가 • 감성인식기술 전문가
4	로봇	인천공항 안내로봇 에어스타, 도미노피자 배달로봇, 아마존 물류 로봇 키바	• 로봇공학자 • 생체로봇 개발자 • 로봇윤리학자
5	3D 프린터	3D 도면을 바탕으로 물품을 만들고 의료 및 제조 분야 등 널리 활용	• 3D 프린팅 소재 개발자 • 3D 프린팅 운영 전문가
6	자율주행 자동차	IT기업과 자동차 제조기업이 기술을 결합해 만든 자동차	• 무인자동차 엔지니어 • 무인자동차 실내 디자이너
7	드론	공연, 방송, 건설, 농업, 지도 제작 등에 활용	• 드론 전문가 • 드론 조종사 • 드론 정비사
8	클라우드 서비스	스마트폰 사진 자동 백업 공유 등의 네이버 클라우드나 구글 클라우드	• 클라우드 시스템 엔지니어 • 클라우드 보안 전문가
9	모바일	지갑처럼 접을 수 있는 폴더블 스마트폰, 태블릿 PC 등	• 모바일 애플리케이션 개발자
10	가상 · 증강 현실	HMD(머리 착용 디스플레이)를 이용한 VR 게임기	• 가상현실 전문가 • 홀로그램 전문가

11	핀테크	삼성페이, LG페이, 인터넷은행	• 핀테크 전문가 • 블록체인 전문가
12	바이오	체내 이식형 스마트바이오센서, 스마트폰 이용 진단기술 측정, 지능형 환자 맞춤약	• 지능형 환자 맞춤형 프로그래머 • 수술용 나노로봇 조종사 • 생명공학자 • 유전체분석가
13	스마트 헬스	삼성, 애플, 구글의 헬스앱 또는 스마트 워치 및 스마트밴드	• 스마트 헬스케어 기기 개발자 • 스마트 헬스케어 서비스 기획자
14	초연결사회	환자들의 쓰러짐을 방지하는 스마트 슬리퍼, 기저귀에 센서를 달아 기저귀 상태를 알려 주는 하기스 트윗피	• 사물인터넷 전문가 • 빅데이터 전문가
15	초지능화	알파고가 스스로 바둑을 두면서 실력을 향상시키는 것, 환자들의 의료 데이터를 분석해 의료진단을 하는 IBM 왓슨	• 빅데이터 전문가 • 인공지능 전문가 • 로봇 개발자
16	고령화	웰빙(잘 사는 것), 웰다잉(잘 죽는 것), 웰에이징(잘 늙는 것)에 관심 증가	• 노인복지 매니저 • 치매전문가 • 빈집 코디네이터 • 노년플래너
17	저출산	우리나라 출산율은 OECD 국가 중 최하위, 산부인과 의사 감소, 학생과 교사 수 감소	• 결혼상담원 • 임신출산육아 전문가
18	일과 여가의 균형	유연근무제도 확대, 업무시간 단축, 육아휴직 증가	• 개인미디어콘텐츠 제작자 • 웰니스코치 • 라이프코치 • 상담심리전문가 • 여행기획자
19	웰빙과 웰다잉	슬로우푸드, 디톡스, 친환경 및 유기농 식품 선호	• 헬스케어 컨설턴트 • 노년플래너 • 호스피스

20	가족구성 변화	결혼을 하지 않거나 1인 가구가 증가하고 있음	• 쉐어하우스 코디네이터 • 반려동물 행동교정 전문가
21	문화의 다양화	국제결혼과 이민자가 증가하고 있음	• 다문화 코디네이터 • 다문화 산후조리사 • 할랄푸드 전문가
22	글로벌화	K-POP의 확산, 국내 기업의 해외진출	• 관세사 • 국제회의 기획자 • 콘텐츠 글로벌 마케터
23	공유경제	Airbnb(숙박공유), 카쉐어링(차량공유), 사무공간 공유	• 응용 소프트웨어 개발자 • 유휴공간활용 컨설턴트
24	자동화·디지털화	키오스크, 외과수술 로봇, 가상현실 글라스	• 소프트웨어 개발자 • 감성공학 전문가
25	직무 융·복합화	전화 상담업무 및 은행업무	• UX 디자인 컨설턴트 • 핀테크 전문가
26	로봇과의 협업	인간과 함께 일을 하는 협업로봇인 코봇의 도움을 받음	• 로봇윤리학자 • 협업로봇 개발자
27	창업·창직	메이커스 운동 확산, 1인 기업 증가, 1인 브랜드화	• 창업기획자 • 신사업 아이디어 컨설턴트
28	O2O 서비스	소셜커머스(쿠팡, 티몬, 위메프 등), 모바일 배달 주문, 오프라인 매장의 온라인 예약	• 소프트웨어 개발자 • 모바일 앱 개발자
29	유연근무	재택 및 원격 근무, 시간제 근무	• 소프트웨어 개발자 • SNS 마케터
30	기후 변화	사하라 사막에 내린 눈, 폭염의 장기화, 이상 한파	• 기후 변화 컨설턴트 • 기상전문가 • 스마트 재난 관리자
31	신재생 에너지	화석연료 대신 신재생 에너지 활용	• 신재생 에너지 전문가 • 탄소배출권 거래 컨설턴트
32	환경오염	녹지 감소, 미세먼지, 동식물 멸종위기	• 가정환경 컨설턴트 • 공기정화식물 관리자

33	물 부족	물 부족 문제로 생수 소비 증가	• 수질환경 연구원 • 환경오염 분석가

출처: 주니어 커리어넷(https://www.career.go.kr/cloud/j/card/aldal).

다양한 미래 직업 키워드 중, 내가 고른 키워드는 무엇인가요?

키워드 예시

미래 직업 관련 광고 만들기

[日] 나는 미래 ○○회사의 직원입니다. 우리 회사 또는 회사의 제품을 홍보하는 광고를 만들어 친구들에게 홍보해 봅시다.

1. 어떤 내용을 넣어야 할까요?
   - 회사 또는 제품의 이름 정하기
   - 홍보해야 할 내용 생각하기
   - 우리 회사 또는 제품의 장점 생각하기
   - 간단한 로고송 또는 홍보 문구 넣기

     예: 자율주행 자동차 회사 광고

     (철수) 안녕하세요? 스스로 달리는 자동차 회사, '나 혼자 간다'입니다.

     (영희) '나 혼자 간다'는 세계 최초 자율주행 자동차를 개발하여, 고객님을 목적지까지 편하게 모시는 것이 목표입니다.

     (민호) '나 혼자 간다'는 친환경, 무소음, 초고속 운행을 자신합니다.

     (서영) '나 혼자 간다'에서 여러분의 미래를 준비하세요.

     (다 같이) 간다~ 간다~ 나 혼자 간다~ 행복이 함께 가는 자동차, 나 혼자 간다!

2. 모둠 친구들과 의논하여 미래 직업 관련 광고를 만들어 봅시다.

No	맡은 대사(홍보 문구)

4. 자기 장점 및 관심사 이해

직업 흥미 유형 맞히기

예술형	사회형	관습형	실재형	탐구형	진취형
음악가	사회복지사	회계사	기계공	생물학자	영업 관리자
화가	상담심리사	은행원	전기기사	화학자	마케팅 전문가
작가	영양사	감사원	농부	물리학자	부동산 중개인
배우	유치원 교사	파일 클럭	조경사	공학자	주식 중개인
소설가	간호사	데이터 입력 직원	운송기사	프로그래머	기업가
무용가	인권 활동가	재고 관리자	목수	의사	호텔 관리자
ㄴ	ㄴ	ㄴ	ㄴ	ㄴ	ㄴ

보기
• 실재형(Realistic): 자동차 수리전문가 • 탐구형(Investigative): 생물학자 • 예술형(Artistic): 화가 • 사회형(Social): 교사 • 진취형(Enterprising): 마케팅 전문가 • 관습형(Conventional): 회계사

나의 관심사 파악하기

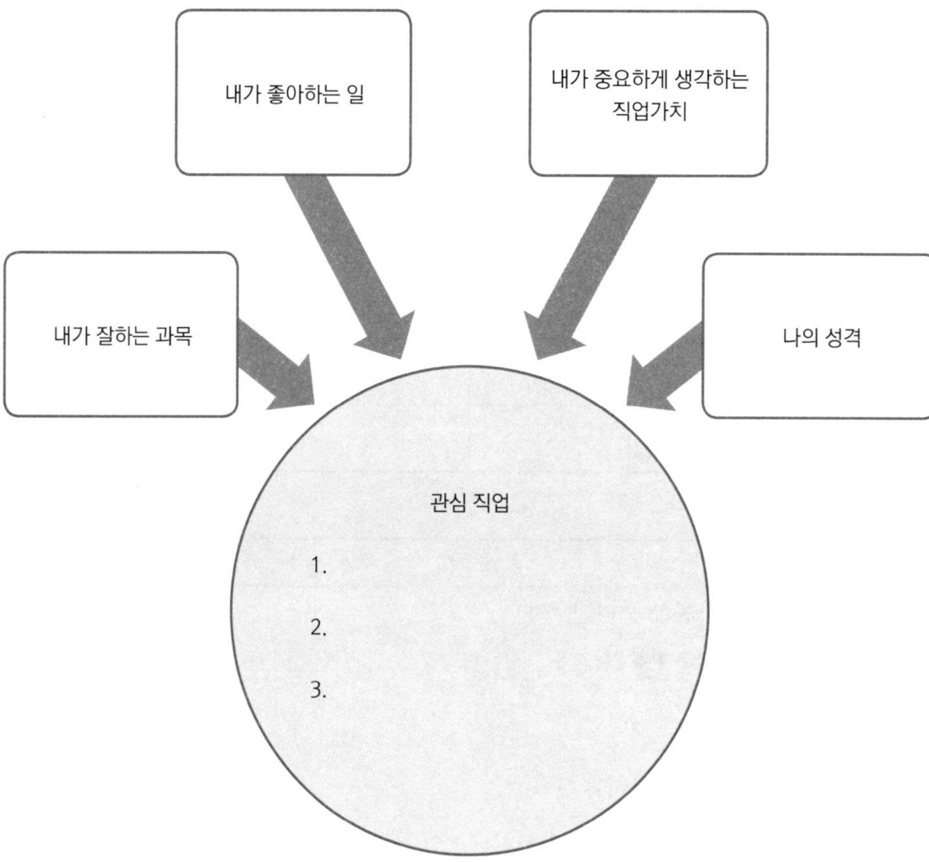

5. 직업의 세계 탐험

슬라이드 '직업 맞히기' 정답

1. 동물 관리 및 보호
   - 동물원 관리자: 동물원 전반의 관리와 운영을 담당
   - 동물 간호사: 동물들의 건강 관리 및 치료를 돕는 역할
   - 동물 훈련사: 동물들을 훈련시키고, 관람객에게 교육적인 쇼를 제공
   - 동물 영양사: 동물들의 식단을 관리하고, 영양 상태를 점검
2. 시설 관리 및 운영
   - 조경사: 동물원의 식물과 정원 관리, 동물들의 자연스러운 서식지 조성
   - 시설 관리인: 동물원의 시설 유지 및 관리를 담당
   - 청소부: 동물원의 청결을 유지하는 역할
3. 교육 및 서비스
   - 교육 프로그램 개발자: 동물원 방문객을 위한 교육 프로그램 개발
   - 가이드: 방문객들에게 동물원과 동물에 대한 정보를 제공
   - 매표소 직원: 입장권 판매 및 방문객 안내
4. 기타 전문 직업
   - 연구원: 동물들의 행동과 서식지에 대한 연구
   - 마케팅 담당자: 동물원의 프로모션과 마케팅 전략 수립
   - 보안요원: 동물원의 안전 관리 및 방문객 안전 보장

미래 직업탐색

미래 사회의 상황과 특징이 다음과 같다면, 유망 직업에는 어떤 것들이 있는지 예상하여 봅시다.

- 환경의 중요성과 관심이 높아진다.
- 직장 내 경쟁이 심해지면서 직장인들의 스트레스가 심화된다.
- 바다에서 식량을 얻는다.
- 비만 인구의 수가 급증한다.
- 로봇이 집안일을 돕는다.
- 노인인구가 많아진다.
- 학교에 가지 않고도 컴퓨터를 통한 온라인 학습이 급증한다.
- 우주에 대한 탐험과 연구가 더 활발해진다.
- 태양, 바람, 물 등 자연에서 얻는 에너지를 사용하여 지구를 깨끗하게 유지한다.
- 컴퓨터나 가상현실을 이용한 새로운 형태의 예술과 오락이 인기를 끈다. 예를 들어, 가상현실에서 경험하는 콘서트나 전시회가 있을 수 있다.

위의 내용을 보고 미래 사회에 각광받을 수 있는 유망 직종에 대해 써 봅시다.

6. 직업에 대한 정보 찾기

웹사이트를 통한 직업 및 진로정보 탐색(고용24, 커리어넷)

• 고용24(https://www.work.go.kr/consltJobCarpa/srch/jobRecommend/jobRecommend.do)

• 커리어넷(https://www.career.go.kr/cnet/front/type/typeService.do?seq=100206)

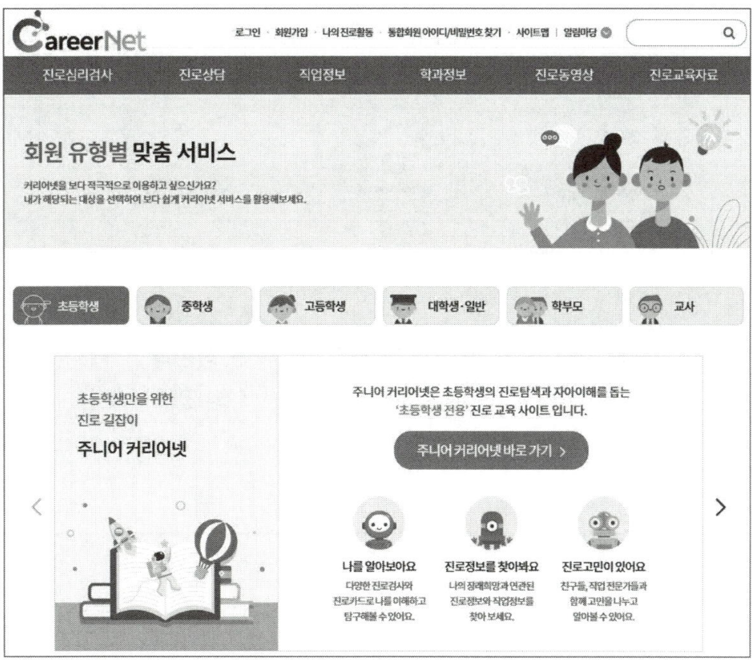

직업탐색

내가 가장 관심 있는 미래 직업은 무엇인가요?

	어떤 일을 하나요?	어느 분야에서 활동하나요?	어떤 적성과 흥미가 필요한가요?	해시태그
1순위				
2순위				

7. 뻗어 가는 진로 나무(진로 탐색 계획 및 연습)

뻗어 가는 진로 나무

[답] 튼튼하게 뿌리내린 나의 진로 나무의 앞날을 그려 보겠습니다. 기둥 위의 모습은 여러분의 선택에 따라 매번 다른 가지를 만들어 낼 것입니다. 상급 학교에 진학할 때, 특정 전공이나 동아리 활동을 시작할 때 등 여러분의 선택의 순간을 정리해 보세요. 그리고 그럴 때 어떤 탐색을 해 보면 좋을지도 함께 기록해 주세요.

8. 일하는 나? 일로 하는 나!(일에 대한 긍정적인 태도)

오늘의 명함

오늘의 명함을 만들어 볼 거예요! 이때 필요한 재료는 다음과 같습니다.

- 지금 나를 가장 잘 드러내는 물건? ____________________
- 지금 나를 가장 잘 드러내는 단어? ____________________
- 지금 나를 가장 잘 드러내는 색상? ____________________

이상의 재료를 잘 활용해서 이제부터 오늘의 명함을 자유롭게 만들어 봅시다.

일하는 나? 일로 하는 나!

이번에는 20년 후 내 명함을 만들어 볼 거예요! 지금 내가 원하는 직업을 얻어 행복하게 지내는 20년 후 나의 모습을 상상해 보세요. 그리고 아래 내용을 고려하여 명함을 만들어 보세요.

- 명함 속 내용은 자유롭게 구성하되, 반드시 직업이 드러나도록 해야 합니다.
- 이때 그 직업을 통해 실현하고 싶은 부분을 수식어(예: 학생들을 웃게 하는 '선생님', 모두에게 공정한 '선생님', 외로운 학생의 쉼터가 되어 주는 '선생님')로 표현해 보세요.

수식어 선정 이유는 무엇인가요?

9. 우연과 실수, 다르게 보기(직업적 도전에 대한 긍정적인 태도)

나의 우연 대처기

우리는 삶에서 다양한 우연을 마주합니다. 그리고 그 우연의 상황에서 다양하게 대처하곤 합니다. 누군가는 호기심을 지니고, 누군가는 낙관적인 태도로, 누군가는 유연한 태도로, 또 누군가는 인내심을 가지고, 누군가는 위험을 감수하겠다는 마음으로 임합니다. 여러분은 어떤 우연한 상황을 마주했고, 어떻게 대처했었나요? 혹시 나의 대처 방식이 마음에 들지 않았다면, 지금의 나는 어떻게 대처해 볼 것 같은지 자유롭게 적어 봅시다.

내가 마주한 우연	나의 대처 방식

10. 내가 잘하는 것(직업적 자기 효능감)

내가 잘하는 것

이름 (   )

1. 공통적으로 많이 나온 내용은 무엇인가요?

2. 내가 잘하는 것은 무엇인가요?

3. 이 능력을 계속 발휘해서 선택할 수 있는 직업은 무엇인가요?

11. 우리가 마을이라면(직업적 자기 가치감)

가치 목록

공감 개성 권위
경쟁 관계 기여
나눔 도전 독립 능력 배움
만족
변화
사랑 성공 성장 성취
소속감 소통 봉사 배려
신뢰 따뜻함
이해 성공
수용 연결 성실 아름다움
의미 안정
유대 예측가능성 재미
일관성 자유
즐거움
영성 영향력 전문성
정의 질서
정서적 안정 조화
지혜 진정성 창조성 친밀감 존재감
확신 힘
혁신 희생
체계 지혜 탐구
주관을 가짐

우리가 마을이라면

[日] ○○ 마을에 오신 것을 환영합니다.

1. 우리 마을에서 가장 중요한 가치 세 가지는 무엇인가요?

2. 이러한 마을을 구현하기 위해 필요한 직업들은 무엇이 있을까요?

3. 모둠원별 담당한 직업은 무엇인가요?

4. 우리 마을의 이름을 정해 봅시다.

12. 우리의 꿈을 향해

우리 반 그래프

인상 깊었던 활동 세 가지를 골라 스티커를 붙여 봅시다.

11							
10							
9							
8							
7							
6							
5							
4							
3							
2							
1							
활동명	1)	2)	3)	4)	5)	6)	7)

1. 가장 많은 투표를 받은 활동은 무엇인가요?

2. 가장 적은 투표를 받은 활동은 무엇인가요?

3. 전체 활동을 돌아보며 느낀 점은 무엇인가요?

나의 등불

2) 중학생

2. 나에 대한 퀴즈! 나는 몇 점?

내가 몰랐던 나

이름 (   )

다음은 성격을 나타내는 단어들입니다. 다음의 물음에 답하세요.

정확한, 조용한, 거친, 검소한, 뻔뻔한, 게으른, 성격이 급한, 까다로운, 경쟁적인, 반항적인, 즐거운, 고집 센, 여유 있는, 부끄러운, 영리한, 진지한, 부드러운, 쾌활한, 덜렁대는, 엉뚱한, 행복한, 창의적인, 용기 있는, 걱정이 없는, 긍정적인, 끈기 있는, 내성적인, 단순한, 도움을 주는, 따듯한, 친구가 많은, 잘 삐치는, 생각이 깊은, 자신감 있는, 자상한, 재빠른, 정직한, 책임감 있는, 친절한, 호기심 많은, 적극적인, 활동적인, 리더십 있는

• 친구가 나에게

1. 이 친구에게 어울리는 단어를 찾아 ○표 해 주세요.

2. 친구에게 어울리는 단어를 더 써 주세요.

• 내가 나에게

1. 친구가 표시한 단어 중 나와 어울린다고 생각되는 것은 무엇인가요?

2. 친구가 표시한 단어 중 나와 어울리지 않는다고 생각되는 것은 무엇인가요?

3. 빙고로 알아보는 나의 진로흥미

진로빙고!

이름 (   )

1. 내가 잘할 수 있을 것 같다고 생각되는 직업 또는 내가 관심이 가는 직업 8개를 빈칸에 자유롭게 채워 주세요.
2. 나머지 8칸에는 반대로 내가 흥미를 느끼지 못하는 직업, 자신이 없는 직업을 8개 채워 주세요.
3. 16칸을 모두 채웠으면 돌아가면서 서로 자신의 빙고 칸에 있는 직업에 대해 설명합니다. 그 직업이 내 빙고 판에 있으면 ○를 그리세요.

5. 다양한 직업 세계 알아보기

슬라이드 '직업 맞히기 1' 정답

중등교사, 경리사원, 만화가, 그래픽 디자이너, 약사, 천문학자, 세무사, 정보검색사, 웹마스터, 상담심리사, 패션디자이너, 신문기자, 간호사, 은행원, 통역사, 아나운서, 관세사, 신용분석가

• 생소한 직업 설명
 – 정보검색사: 정보검색사는 인터넷 최신 기술에 대한 이해와 정보수집 및 정보활용능력을 바탕으로 필요한 정보를 자료를 수집한다.
 – 웹마스터: 웹마스터는 인터넷사이트의 게시판 관리나 사이트상에서 발생한 문제들을 해결하는 일을 담당한다. 인터넷사이트상에서의 게시판 등을 관리하고, 인터넷사이트에서 제공하는 서비스의 기능을 향상시키며 인터넷사이트를 정기적으로 점검하고 유지한다.
 – 관세사: 관세사는 화물의 주인인 화주로부터 위탁을 받아 수출입 통관 업무를 대행한다. 주로 무역 관련 업무절차를 대행하거나 물류 관련 연계서비스를 제공한다.
 – 신용분석가: 신용분석가는 고객의 신용을 연장하거나 대출 거래와 관련된 위험 정도를 판단하기 위하여 신용자료 및 관련 금융자료 등을 분석하는 작업을 담당한다.

슬라이드 '직업 맞히기 2' 정답

1. 건물 관련: 건축설계사, 목수, 전기배관공, 인테리어 디자이너, 관리인, 간판제작자, 도장공

2. 주방: 요리사, 농부, 판매원, 그릇제작자

3. 홀: 서버, 매니저

4. 기타: 경영자, 연구원, 공인회계사, 광고기획자, 나레이터모델, 텔레마케터, 배달원, 모니터요원

6. 직업정보는 어디서 찾지?

웹사이트를 통한 직업 및 진로정보 탐색(고용24, 커리어넷)

- 고용24(https://www.work.go.kr/consltJobCarpa/srch/jobRecommend/jobRecommend.do)

- 커리어넷(https://www.career.go.kr/cnet/front/type/typeService.do?seq=100206)

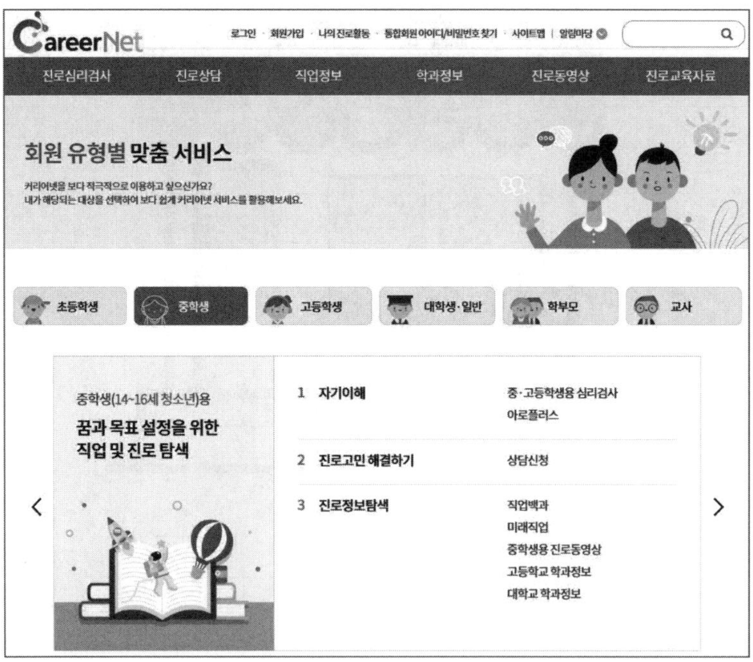

내가 가장 관심 있는 미래의 직업트렌드는 무엇인가요?

	미래 직업트렌드	특징, 사례	관련 직업	해시태그
1순위				
2순위				

7. 나의 주변 사람은 어떤 직업을 갖고 있을까?

나의 진로-사회연결망 그리기

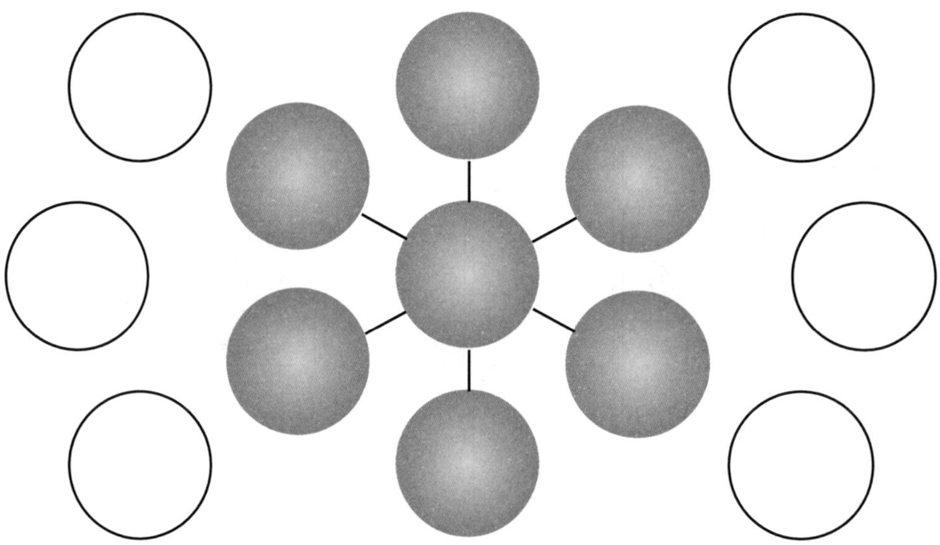

인터뷰 질문지 작성하기

인터뷰 대상	어떤 정보를 얻고 싶나요?	질문	피드백
	주요 업무		
	필요한 적성과 흥미		
	준비과정		
	전문성을 위한 노력		
	임금 수준		
	필요한 자격증		
	전망		

8. 직업에 필요한 나의 강점은?

미래에 필요한 일곱 가지 진로 분야 능력

공감

다른 사람의 의견이나 감정, 생각에 대하여 자신도 함께하는 능력

사회적 민감성

사회에서 나타나는 문제에 대하여 관심을 갖고 자신의 일처럼 생각하는 능력

유머

재치 있는 말과 행동으로 다른 사람들의 관심과 흥미를 이끌어 내는 능력

지도력

목표를 정하고 그 방향으로 조직이나 다른 사람을 이끄는 능력

창의성

새롭고 독창적이고 유용한 것을 만들어 내는 능력

스토리텔링

상대방에게 알리고자 하는 바를 재미있고 생생한 이야기로 만들어 설득력 있게 전달하는 능력

관계 맺기

홀로 있지 않고 다른 사람들과 어울리고 함께할 수 있는 능력

진로 포켓몬 카드 만들기

BASIC

스킬(강점):

약점:

9. 내 힘으로 극복하는 진로 걸림돌

긍정! 가정! 가능! 문장완성검사

내가 조금 더 ____A____라면/있다면/하다면/된다면,
나는 미래에 ____B____할(될) 것이다.

<예시>
내가 조금 더 진로에 대해 상의할 수 있는 사람들을 알게 된다면,
나는 미래에 유튜버가 될 것이다.

내가 조금 더 ____,
나는 미래에 ____.

나의 판타스틱 어드벤처 진로 스토리

나는 꿈을 이루기 위해 끊임없이 나아가는 모험가이다.
내가 태어난 이 세상은 우리가 생각하고 기억할 수 있는 순간부터 어떤 사람이 되고 싶은지를 끊임없이 묻는다.
나 그리고 친구들은 그 질문에 대답하기 위해 걷고 또 걸어 왔다.
언젠간 바뀔지 몰라도, 만약 지금 이 세상이 내게 어떤 모습이 되고 싶은지를 묻는다면, 나는 이렇게 대답할 것이다.

"나는 지금 __________가 되기 위한 여정을 떠난 모험가이다."

내가 나아가고 싶은 방향을 찾았다는 것은 큰 행복이다.
그러나 그 행복을 가끔 절망으로 물들게 하는 순간들이 있다.
바로 내 앞을 가로막은 '세 가지 걸림돌'이다.
내가 나아가는 이 여정을 가로막고 있는 걸림돌은 바로 이 세 가지이다.

① ______________________________

② ______________________________

③ ______________________________

이 걸림돌들은 너무 거대해 보여 때때로 나를 절망하고 두렵게 만든다.
그러나 이런 두려운 나를 앞으로 나아가게 하고, 끝내 이 걸림돌을 넘어서게 할 '세 가지 기적의 도구'가 있다. 그건 바로

① ______________________________

② ______________________________

③ ______________________________

나는 이 기적의 도구를 통해 걸림돌을 넘어설 것이다.
그래서 끝내 나는 이 여정의 마침표를 즐겁고 흡족한 마음으로 찍어 낼 것이다.

10. 우연과 실수, 긍정적으로 바라본다면?

브라보! 멋지다, ○○○

"여러분, 안녕하세요? 자랑스러운 후배님들 앞에서 진로/인생 강연을 하게 되어 영광입니다. 저는 현재 ____________ 일을 하고 있는, 이 학교 졸업생 ○○○입니다."

1. 자기소개(나이/직업/거주지/가족구성 등 포함하여 자유롭게 작성)

____

____

____

____

2. 진로 관련(구체적인 직업 생활-연봉, 근무시간 등, 만족스러운 정도와 그 이유)

오늘 주제가 진로/인생 특강인 만큼 진로에 대해서도 이야기해 보겠습니다.____________

____

____

____

____

3. 진로 관련 어려움과 극복(마주했던 어려움과 대처 경험, 세렌디피티 포함)

이런 제게도 시련은 있었습니다.____________________

____

____

____

____

4. 마무리 인사(자유롭게 작성)

____

____

____

____

11. 내 삶에서 준비하는 진로행동 계획

나의 눈 · 손 · 심장

나의 진학 연대기

□ 그림 속 나의 모습에 이르게 한 주요한 세 영향이 있었다면 무엇인가요? 위 학교 진학을 결정하게 했던 '주요한 순간, 경험, 인물'이 있다면 자유롭게 관련 내용을 적어 주세요.

- 첫 번째 영향: ____________________

- 두 번째 영향: ____________________

- 세 번째 영향: ____________________

15년 뒤 나의 이력서

<table>
<tr><td rowspan="3">[사진]</td><td rowspan="2">성명</td><td>한글</td><td></td><td rowspan="3">지원분야</td><td rowspan="3"></td></tr>
<tr><td>한자</td><td></td></tr>
<tr><td>생년월일</td><td colspan="2">년 월 일(만 세)</td></tr>
<tr><td rowspan="3">주소 및
연락처</td><td>주소</td><td colspan="4"></td></tr>
<tr><td>연락처 1</td><td colspan="2"></td><td>연락처 2</td><td></td></tr>
<tr><td>전자우편</td><td colspan="4"></td></tr>
</table>

<table>
<tr><td rowspan="10">학
력
사
항</td><td>년 월</td><td colspan="4">초등학교 졸업</td></tr>
<tr><td>년 월</td><td colspan="4">중학교 졸업</td></tr>
<tr><td>년 월</td><td colspan="4">고등학교 졸업</td></tr>
<tr><td>년 월</td><td colspan="2">대학교 대학 과</td><td>세부전공</td><td></td></tr>
<tr><td>년 월</td><td colspan="2">대학교 대학 과</td><td>세부전공</td><td></td></tr>
<tr><td>년 월</td><td colspan="2">대학교 대학 과</td><td>세부전공</td><td></td></tr>
<tr><td>년 월</td><td colspan="2"></td><td></td><td></td></tr>
<tr><td rowspan="3">학교성적</td><td rowspan="3">전 학년 평점 평균</td><td>대학</td><td colspan="2">점/ 만점</td></tr>
<tr><td>대학원(석사)</td><td colspan="2">점/ 만점</td></tr>
<tr><td>대학원(박사)</td><td colspan="2">점/ 만점</td></tr>
</table>

<table>
<tr><td rowspan="5">경
력
사
항</td><td>기간</td><td>근무처</td><td colspan="2">비고</td></tr>
<tr><td>년 월~ 년 월</td><td></td><td>직급</td><td></td></tr>
<tr><td>년 월~ 년 월</td><td></td><td>직급</td><td></td></tr>
<tr><td>년 월~ 년 월</td><td></td><td>직급</td><td></td></tr>
<tr><td>년 월~ 년 월</td><td></td><td>직급</td><td></td></tr>
</table>

<table>
<tr><td>자격증</td><td></td><td>기타 자격</td><td></td></tr>
<tr><td>사회봉사
활동 경험</td><td></td><td>단체 및
조직활동
경험</td><td></td></tr>
</table>

12. 서로의 목표, 우리가 응원해!

일주일 전의 나 & 일주일 후의 나

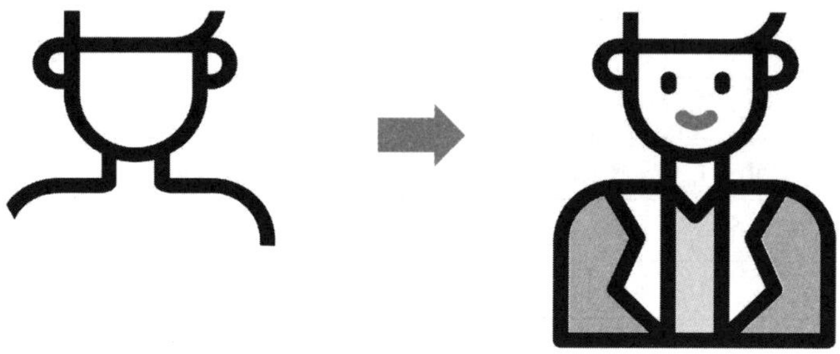

☐ 지난 일주일 내 모습을 돌아봤을 때, 15년 후 내 모습으로 나아가는 데 '방해가 될 것 같은 모습'이 있었나요?

구체적인 행동:

☐ 일주일 후 내 모습이 어떻게 바뀌면, 15년 후 내 모습으로 나아가는 데 조금 더 도움이 될 것 같나요?

구체적인 행동 목표:

☐ 일주일 후 내 모습을 이렇게 바꾸려면 어떤 노력을 하면 좋을까요?

구체적인 전략:

☐ 일주일 후 내 모습이 목표대로 바뀌었는지 어떤 모습을 보면 알 수 있을까요?

구체적인 기준:

3) 고등학생

1. 진로의 첫걸음

프로그램 참여 다짐

1. 이름: 홍길동

2. 소속: ○○ 고등학교

3. 현재 진로에 있어서 가장 고민이 되는 점 혹은 어려운 점은 무엇인가요?

____

____

____

4. 프로그램을 통해 기대하는 점은 무엇인가요?

____

____

____

2. 그게 (곧)바로 (나아갈) 나!(진로 자기이해)

그게 (곧)바로 (나아갈) 나!

1. 내가 보는 나 & 남이 보는 나=그게 바로 나

1) 내가 바라보는 '진로' 문제 속 나의 모습(A)

•

•

• 마음에 드는 부분:

• 마음에 들지 않는 부분:

2) 다른 사람들이 바라보는 '진로' 문제 속 나의 모습(B)

•

•

• 마음에 드는 부분:

• 마음에 들지 않는 부분:

3) 내가 보는 내 모습(A)과 다른 사람이 보는 내 모습(B) 사이에 다른 점이 있다면?

•

•

2. 그게 (곧)바로 (나아갈) 나!

1) 달라지고 싶은 내 모습

•

•

2) 이렇게 바꿔 본다면?

[단기] 이번 달?

[중기] 이번 학기?

[장기] 졸업 전?

3. 내가 보는, 내가 좋은 나(진로흥미)

○○○의 성덕 기록지

내가 가장 애정하는 인물 ○○○(본인 이름)의 성공한 덕후가 되어, 자신의 일상을 관찰합니다. ○○○가 가장 좋아하는 것은 무엇인지, 행복해하는 순간은 언제인지 등을 적고, 나누며 오늘의 덕행을 쌓아 봅시다.

- 가장 좋아하는 것: ______
- 가장 행복해하는 순간: ______
- 그 외 ○○○의 자랑거리: ______

성덕으로서 생각하는 최애 ○○○의 '흥미'를 무엇이라고 정의할 수 있나요?

______

______

______

나의 최애를 위한 흥미 질문지

1. 최애의 흥미를 찾아보기 위한 몇 가지 질문을 만들어 보세요.

    1) ______
    2) ______
    3) ______
    4) ______
    5) ______
    6) ______
    7) ______
    8) ______
    9) ______
    10) ______

2. 이상의 질문들은 내 최애의 흥미를 어느 정도 잘 보여 주는 것 같은가요?

3. 이상의 질문들이 미처 보여 주지 못한 내 최애의 흥미 영역이 있다면 무엇이 있나요?

    1) ______
    2) ______

4. 좀 더 보여 주고 싶은 내 최애의 흥미를 위한 질문을 추가해 보세요.

    1) ______
    2) ______
    3) ______
    4) ______
    5) ______

5. 내 최애를 위한 최종 질문지를 완성하고, 내가 직접 최애가 되어 답을 적어 보세요.

1) ______________________________

____

2) ______________________________

____

3) ______________________________

____

4) ______________________________

____

5) ______________________________

____

6) ______________________________

____

7) ______________________________

____

8) ______________________________

____

9) ______________________________

____

10) ______________________________

____

4. 내가 포기할 수 없는 것(진로가치관)

진로 방주 승선 리스트

[냐] 험난한 진로 탐색과 설계의 세상 속, 오늘 우리는 결정의 순간에 이르렀습니다. 비좁은 방주에 승선할 수 있는 주요 가치는 불과 다섯 자리입니다. 수많은 진로가치 가운데, 나와 함께 새 희망을 향해 나아갈 가치는 무엇일까요? 부디 신중히 결정해 주세요.

- 1순위: ______________________
  - 이유: ______________________
- 2순위: ______________________
  - 이유: ______________________
- 3순위: ______________________
  - 이유: ______________________
- 4순위: ______________________
  - 이유: ______________________
- 5순위: ______________________
  - 이유: ______________________

딜레마에서 피어난 진로가치 좌우명

1. 진로가치 딜레마 상황

나의 진로가치 다섯 가지 중 두 가지 이상의 가치가 서로 충돌하는 가상 상황을 설정해 봅시다. 두 가치 모두 소중하기에 손쉽게 무엇 하나 선택할 수 없는 딜레마 상황을 떠올려 보세요. 그 순간의 고민을 SNS에 기록한다고 생각하고 적어 봅니다.

2. 진로가치 좌우명

딜레마 상황은 무엇 하나 선택하길 어렵게 만듭니다. 그럼에도 의사결정의 책임은 우리에게 주어지기 마련입니다. 흔들리는 나의 마음을 굳건히 해 줄, 마음의 등대를 세워 봅시다. 딜레마 상황에서도 가장 중요하게 여길 진로가치를 담은 좌우명을 만들어 보세요.

5. 진로 탐색(진로 및 직업정보 탐색)

슬라이드 '직업 맞히기 1' 정답

중등교사, 경리사원, 만화가, 그래픽 디자이너, 약사, 천문학자, 세무사, 정보검색사, 웹마스터, 상담심리사, 패션디자이너, 신문기자, 간호사, 은행원, 통역사, 아나운서, 관세사, 신용분석가

- 생소한 직업 설명
  - 정보검색사: 정보검색사는 인터넷 최신 기술에 대한 이해와 정보수집 및 정보활용능력을 바탕으로 필요한 정보를 자료를 수집한다.
  - 웹마스터: 웹마스터는 인터넷사이트의 게시판 관리나 사이트상에서 발생한 문제들을 해결하는 일을 담당한다. 인터넷사이트상에서의 게시판 등을 관리하고, 인터넷사이트에서 제공하는 서비스의 기능을 향상시키며 인터넷사이트를 정기적으로 점검하고 유지한다.
  - 관세사: 관세사는 화물의 주인인 화주로부터 위탁을 받아 수출입 통관 업무를 대행한다. 주로 무역 관련 업무절차를 대행하거나 물류 관련 연계서비스를 제공한다.
  - 신용분석가: 신용분석가는 고객의 신용을 연장하거나 대출 거래와 관련된 위험 정도를 판단하기 위하여 신용자료 및 관련 금융자료 등을 분석하는 작업을 담당한다.

인공지능과 직업 세계

인공지능 기술의 발전으로 내 직업이 ① 대체되거나 기존 직업의 한계점이 보완되거나, ② 협업될 수 있고, ③ 서로 융합되어 새로운 직업이 생겨날 수 있다.

인공지능이 가져오는 변화들		어떤 직업에 영향이 있을까?	어떤 영향이 있을까? (① 대체, ② 협업, ③ 융합)
1			
2			
3			
4			
5			

6. 직업정보는 어디서 찾지?

직업정보의 탐색

1. 정의
진로 및 직업 선택의 과정과 관련된 모든 정보라고 할 수 있으며, 직업에 대한 이해, 그 직업의 다양한 직무 내용과 직업 세계의 변화가능성까지 이해하는 직업과 관련된 모든 정보를 말한다. 결국 직업정보는 진로정보 탐색을 의미한다고 할 수 있다.

2. 직업정보 탐색의 주요 내용
다양하고 좋은 직업정보는 그 직업의 현실을 잘 이해할 수 있게 해 주어 진로 선택 장면에서 효과적인 의사결정을 할 수 있도록 해 준다. 따라서 관심 직업에 대한 직무(일) 분야, 직업 전망, 근무 지역, 관련 학과 및 자격, 후생 복지, 적성과 흥미, 임금(연봉) 수준, 준비 방법 등 다양한 직업정보를 탐색해야 한다.

3. 직업정보 탐색의 필요성
직업 선택은 자신의 미래를 선택하는 것이기 때문에 충분한 직업정보를 통해 미래를 설계해야 한다. 또한 현장 방문, 인터넷 검색 등 다양한 경로를 통해 직업정보를 수집하고 정확하게 이해하고 있어야 시대의 변화에 따라 채용정보, 직업 전망 등 변하는 직업 세계를 이해할 수 있다.

4. 미래 직업 전망의 구성요소
변화하는 직업 세계에 대한 미래 전망은 그 직업에 대한 보상, 일자리 전망, 고용 안정, 발전 가능성, 근무 여건, 직업 전문성, 고용 평등 등을 중심으로 파악할 필요가 있다.

5. 관심 직업의 채용정보 탐색 방법
채용정보를 탐색하는 방법은 다양하다. 가장 쉽게 접근할 수 있는 방법은 관심 있는 기업체의 홈페이지를 직접 방문하여 채용정보를 탐색하거나 고용24, 리쿠르트 등 기업체의 채용정보를 제공하는 사이트를 탐색하는 방법이 있다.

관심 직업 정하기

Step 1. 내가 흥미 있는 직업 분야

Step 2. 그 직업 분야에서 주로 하는 일(직무)

Step 3. 내가 관심 있는 직업이나 구체적인 기업체

Step 4. 주변 사람들(부모님, 친구, 선생님)이 나에게 추천하는 직업

Step 5. 나와 주변 사람들의 의견을 종합하여 최종 관심 직업 정하기

최종 관심 직업에 대한 정보를 탐색해 봅시다. 커리어넷을 통한 직업정보를 탐색한 내용을 아래에 정리해 봅시다.

구분		탐색한 내용
직업정보	핵심능력	
	유사 직업명	
	하는 일	
	평균 연봉	
학과정보	요구되는 자격	
	관련 학과명	
	관련 학과 개설 대학교	
	관련 학과에서 배우는 과목	

7. 진로 불안

진로 기차

내가 통제할 수 있는 것을 적어 봅시다.

내가 통제할 수 없는 것을 적어 봅시다.

나의 진로 걱정

진로와 관련하여 나를 불안하게 하는 걱정, 상황, 생각들을 적어 봅시다.

8. 긍정의 힘, 미래의 나

긍정 진로 목표 설정

1. 내가 희망하는 진로는 무엇인가요?

2. 진로 준비에 도움이 되는 것은 무엇인가요?(개인의 성격, 습관, 대인관계, 경제 상황 등)

3. 진로 준비에 방해가 되는 것은 무엇인가요?(개인의 성격, 습관, 대인관계, 경제 상황 등)

4. 방해되는 요인을 도움이 되는 요인으로 바꾼다면 어떻게 바꿀 수 있나요?

5. 이러한 변화를 시도한다면, 나에게 어떤 긍정적인 영향을 미칠 수 있을지 함께 고민해 보고 토론해 볼까요?

9. 나의 진로 역사관(진로 효능감)

가치 목록

공감 개성 권위

경쟁 관계 기여

나눔 도전 독립 능력 배움

만족

변화 성공 성취

사랑 성장

소속감 소통 봉사 배려

신뢰 따뜻함

이해 성공

수용 연결 성실 아름다움

의미 안정

유대 예측가능성 재미

일관성 자유

즐거움

영성 영향력 전문성

정의 질서

정서적 안정 조화

지혜 진정성 창조성 친밀감 존재감

확신 힘

혁신 희생

체계 지혜 탐구

주관을 가짐

진로 역사관

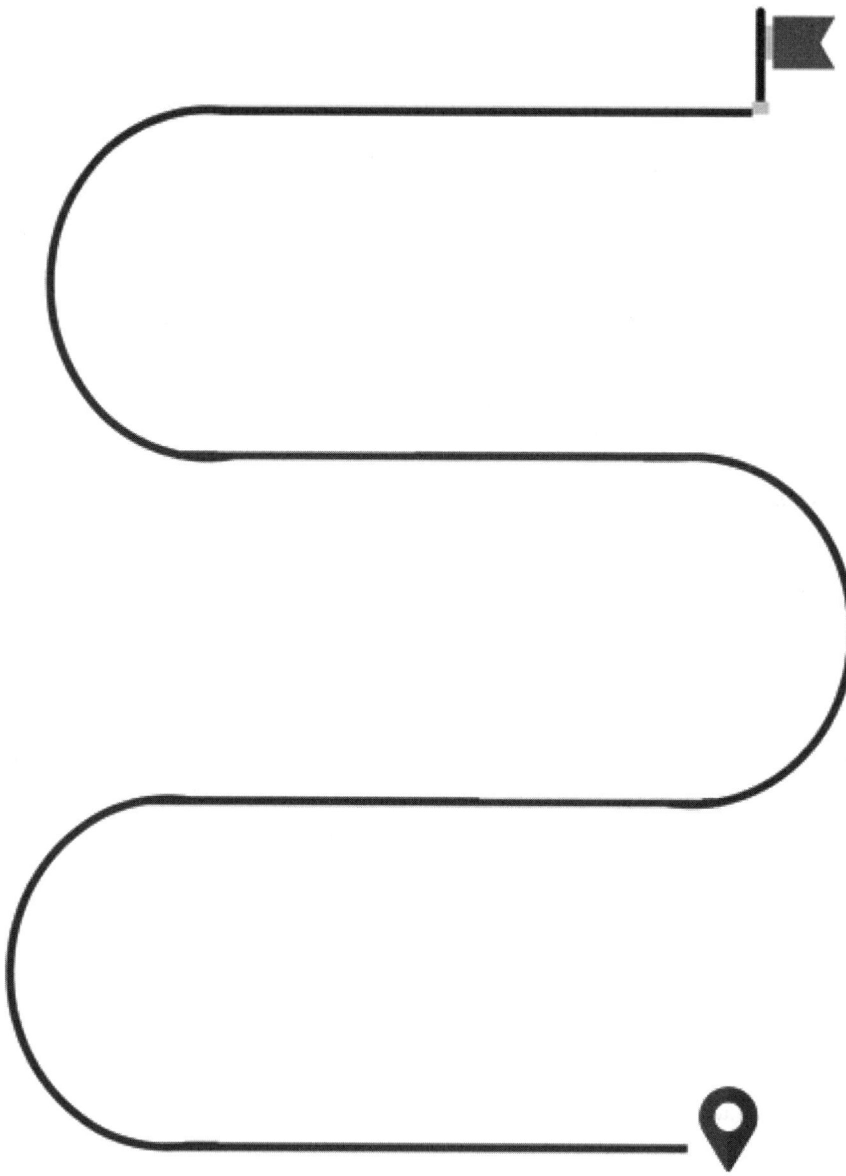

10. 진로 캐릭터 만들기(직업 능력 향상)

<참고자료> 형용사 목록

강한	꼼꼼한	표현력 있는	절제하는
모험적인	정확한	흥미진진한	만족스러운
기꺼이 하는	활기 있는	대담한	정교한
논쟁을 좋아하는	의심이 많은	주저하는	예측할 수 없는
공손한	사교적인	참을성이 있는	무서움을 모르는
설득력 있는	독립심이 강한	논리적인	온화한
신중한	차분한	결단력 있는	파티를 좋아하는
인기 있는	고집이 있는	완벽주의자	인심 좋은
변화가 많은	수줍음을 타는	느긋한	완고한
체계적인	낙관적인	의지가 강한	친절한
엄격한	겸손한	상냥한	말주변이 좋은
호의적인	빈틈없는	놀기 좋아하는	의지가 강한
참신한	모험적인	절제된	신중한
참을성 있는	성실한	공격적인	매력 있는
열정적인	분석적인	동정심이 많은	단호한
지도력 있는	충동적인	느린	비판적인
일관성 있는	영향력 있는	생기 있는	느긋한
인기가 많은	친절한	독립적인	정돈된
이상주의적인	평판이 좋은	쾌활한	솔직한
참을성 없는	진지한	미루는	감성적인
경쟁심이 있는	자발적인	충성스러운	사려 깊은
희생적인	이해심 많은	설득력 있는	용기 있는
의존적인	변덕스러운	절제력 있는	밀어붙이는
포용력 있는	전통을 중요시하는	사람을 부추기는	이끌어 가는
치밀한	현실적인	순종적인	수동적인
긍정적인	애매한	명확한	현명한
분별력 있는	효율적인	추진력 있는	조심스러운
명확한	따뜻한	분명한	논리적인

진로 캐릭터 만들기

1. 내가 뽑은 형용사 세 가지는 무엇인가요?

2. 내가 생각한 직업 캐릭터는 무엇인가요?

3. 추가하고 싶은 형용사 두 가지는 무엇인가요?

11. '나'라는 이야기(진로설계 및 계획)

'나'라는 이야기

1. 50년 뒤 나는 어디서 무엇을 하고 있을까?

2. 이제 거기까지 가기 위해 거쳤던 나의 여정을 생각해 봅시다. 어떤 과정을 거쳐서 그 자리에 가게 되었을까요?

3. 이 과정을 '발단-전개-위기-절정-결말'의 형식을 따서 한 편의 이야기나 만화로 만든다고 생각해 봅시다. 각 단계에 어떤 이야기가 들어가면 좋을까요?

- 발단:
- 전개:
- 위기:
- 절정:
- 결말:

나의 이야기(짧은 소설)

앞선 활동을 토대로 나의 짧은 이야기를 써 봅시다. 위인전의 형태로 만들어 보아도 좋습니다.

나의 이야기(만화)

앞선 활동을 토대로 8컷 이내의 만화를 그려 봅시다. 위인전의 형태로 만들어 보아도 좋습니다.

12. 미래로의 발걸음

내 마음의 비타민

1. 프로그램에 참여하면서 스스로 잘했다고 생각하는 것 세 가지는 무엇인가요?

2. 프로그램에 참여하면서 새롭게 배우거나 깨달은 세 가지는 무엇인가요?

나의 마음책 완성하기

1. 프로그램에 참여하면서 가장 기억에 남는 활동은 무엇인가요? 그 이유는 무엇인가요?

2. 프로그램 종료 후 기대되는 것은 무엇인가요?

3. 프로그램 종료 후 예상되는 어려움은 무엇인가요?

4. 지금까지 내가 했던 다짐 중 실제 실천했던 것들은 무엇인가요?

5. 앞으로 실천하고 싶은 나의 다짐은 무엇인가요?

나의 다짐	날짜	나에게 주는 선물
	월 일	
	월 일	
	월 일	

롤링페이퍼 쓰기

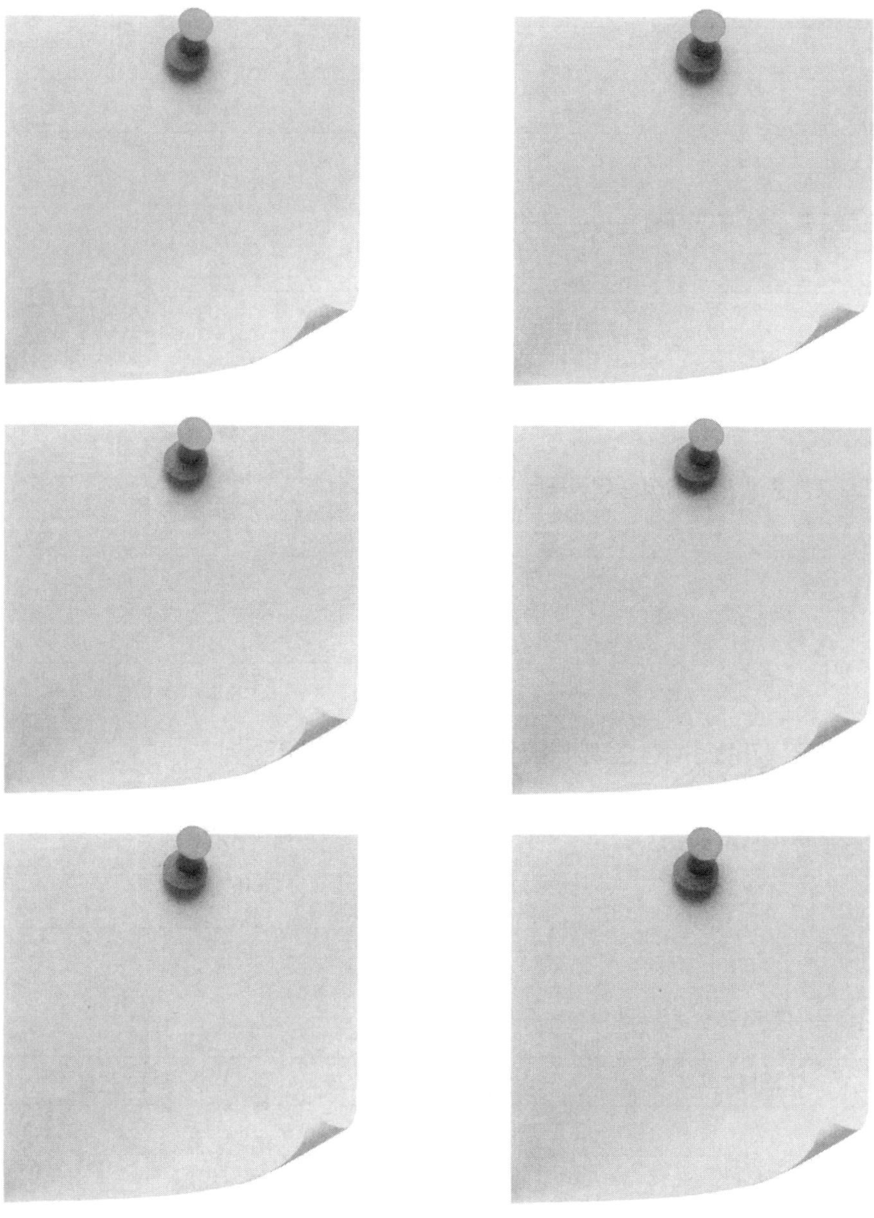

4) 대학생

1. 오리엔테이션

서약서

본인은 다음의 사항을 지킬 것을 약속합니다.

1. 나는 나의 느낌이나 생각을 솔직하게 표현하겠습니다.

2. 나는 나의 진로성숙 향상을 위하여 과제를 포함한 모든 활동에 적극적으로 참가하겠습니다.

3. 나는 다른 집단원들이 말할 때에 경청하겠습니다.

4. 나는 프로그램 중에 알게 된 집단원들의 개인적인 사실에 대하여 비밀을 지키겠습니다.

5. 매회 모임에 지각이나 결석 없이 성실히 참여하겠습니다.

6. 나를 비롯한 다른 집단원의 성장을 위해 최선을 다하겠습니다.

년 월 일

이름 (서명)

2. 진로 자기이해(진로흥미)

꿈 포트폴리오 만들기

여러분은 지금까지 살아오면서 한 가지 꿈을 꾸어 왔거나 여러 가지 꿈을 꾸거나 꿈을 꾸지 않았을 수도 있습니다. 어떤 꿈이 있었는지는 중요하지 않습니다. 과거부터 지금까지 나는 무엇을 바라 왔고 무엇이 중요했는지 알아 가는 시간입니다. 바라는 것이 바뀌었다면 어떻게 바뀌었고 그렇게 된 이유도 적어 주세요.

시기	꿈	꿈을 가지게 된 이유	꿈이 바뀌게 된 이유
미취학 아동			
초등학생			
중학생			
고등학생			
현재			

내가 관심 있는 것은?

꿈 포트폴리오를 작성하면서 나의 관심사는 어떻게 유지 혹은 변화되었고 지금은 어떤 상태인지 적어 봅니다.

내가 관심 있는 것은? (흥미 혹은 관심사)

내가 되고 싶은 것은? (역할 혹은 직업)

3. 나의 진로가치 찾기

나의 진로가치 찾기

1. 가장 의미 있었던(보람찼던, 행복했던) 순간은 언제였나요?

예: 대학교 1학년 때 교내 연극동아리에서 배우로 활동하며 인정받았던 순간
내가 열일곱 살 평생을 살면서 부모님과 친구, 그리고 선생님으로부터 박수와 칭찬을 받았던 경험은 처음이었다. 연습하는 과정에서 '내가 끝까지 할 수 있을까?' '실수하지 않고 무대 위에서 잘할 수 있을까?'스스로를 의심하면서 좌절하는 순간이 많았다. 그러나 오랜 연습기간 동안 힘든 순간마다 격려해 주며 위로해 주었던 친구들과 선생님이 있었기에 나는 포기하지 않고 여기까지 올 수 있었다.

2. 가장 의미 있었다고 생각하게 된 이유와 관련된 진로가치는 무엇인가요?

예: 완벽성, 도전, 동반성장, 존경과 인정, 대인관계, 예술성, 성장 가능성

나는 어떤 가치를 추구하는 사람인가?

목적이 되는 가치 (1)	전문성
목적을 이루기 위한 도구가 되는 가치 (2)	도전, 정직과 성실

진로가치로 나를 표현하기

↓

- 나는 학교 전문상담교사가 되기 위해 모든 일에 원칙을 가지고, 진실하며 정성스럽게 임할 것이며, 어려운 과제나 문제가 발생할 때마다 나를 믿고, 용기를 발휘하여 최선을 다해 정면으로 맞설 것이다.
- 나는 공학기술자가 되기 위해 모든 일에 진실하고 정성스럽게 임하는 성실한 사람이 될 것이며, 비록 교과 성적이 떨어지고 내 뜻대로 되지 않는 역경 속에서도 타인과 비교하지 않고, 마지막까지 나 자신을 믿고 앞으로 나아갈 것이다.

목적이 되는 가치 (1)	
목적을 이루기 위한 도구가 되는 가치 (2)	

나는

<참고자료> 진로가치 목록

1	경쟁	남보다 앞서기 위해 능력으로 서로 겨루는 것
2	극한 체험	고도로 자극이 많거나, 새롭고 낯선 정도가 심한 위험 상황임에도 그것에 도전하는 것
3	높은 지위	일을 통해 책임감이 높은 사회적 신분을 갖는 것
4	다양한 기술 숙달	새롭고 독특하고 어려운 기술이나 지식을 빠르게 숙달하고 활용하는 것
5	대인관계	일을 통해 다양한 사람들과 폭넓은 사회적 관계를 맺을 수 있는 것
6	도전	어려운 과제나 문제 앞에서 최선을 다해 자신을 믿고, 용기를 발휘하여 정면으로 맞서는 것
7	동반성장	가족 같은 분위기에서 경쟁 없이 서로 도우며 함께 성장하는 것
8	리더십	공동의 목표를 이루기 위해 조직 안에서 다른 사람들의 지지와 도움을 얻어 능력을 발휘하는 것
9	모험적 의사결정	개인이나 조직에게 위험 부담이 발생하더라도 가능성을 보고 일을 추진하는 것
10	문화적 다양성	다양한 종교, 인종, 문화의 사람들과 함께 어울려서 일하는 것
11	미적 탐구	다양한 대상의 아름다움 추구를 위해 깊이 연구하는 것
12	변화지향성	최신 기술이나 학문 또는 사회문화에서 급격한 변화를 추구하는 경향이 있는 것
13	봉사	다른 사람을 돕거나 사회에 도움이 되는 일에 자발적으로 참여하는 것
14	사회공헌	나의 능력과 재능을 사회나 국가의 발전을 위해 헌신하는 것
15	사회적 영향력	한 분야에서 사회적으로 인정을 받거나, 일정한 권력을 가져 다른 사람에게 영향을 줄 수 있는 것
16	성장가능성	자신이 가진 재능이나 능력이 성장할 수 있는 기회가 많이 제공되는 것
17	성취	자신이 가진 재능이나 능력을 발휘하여 목적한 바를 이루는 것
18	신체능력	다양한 활동에서 신체적인 힘이나 운동신경 등을 발휘하는 것
19	실용성	내가 한 일의 결과가 사회에 유용한 영향을 미치는 것
20	안전 및 건강	일하는 과정이나 결과가 개인의 신체적 안정과 건강을 중요하게 다루는 것
21	안정성	일의 내용이나 환경이 바뀌지 않고 오랜 시간 동안 안정적인 형태로 유지되는 것
22	예술성	연극, 음악, 무용, 미술 등의 예술 분야를 통해 자신을 표현하는 것
23	완벽성	자신이 하는 일을 빈틈없이 해내면서 만족감을 얻는 것

24	유머와 재치	눈치 빠르고 슬기롭게 행동하며 즐거운 상황을 만드는 것
25	일과 삶의 균형	일과 사회 활동뿐만 아니라, 가족에 대한 지지 및 개인적인 취미활동 등에 시간을 고루 할애하는 것
26	일에 대한 만족	내가 좋아하는 일을 하고 그것을 통해 삶의 행복을 얻는 것
27	자기주도성	다른 사람에게 의존하지 않고 일이나 프로젝트에 자발성을 가지는 것
28	자율성	근무 시간과 여유 그리고 일처리 방식을 자유롭게 결정할 수 있는 것
29	재산 증식	일을 통해 개인의 소유, 이익, 성과급 등 많은 양의 자본을 모으는 것
30	전문성	한 분야에 대한 이론적 지식이나 경험이 풍부하여 전문가로 유명해지는 것
31	전통성 추구	사회나 국가의 전통과 관련된 일을 하면서 역사적인 의미를 부여하는 것
32	정신적 연대감	개인의 생각이나 믿음, 가치 등을 지지하고 공감해 주는 공동체를 형성하는 것
33	정직과 성실	모든 일에 원칙을 가지고 진실되며 정성스럽게 처리하는 것
34	존경과 인정	일을 수행하는 과정에서 다른 사람에게 지지와 칭찬을 받는 것
35	주의집중	정밀한 주의력과 세밀한 활동이 요구되는 직업에 집중력을 발휘하는 것
36	지식탐구	세상의 원리나 사실에 대한 지식, 진실 그리고 이해를 통해 본질적인 것을 찾는 것
37	지역문제 해결	내가 살고 있는 지역 사회에 적극적으로 참여하여 지역의 문제를 해결하고 이웃들과 함께 성장해 가는 것
38	창의성	새롭고 독특한 방식으로 아이디어를 제시하고 프로그램이나 조직 등을 만들어 내는 것
39	창의지성	교육이나 기업 또는 과학 등의 공동체에서 정보와 새로운 생각을 창출하면서 연구와 개발에 몰두하는 것
40	평화와 공존	사회의 구성원들이 다툼 없이 서로 이해하고, 우호적이며, 조화를 이루도록 지원하는 것
41	합리적 보상	업무나 프로젝트 수행 결과에 대하여 합리적인 비용(월급, 수당)을 보상받는 것
42	혁신	기존과는 다른 새로운 관점에서 일에 대한 의미와 가능성을 찾아 관습, 풍속 등을 바꾸어 가는 것
43	협력	사회 공동의 목표를 이루기 위해 여러 사람이 힘을 합쳐 함께 일하는 것
44	환경보호	다른 여러 가치보다 자연 및 환경보호를 우선시하는 것

4. 진로계획, 어디까지 가 봤니

나와 어울릴 것 같은 진로 찾아보기

내가 관심이 생긴 직업 두 가지를 작성해 봅시다.

	직업	관심이 생긴 이유
1		
2		

커리어넷 사이트에서 다음의 내용을 검색해 봅시다.

직업	간호사[커리어넷-직업정보-간호사 검색(돋보기 모양)]

직업 1	

직업 2	

6. 나의 진로 스탯 분석하기(진로 역량 분석)

진로 스탯(핵심역량)을 찾아라!

핵심역량이란 개인이 갖고 있는 지식과 기술, 태도로 직무를 수행하면서 탁월한 성과를 도출하는 능력을 뜻합니다. 한국직업능력개발원은 핵심역량 영역으로 자기관리역량, 대인관계역량, 의사소통역량, 자원 · 정보 · 기술 활용역량, 글로벌역량, 종합적 사고력 등 여섯 가지를 제시했습니다.

- 자기관리역량
  문제 상황을 진단하고 이를 해결하기 위해 자신을 관리하는 능력을 말한다. 자기관리역량을 높이려면 우선적으로 자신이 도달해야 할 목표를 구체적으로 세우고, 목표에 도달할 수 있도록 해 주는 세부 목표와 이를 수행한 내용을 꼼꼼하게 기록하고 관리해 보자.
- 대인관계역량
  다양한 인간관계와 사회적 상황 속에서 공동의 목표를 달성하기 위해 필요한 역량을 말한다. 동아리활동, 봉사활동 등에서 리더십을 발휘해 프로젝트를 완수해 보자. 대인관계역량을 높여 주는 프로그램에 참가하는 것도 좋은 방법이다.
- 의사소통역량
  갈등 해결을 위한 조정 능력을 말한다. 생각하고 말하는 능력을 키우려면 동아리활동이나 봉사활동 등을 통해 리더십을 발휘하고 발표 및 토론에 적극 참여하는 것이 좋다.
- 자원 · 정보 · 기술 활용역량
  시간, 예산, 인적 · 물적 자원과 문자, 숫자, 그림 정보 및 정보통신, 과학기술, 기기 작동 기술 등을 수집하고 분석해 활용하는 능력을 말한다. IT기기를 활용해 관심사와 관련한 다양한 정보를 찾아 활용하거나, 관심사에 대한 깊이 있는 지식을 얻기 위해 도서관에서 여러 책을 찾아 읽는 것도 좋은 방법이다.
- 글로벌역량
  세계화 시대에 필요한 국제적 감각과 자세, 능력을 말한다. 만약 학교에 교환학생 프로그램이 있다면 적극적으로 활용해 보자. 외국에 나가지 못하더라도 외국인 친구를 멘토링해 주거나 외국인 친구로 구성된 커뮤니티에 참여해 활동하는 것도 글로벌 마인드를 키울 수 있는 기회가 된다. 영어, 중국어 등 외국어 회화 실력을 높이는 것도 추천한다.
- 종합적 사고력
  고차원적인 사고 능력으로 문제 상황을 명확하게 인식하고 과제 해결을 위해 추론하며, 준거에 비추어 아이디어를 판단하고 가장 타당한 해결책을 제시하는 능력을 말한다. 책 읽기와 글쓰기, 동아리활동, 신문 뉴스 분석과 토론 경험 등이 종합적 사고력을 키워 주는 활동이다.

출처: 에듀진(2018. 5. 25.).

진로 역량 스탯 분석-나

1. 총 여섯 가지의 역량을 선택합니다. '진로 스탯을 찾아라!'에 제시된 역량 여섯 가지로 해도 되고, 자신의 생각에 좀 더 중요한 역량이 있다면 이를 직접 추가할 수도 있습니다(이 경우에도 역량은 총 6개).
2. 10점 만점을 기준으로 각 역량의 점수를 스스로 평가해 보고, 이를 육각형 안에 그려 봅니다.
3. 각 점을 연결하여 나의 진로 역량 스탯을 완성해 봅니다.

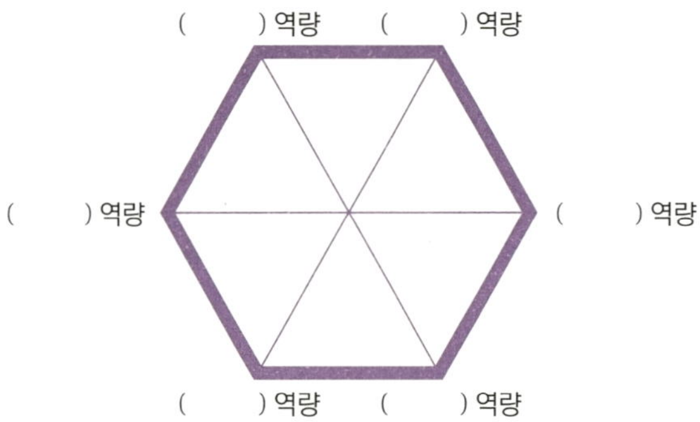

진로 스탯 분석-롤모델

1. 나의 진로 스탯 분석에서 활용했던 여섯 가지의 역량을 선택합니다.
2. 해당 롤모델을 떠올리며 10점 만점을 기준으로 각 역량의 점수를 스스로 평가해 보고, 이를 육각형 안에 그려 봅니다.
3. 각 점을 연결하여 롤모델의 진로 역량 스탯을 완성해 봅니다.

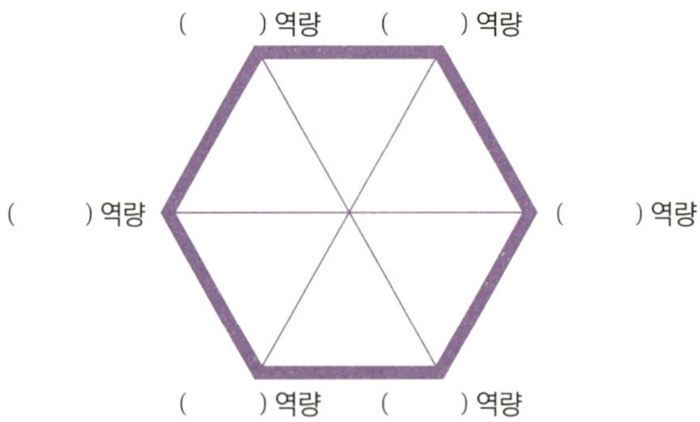

TIP **나와 롤모델의 역량을 비교해 보세요!**

1. 가장 큰 차이가 나는 부분은 어디인가요?
2. 해당 역량을 높이려면 나에겐 어떤 경험(던전)이 필요할까요?

7. 진로장벽

나의 진로장벽 부수기

• 진로장벽
  – 진로를 선택하고 실행하는 과정에서 개인의 진로목표 실현을 방해하거나 가로막는 내적 · 외적 요인들을 말합니다.
  – 내적 요인은 개인의 내적 특성과 관련된 것으로 자아개념, 가치관, 성취동기 등이 있을 수 있습니다.
  – 외적 요인은 사회/경제/문화적인 구조나 성별/인종 등으로 인한 차별, 근무조건 등 환경적인 부분과 관련된 것을 뜻합니다.

1. 나의 진로장벽에는 어떠한 것들이 있나요?

내적 요인			
자아개념	가치관	성취동기	진로에 대한 신념
외적 요인			
가족/주변의 반대	사회 · 경제적 상황	신체적/물리적 요인	차별

2. 위에 제시한 진로장벽 중 가장 크게 와닿는 것이 있다면 무엇인가요?

---

3. 해당 진로장벽이 나의 진로 선택에 어떤 영향을 미치고 있나요?

가지 않은 길

'진로장벽 부수기'에서 작성한 진로장벽을 잘 해결한 모습과 그렇지 않은 모습을 상상해 보세요. 이 둘의 진로는 어떻게 달라져 있나요? 나는 각각 어떤 모습의 삶을 살고 있을까요? 글, 그림 등으로 자유롭게 표현해 보세요.

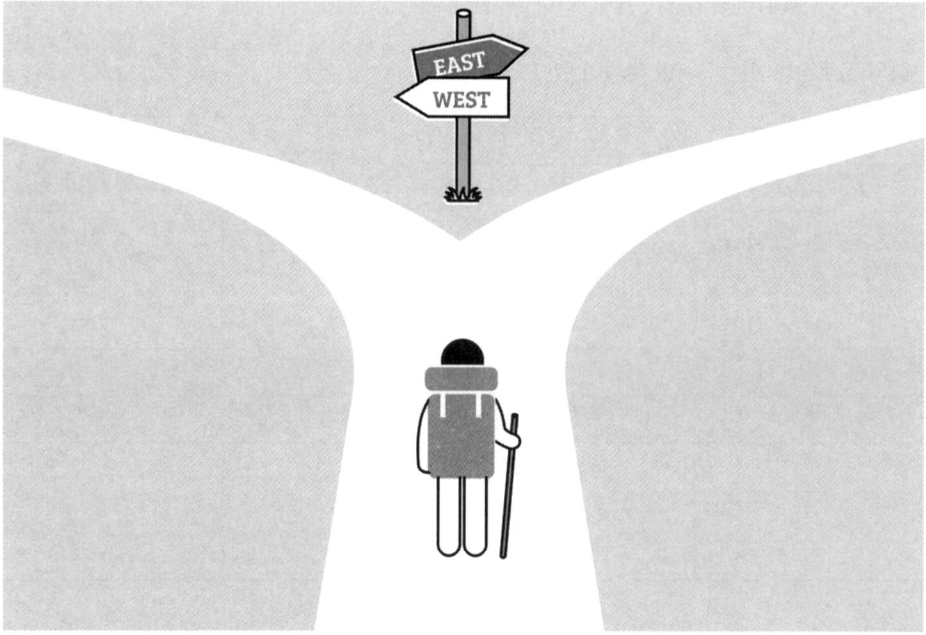

8. 진로 불안

진로 기차

내가 통제할 수 있는 것을 적어 봅시다.

내가 통제할 수 없는 것을 적어 봅시다.

나의 진로 걱정

진로와 관련하여 나를 불안하게 하는 걱정, 상황, 생각들을 적어 봅시다.

10. 직업 능력 향상 행동

오늘이라는 씨앗

1. 40년 후 미래에 내가 갖고 있을 것들을 상상해 봅시다.

일을 대할 때 (능력, 자격, 학력 등)	사람을 대할 때 (인간관계, 태도 등)	나를 대할 때 (취미, 가치관, 좌우명 등)

2. 내가 바라는 모습이 되기 위해 10년 안에 이룰 수 있는 것들을 떠올려 봅시다.

일을 대할 때 (능력, 자격 등)	사람을 대할 때 (인간관계, 태도 등)	나를 대할 때 (취미, 가치관 등)	돈을 대할 때 (경제적 기반)

3. 오늘 당장 실천할 수 있는 '작은' 일들을 떠올려 봅시다.

일을 대할 때	사람을 대할 때	나를 대할 때	돈을 대할 때

4. 위에 정리한 것 중 지금 나에게 가장 필요한 것이 있다면 무엇인가요?

11. 진로설계 및 계획 수립

나만을 위한 취업설명회

☐ 자신을 위한 취업설명회를 계획해 봅시다.

1. 지난 회기 활동을 바탕으로 현재 나에게 가장 계발이 필요한 영역을 1~3개 선택해 봅시다('오늘이라는 씨앗' 활동지 '2번' 참조).

2. 선택한 영역을 중심으로 원하는 진로, 또는 능력 계발과 관련해 자유롭게 검색하며 내용을 정리해 봅시다.

3. 5~10년 내에 수행할 과업을 계획해 봅시다.

1) 영역 1: ______________________
   과업 & 실천과제: ______________________

2) 영역 2: ______________________
   과업 & 실천과제: ______________________

3) 영역 3: ______________________
   과업 & 실천과제: ______________________

☐ 취업설명회를 들을 '나'를 위해 가장 강조하고 싶은 내용이 있다면 무엇인가요?

____

____

☐ 취업설명회를 들을 '나'에게 꼭 하고 싶은 응원의 한마디가 있다면 무엇인가요?

____

____

12. 마무리

내 삶의 영화 포스터 만들기

[目] 내 진로와 삶을 표현하는 영화 포스터를 만들어 봅시다.

1. [장르] 지금까지 집단 활동을 경험하며 나의 진로에 대해 새로 생긴 느낌을 영화 장르에 비유한다면 무엇인가요?

2. [주제] 지금까지 집단 활동 중 가장 기억하고 싶은 순간이 있다면? 그 순간 깨달았거나 다짐한 내용은 무엇인가요?

3. 1, 2번 질문에 대한 답변을 바탕으로 앞으로의 진로를 표현하는 영화 제목과 문구를 만들어 봅시다. (직업 그 자체보다는 내가 나아갈 진로 여정이나 포부에 초점을 두어 봅시다.)

4. 예시 자료를 참고해 내 삶의 영화 포스터를 만들어 봅시다.

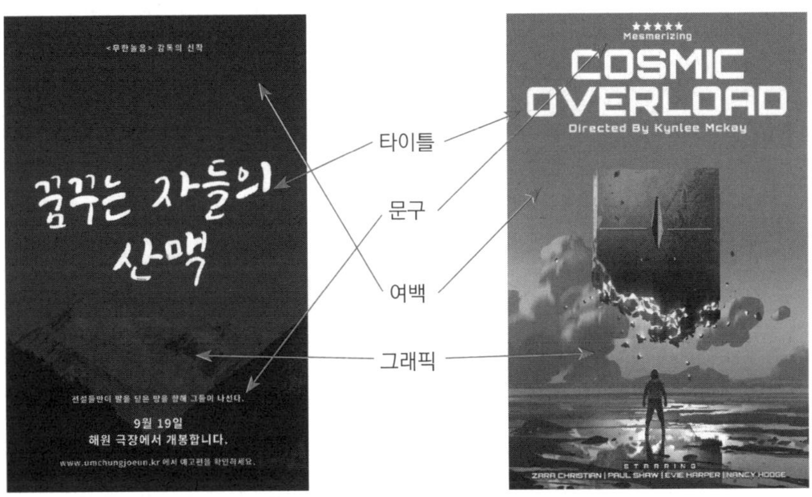

TIP 편집이 가능한 다양한 포스터 템플릿

[Canva] https://www.canva.com/ko_kr/posters/templates/movie/
[Adobe Express] https://www.adobe.com/kr/express/templates/poster/movie

대학생

참고문헌

강영자, 조봉환(2008). 직업카드를 활용한 진로상담프로그램이 초등학생의 진로성숙도에 미치는 효과. 초등상담연구, 7(2), 181-196.

김동일, 강혜영(2002). 대학생 진로집단상담 프로그램 내용분석: 진로탐색 및 취업면접훈련 프로그램을 중심으로. 상담학연구, 3(1), 139-155.

김동일, 김경선, 이재호, 이미지, 장세영, 조영희, 김은삼(2015). 장애청소년 진로성숙도 검사의 개발 및 타당화 연구. 특수교육재활과학연구, 54(1), 491-515.

김동일, 김경선, 이재호, 장세영, 이미지, 조영희(2015). 잠재계층분석을 이용한 지적장애 청소년의 진로성숙도 특성 분석. 특수교육학연구, 50(2), 41-61.

김동일, 김은향, 김지연, 김형수, 박승민, 이명경, 이원이, 이은아, 이제경, 이주영, 정여주, 최수미, 최은영(2020). 청소년 상담학 개론(2판). 학지사.

김미림, 유예림, 황은희, 김선용(2019). 잠재전이분석을 활용한 대학생 진로성숙도의 발달 유형과 영향 요인 분석. 아시아교육연구, 20(1), 173-197.

김수연, 김항중(2015). 진로인식 중심 독서상담 프로그램이 초등학생의 자아개념과 진로성숙에 미치는 효과. 사회과학연구, 26(3), 249-265.

김충기, 김현옥(1989). 청소년의 진로성숙과 관련변인과의 상관관계. 직업교육연구, 8, 143-160.

박효희, 성태제(2008). 성별 진로성숙도 변화에 있어 부모-청소년 자녀 유대가 미치는 종단적 매개효과 검증. 한국청소년연구, 19(1), 117-142.

송인섭, 정미경, 김효원, 최영미(2011). 초등학생용 진로성숙도 검사 개발 및 타당화. 아동교육, 20(3), 151-163.

어윤경, 김동일, 정여주, 이주영(2011). 대학생용 취업준비행동 검사 개발 및 타당화. 한국교육학연구, 17(3), 267-291.

에듀진(2018. 5. 25.). 핵심역량이 중요하다는데, 뭘 어떻게 하면 돼? https://www.edujin.co.kr/news/articleView.html?idxno=19030

이제경, 김동일(2004). 한국 대학생의 취업준비행동과 심리적 특성. 상담학연구, 5(4), 993-1016.

이현미, 정제영(2017). 중학생의 진로성숙도에 영향을 미치는 요인 분석: 경기교육종단연구(GEPS)를 중심으로. 청소년학연구, 24(2), 117-139.

이혜은, 김동일(2018). 상담자의 진로결정과정: 우연한 관계 경험을 중심으로. 상담학연구, 19(6), 175-201.

임현정, 김난옥(2011). 학교활동 경험이 진로성숙도에 미치는 영향. 한국청소년연구, 22(3), 261-281.

한윤정, 김경숙(2016). 음악치료를 활용한 진로 집단 상담 프로그램이 비행 청소년의 분노 조절, 공격성 및 진로성숙도에 미치는 영향. 교정담론, 10(3), 207-236.

Baruch, Y., & Bozionelos, N. (2011). Career issues. In S. Zedeck (Ed.), *APA handbook of industrial and organizational psychology, Vol. 2. Selecting and developing members for the organization* (pp. 67-113). American Psychological Association.

Crites, J. O. (1978). *Career maturity inventory*. CTB/McGraw-Hill.

Hartung, P. J., Porfeli, E. J., & Vondracek, F. W. (2005). Child vocational development: A review and reconsideration. *Journal of Vocational Behavior, 66*(3), 385-419.

Luzzo, D. A. (1995). The relative contributions of self-efficacy and locus of control to the prediction of career maturity. *Journal of College Student Development, 36*(1), 61-66.

Savickas, M. L. (1984). *Career maturity: The construct and its measurement*. Vocational Guidance Quarterly.

Savickas, M. L. (2005). The theory and practice of career construction. *Career Development and Counseling: Putting Theory and Research to Work, 1*, 42-70.

Savickas, M. L. (2013). Career construction theory and practice. *Career Development and Counseling: Putting Theory and Research to Work, 2*, 144-180.

Savickas, M. L., & Porfeli, E. J. (2012). Career Adapt-Abilities Scale: Construction, reliability, and measurement equivalence across 13 countries. *Journal of Vocational Behavior, 80*(3), 661-673.

Super, D. E. (1955). Dimensions and measurement of vocational maturity. *Teachers College Record, 57*(3), 1-12.

Super, D. E., & Knasel, E. G. (1981). Career development in adulthood: Some theoretical problems and a possible solution. *British Journal of Guidance and Counselling, 9*(2), 194–201.

Thompson, A. S., Lindeman, R. H., Super, D. E., Jordaan, J. P., & Myers, R. A. (1984). *Career development inventory: Technical manual*. Consulting Psychologists Press.

Vondracek, F. W., & Reitzle, M. (1998). The viability of career maturity theory: A developmental-contextual perspective. *The Career Development Quarterly, 47*(1), 6–15.

MEMO

MEMO

MEMO

MEMO

MEMO

MEMO

MEMO

저자 소개

김동일(Kim, Dongil)

현재 서울대학교 사범대학 교육학과 교육상담전공 교수 및 대학원 특수교육전공 주임교수로 재직하고 있다. 서울대학교 교육학과를 졸업하고, 교육부 국비유학생(1988)으로 도미하여 미네소타대학교 교육심리학과에서 석·박사학위를 취득하였다. Developmental Studies Center Research Associate, 한국청소년상담원 상담교수, 경인교육대학교 교육학과 교수, 한국학습장애학회 회장, 한국교육심리학회 회장, 한국특수교육학회 부회장, 서울대학교 대학생활문화원 원장, (사)한국상담학회 법인이사, 한국청소년상담(복지개발)원 법인이사, (사)한국교육심리학회 법인이사 등을 역임하였다.
2002년부터 국가수준의 인터넷중독 척도와 개입연구 진행으로 정보화역기능예방사업에 대한 공로를 인정받아 행정안전부장관 표창(2009년)을 수상하였고, 한국상담학회 공인학술지 『상담학연구』 게재 우수논문으로 한국상담학회 학술상 수상(2014, 2015, 2022년), 교육부장관 학술상(제20-1075호, 2020년)을 수상하였다.
현재 BK21 FOUR 혁신과 공존의 교육연구단장, 제1회 서울대학교 사범대학 교학상(연구 부문, 2023년), 서울대학교 학술교육연구상(연구 부문, 2023년), 서울대학교 평의원(Senator), 서울대학교 다중지능창의성연구센터(SNU MIMC Center) 소장, 서울대학교 특수교육연구소(SNU SERI) 소장 및 한국아동청소년상담학회 회장 등으로 봉직하고 있다.

연구진 소개

SNU_SSK교육사각지대학습자 연구단

연구책임자: 김동일(서울대학교 교육학과)

참여연구원: 박인후(서울대학교 대학원 교육학과 교육상담전공 박사과정)
이예슬(서울대학교 대학원 교육학과 교육상담전공 박사과정)
김학중(서울대학교 대학원 교육학과 교육상담전공 박사과정)
임정은(서울대학교 대학원 교육학과 교육상담전공 박사과정)
이원우(서울대학교 대학원 교육학과 교육상담전공 석사과정)
윤지수(서울대학교 대학원 교육학과 교육상담전공 석사과정)
정 건(서울대학교 대학원 교육학과 교육상담전공 석사과정)
이승호(서울대학교 대학생활문화원)
김수민(서울대학교 대학생활문화원)

한국아동 · 청소년상담학회 연구총서 16
CAD와 함께하는
진로 발달 프로그램
- 초등학생, 중학생, 고등학생, 대학생 -
Career Development Program with Career Assessment Device(CAD)

2025년 9월 1일 1판 1쇄 인쇄
2025년 9월 5일 1판 1쇄 발행

지은이 • 김동일
펴낸이 • 김진환
펴낸곳 • (주) 학지사
04031 서울특별시 마포구 양화로 15길 20 마인드월드빌딩 4층
대 표 전 화 • 02)330-5114 팩스 • 02)324-2345
등 록 번 호 • 제313-2006-000265호

홈 페 이 지 • http://www.hakjisa.co.kr
인스타그램 • https://www.instagram.com/hakjisabook

ISBN 978-89-997-3462-5 93370

정가 24,000원